艺术 体育
高校学术研究论著丛刊

现代教育理念视域下体育教学与训练体系的优化

许宇斌　黄淮雷　陈历泽　著

中国书籍出版社
China Book Press

图书在版编目(CIP)数据

现代教育理念视域下体育教学与训练体系的优化 / 许宇斌，黄淮雷，陈历泽著. --北京：中国书籍出版社，2021.6

ISBN 978-7-5068-8529-4

Ⅰ.①现… Ⅱ.①许… ②黄… ③陈… Ⅲ.①体育教学－教学研究 Ⅳ.①G807.01

中国版本图书馆 CIP 数据核字(2021)第 123800 号

现代教育理念视域下体育教学与训练体系的优化

许宇斌　黄淮雷　陈历泽　著

丛书策划	谭　鹏　武　斌
责任编辑	杨铠瑞
责任印制	孙马飞　马　芝
封面设计	东方美迪
出版发行	中国书籍出版社
地　　址	北京市丰台区三路居路 97 号（邮编：100073）
电　　话	（010）52257143（总编室）　（010）52257140（发行部）
电子邮箱	eo@chinabp.com.cn
经　　销	全国新华书店
印　　厂	三河市德贤弘印务有限公司
开　　本	710 毫米×1000 毫米　1/16
字　　数	373 千字
印　　张	20
版　　次	2022 年 1 月第 1 版
印　　次	2022 年 1 月第 1 次印刷
书　　号	ISBN 978-7-5068-8529-4
定　　价	98.60 元

版权所有　翻印必究

目　录

第一章　现代教育理念阐述与剖析 … 1
第一节　"以人为本"教育理念 … 1
第二节　"健康第一"教育理念 … 10
第三节　"终身体育"教育理念 … 14
第四节　"个性化"教育理念 … 20
第五节　"全面发展"教育理念 … 26
第六节　"素质教育"理念 … 30

第二章　体育教育的发展与现代教育理念的更新 … 35
第一节　体育教育的发展历程 … 35
第二节　我国学校体育教育的现状与未来发展展望 … 41
第三节　当今体育教育背景下体育教育理念的更新 … 56

第三章　现代教育理念下体育教学与训练的理论指导体系 … 63
第一节　运动生理学理论指导 … 63
第二节　运动心理学理论指导 … 71
第三节　运动训练学理论指导 … 79
第四节　教育学理论指导 … 85

第四章　现代教育理念下体育教学体系的建设与优化 … 97
第一节　依据教学实际确定合理的体育教学目标 … 97
第二节　选择合适的体育教学手段与方法 … 103
第三节　设计多样化的体育教学模式 … 113
第四节　创设良好的教学环境与氛围 … 126
第五节　综合运用多种体育教学评价手段 … 129

第五章　现代教育理念下体育训练体系的建设与优化 … 134
第一节　把握科学的体育运动训练理念 … 134
第二节　遵循体育运动训练的原则 … 144

  第三节 掌握科学体育运动训练的方法……………………150
  第四节 依据训练计划参加运动训练……………………156
  第五节 加强学校高水平运动队的训练与管理……………167

第六章 现代教育理念下体育教学与训练的科学保障体系………173
  第一节 体育教学与训练的科学营养保障…………………173
  第二节 体育教学与训练的运动安全保障…………………185
  第三节 体育教学与训练的运动康复保障…………………197

第七章 现代教育理念下体育教学与训练的科学管理……………210
  第一节 体育教学活动的管理………………………………210
  第二节 课外体育活动的管理………………………………221
  第三节 体育教学资源的管理………………………………234

第八章 现代教育理念下体育运动训练的实践指导……………246
  第一节 体能训练指导………………………………………246
  第二节 心理训练指导………………………………………254
  第三节 智能训练指导………………………………………262
  第四节 技战术训练指导……………………………………269

第九章 现代教育理念下体育教学与训练体系优化的案例………280
  第一节 足球教学与训练课的发展与优化…………………280
  第二节 篮球教学与训练课的发展与优化…………………291
  第三节 排球教学与训练课的发展与优化…………………297
  第四节 其他体育课程的发展与优化………………………301

参考文献………………………………………………………………309

第一章　现代教育理念阐述与剖析

教育理念是学校开展教育工作的基本方向与准则,科学教育理念为学校教育活动的开展提供了重要的思想支撑。随着历史的进步与教育的发展,教育理念与思想越来越丰富、多元和完善。顺应时代发展而形成的现代教育理念具有突出的时代性、先进性与科学性,其对教师的教育行为产生了非常重要的引导作用。本章主要阐述与剖析现阶段在我国教育界影响广泛与深远的现代教育理念,包括"以人为本""健康第一""终身体育""个性化教育""全面发展"以及"素质教育"六大理念。

第一节　"以人为本"教育理念

一、"以人为本"教育理念的内涵

"以人为本"教育理念当前在国内外教育界都很普及,它是我国学校教育发展的重要指导思想。下面从三个方面来了解该教育理念的内涵。

第一,弄清"以人为本"中"本"的意思,即根本、本源,"以人为本"就是以人为根本,明确指出教育的根本是"人"(学生)。将"人"作为教育的根本,就要在教育过程中用心关怀、关照及关爱"人",尊重人的基本属性,包括自然属性与社会属性、物质属性与精神属性。同时,还要在教育中使人的情感需求、理性需求得到满足,促进人内外和谐发展,推动人的全面发展。

第二,要将"以人为本"教育理念中人与物的关系及师生之间的关系把握好。以"人"为根本,显而易见,"人"的重要性在"物"之上。在教师与学生的关系中,教师是教育的主导者,学生是主体,教师要以学生为根本展开教学工作,在教学中尊重学生,关爱学生,促进学生进步与发展,这是时代发展的要求。教师在教育中的地位不可替代,因此也要给教师以关怀和关爱,并对教师的专业发展给予重视。

第三,对"以学生为本"的内涵要有清晰的认识。虽然我们早已认识到"以人为本"教育思想指的就是"以学生为本",但是在落实该教育思想的过程中不够重视学生的成才与发展,而且尽管对学生进行了爱的教育,却没有把握好分寸。今后要继续强调以学生为本,要特别重视学生的成才与全面发展,将学生培养成为全面发展的新型人才。

综上,"以人为本"教育理念中的"人"就是学生,在教育中要以学生的个性及其全面发展为本,要从学生的身心发育规律、兴趣爱好、学习基础及实际能力出发完成对教学目标的确定、教学内容的选择、教学方法的设计等工作,从而提高教育教学的质量,达到良好的育人效果。

二、"以人为本"教育理念的本质

"以人为本"教育理念下教育的出发点和归宿都指向学生,学生发展的主体就是自己,学生掌握着自身发展的主动权,可见学生的发展过程与结果是统一的,学生自我发展的手段与目标也是统一的。

下面具体分析"以人为本"教育理念的本质。

(一)"以人为本"是现代教育理念的重要标志

现代教育理念是在现代社会背景下形成与发展起来的,现代社会政治背景、经济背景及文化背景都是现代教育理念发展的宏观背景。现代社会群体在教育方面的普遍意愿能够从现代教育理念中体现出来,现代教育理念帮助社会群体理性认识教育的价值功能、结构内容以及对象与过程。现代教育改革的实施及教学活动的开展都离不开现代科学教育理念的指导与调控。

"以人为本"是现代教育观念的核心,这一教育观与传统教育观明显不同,二者的区别见表1-1。

表1-1 "以人为本"教育观与传统教育观的区别[①]

	传统教育观	"以人为本"教育观
教育目的	按统一标准培养人才	关注开发学生潜能,挖掘学生特长,培养全面发展的人才
教育内容	完全依托教材,将教材内容搬到课堂中	有机整合教材内容和社会实践内容,使学生在实践活动中灵活运用理论知识

---

① 杨寅平. 现代大学理念构建[M]. 北京:中央编译出版社,2005.

续表

	传统教育观	"以人为本"教育观
教育方式	教师是课堂的中心,以传统教学方式向学生灌输知识,学生被动学习,主动性得不到发挥	学生是课堂中心,关注学生的主体性与主动性,重视教法与学法的搭配使用,运用多元教学方法激发学生的学习热情
教育评价	以考试分数作为标准来判断学生是否是"好学生"	综合评价学生的学习态度、学习过程、学习进步情况及学习成果,注重激发学生潜能,全面评价学生的综合素质

(二)"以人为本"教育的宗旨是获得成功体验

"以人为本"的教育理念强调学生的主体地位和学习主动性的发挥,使学生在主动学习中体会学习过程的乐趣与取得良好学习成果的成就感。成功的学习体验会进一步激发学生学习的积极性,使学生自觉且乐观地投入到学习中,进一步发挥自己的主动性、创造性。传统教师以教师为中心,对学生在学习中的情感体验及真实感受不重视,学生在考试中不理想的成绩会给其带来挫败感,教师若不及时疏导,学生便容易产生厌学情绪,最后甚至放弃学习。

对学生来说,在学习中凭借自己努力取得好成绩而带来的成功体验是鼓励其继续进步的强大武器,成功的学习体验使学生的学习动机更加明朗、强烈,使学生的学习行为更加积极主动,也使学生的学习态度更端正、更有自信,这有助于培养学生的良好心理素质,健全学生的人格。为了让不同层次与水平的学生都能获得成功的学习体验,要求教师了解学生的个体差异,为不同层次的学生确定不同的学习目标和学习内容,并采取不同的方式来教育与指导学生。

有的学生体验过失败后就失去了学习的信心,学习态度沮丧、消极,对于这类学生,教师要适当降低教学难度和要求,帮助他们重拾自信,正确对待学习中的失败经历,带领他们重振旗鼓,端正学习态度,摒弃杂念,调整状态,努力取得成功。

(三)"以人为本"的教育目标是培养学生的主体性

"以人为本"教育理念下学校要高度重视学生的主体地位,引导学生充分发挥自身主动性,将学生培养成为创新思维活跃及创新能力强的人才。

教育要以学生为本,要使学生在学习中将自己的能动性充分展现出来,使学生在强烈求知欲望的驱使下积极主动地学习与探索,教师要做好方向上的引导工作,但不要用固定的模式或统一的标准来控制学生的思维,避免过分干涉学生的自主判断与学习行为,不要将所有学生都带入一个所谓的"正确轨道"上。教师的指导方式可以不那么直接、明确,重点是围绕问题来引导学生自主分析、判断及解决,使学生发挥自己的思维与创造力,用适合自己的学习方式去解决学习中的问题。

(四)"以人为本"教育的前提是尊重学生的差异

每个学生都是独立的个体,都是特殊的学习主体。传统教育观念强调群体的共性,而不重视每个个体的个性。现代教育理念要求以学生为本,尊重每个作为独立个体的学生的个性,允许学生之间有差异,并尊重差异。

不同学生的能力水平、知识水平是有差异的,这就决定了他们的发展差异,教师要了解各个学生的学习基础和真实水平,以此为起点进行个性化教学,使每个学生都能比以前更进步,提高每个学生的发展水平。

此外,每个学生都是独特的个体,他们的语言表达能力、感知觉能力、社交能力、操作能力等都有自己独特的一面,教师要看到学生的特长与独一无二的地方,对学生的发展潜能进行深入挖掘,捕捉他们的闪光点,使学生保持自己的特色与个性,促进学生的个性化发展及特长化发展。

教师了解学生的个性后,在教学中要正确处理集体共性与个体个性的关系,针对共性进行统一教学,针对个性进行个别化教学,并在引导学生发展个性的同时培养学生的综合素质,推动学生全面发展,也就是要将个性发展与全面发展的关系处理好。

三、"以人为本"教育理念的意义

"以人为本"教育理念对培养学生的能动性、独立性、自主性及创造性具有重要意义,具体分析如下。

(一)培养学生的能动性

"以人为本"教育理念强调学生主动学习,发挥学习的能动性,教师要对学生的能动性给予尊重、认可及鼓励。使学生为自己确立适宜的学习目标,选择适合自己的学习方法。传统教育以一种带有强制性的手段将学生置于被动学习的不利位置,向被作为"容器"的学生灌输知识。而"以人为本"教育理念要求学生主动学习,发挥主观能动性,建立积极乐观的学习态度,养成自觉、自律的学习习惯。学生在发挥主观能动性的过程中,学习意识增强,并产生强烈的责任感,带着这份责任感朝着正确的方向努力。

学生的能动性还体现在其不是被动接受课本知识,而且有意识地将课本理论知识与生活结合起来,灵活运用课本知识分析与解决生活中的问题,将知识、技能及经验整合起来,并主动吸收、适当加工改造对自己有重要意义的知识,从而使自己的学习智能与动手能力不断提高。

(二)培养学生的独立性

传统教育中学生的学习过分依赖教师,学生的独立学习能力较差。"以人为本"的教育理念重视培养学生的独立性,要求学生从对教师的过度依赖中走出来,发挥自己的主体意识,以积极乐观的学习态度去学习,独立自主地完成学习任务及实现学习目标。学生对教材的独立感知、对知识的深入理解以及对学习问题的自主解决也离不开教师的启发与指导,但学生要把握好依赖教师的"度",掌握好分寸,避免过度依赖而影响自己主体性的发挥。学生拥有独立意识及良好的独立学习能力,还能进行自我教育,根据自身情况灵活调控与支配自己的学习行为,将自身学习潜能充分发挥出来。独立性强的学生还敢于提出质疑,并主动向教师请教,与教师讨论与验证真伪,这对增强学生的学习自信心非常有益。

(三)培养学生的自主性

在传统教育中,学生的学习内容、方式、进度及目标都是由教师把握的,学生的自主性得不到发挥。在"以人为本"教育理念下,强调学生在学习过程中要有自我认知能力,要全面认识自己,并不断完善自己。教师要对学生的自主意识进行培养,包括自立自强及自尊自爱,使学生明确自己享有的权利,不干涉学生支配权利的自主与自由,让学生自主规划自己的学习与生活,合理安排自己的时间,独立自主地认识世界,改造世界,不要一味依附他人,盲目听从他人安排。在自主学习与努力的过程中,学生的奋斗目标应该是明确的,学生要用自己的一言一行去实现目标,在这个过程中也要自主克服困难,以强大的自制力与毅力进行有效学习,提高独立自主的学习能力。

(四)培养学生的创造性

传统教育中,课堂的中心是教师,而教师又以教材为中心,教师按照教材内容统一要求学生达到同一个标准,学生的个性被忽视,学生的学习行为在模仿、重复中完成。"以人为本"教育理念要求对学生的个性予以尊重,鼓励学生勇敢发表自己的观点和见解,教师要尊重学生的"奇思妙想",也要提示学生不要"异想天开"。学生发挥自己的思维能力和想象力所想出来的

"新点子"应该得到尊重,而不能因为与所谓的"标准答案"不一致而被全盘否定。支持与鼓励学生发挥想象力与创造力,有助于培养学生的创新素养。

四、"以人为本"教育理念下学校教育改革

"以人为本"教育观为学校教育的发展提供了科学的指引与正确的方向,要在学校教育中真正落实这一教育观,就要立足这一观念而加强对学校教育的深化改革,具体需要从以下几方面努力。

(一)树立科学的教育价值观

"以人为本"的教育是真正针对学生这个庞大的教育对象群体而开展的教育,每个学生都是一个相对独立且完整的个体,他们有独立的思想与意识,有自己的需求和情感,也有普遍的和特殊的能力,应该将学生作为教育的出发点,同时作为教育的归宿。

确立"以人为本"的教育理念,具体应该确立下面三个教育价值观。

1. 教育的出发点是人

从我国现阶段的教育现状来看,必须明确教育的出发点是人,确立这个价值观的意义既有理论层面的,也有现实层面的,下面从三个方面来分析。

第一,教育的独立性与个性能够在这个价值观中得到维护,我们不需要像从前一样通过对政治、经济等非教育领域的依附来开展教育活动。

第二,明确教育的出发点是人,有助于对学生的主体性进行培养,能够使学生的个性与自我价值得到充分的尊重与重视。

第三,在教育领域我们应该看到长远利益,要放眼未来,创造更大的价值,而不是只顾眼前的狭隘利益。这是"教育的出发点是人"这一教育观念带给我们的启示。

2. 教育是人的教育

教育是为了培养人而存在的,教育是"目的的教育",而不是"工具和手段的教育",教育的目的应该真正落实在"人"身上,教育不是为了培养劳动者,而是为了培养人,其中培养人就包括了对劳动者的培养。

3. 提高和扩展人的价值是教育的最高目的

在教育中要使学生对自己的人生价值有清晰的认识,并鼓励学生通过自主创造活动来使自身的社会价值得以实现,同时也要使学生的个人价值

不断拓展与提升。将此作为教育的最高目标,要求在素质教育理念下培养全面、自由及协调发展的人。

(二)明确教育的立足点是尊重和关爱学生

1. 对一切学生和学生的一切给予尊重

教育及教育管理的前提是对人的价值予以尊重。教育和教育管理都是以学生为对象的,学生也是教育活动中的主体,教育和管理任务的完成都离不开学生主体性的发挥和学生的协同配合。我们在教育活动中对学生的尊重应该体现在一定的广度与深度上,如鼓励学生提关于学校管理方面的建议,让学生有机会参与校内有关事件和决策的讨论中,这样学生的主人翁意识和责任感会得到强化,从而使其更加理解学校教育,并给予极大的支持与配合。

2. 以培养学生成才为中心

学校应对"成才"的含义及内涵有明确的认识,树立全面育人观,围绕"培养全面发展的人才"这个目标开展教育活动,优化教育环境,改善教育条件,使学生在掌握课本内容的同时有效地提升与强化综合素质。

3. 主动为学生服务

学校应主动服务于学生,在教育过程中端正服务态度,这样能够拉近学生与学校的距离,使学校教育工作得到学生的信赖与支持。学校教育管理不是为了管理而管理的,而是要在管理过程中承担育人的职责,在学校常规管理及对学生的日常服务中纳入教育的内容,使学校管理的教育功能得到最大化发挥。

(三)重视主体精神的培养与弘扬

时代发展与社会进步呼唤人类主体性的弘扬及对人类主体性的培育。教育的本质也要求弘扬与培养人的主体精神。因此,在教育中要重视对学生主体性的培养,注重个性教育,并使教育的主体性体现在教育过程和教育系统中,同时也要不断提高教师的素质。

1. 培养学生的主体性

现代人都有主体性,这是现代社会人类的基本特质。传统教育中不注重对人的精神的培养,尤其是自主精神与创造精神。我们一直强调要深化教育改革,而对教育思想的改革最能体现出改革的"深化",这是最深层次的教育改革。在现代教育中应树立培养主体性的教育思想,在相关教育问题的处理上也应该将该思想作为导向,通过教育切切实实培养具有自主性、能动性以及创造性的现代人才,并鼓励学生在学习中充分发挥自己的主体性。

2. 加强个性教育

在教育中重视个性教育,就要对学生的主体地位表示认可并予以尊重,对学生的主体意识进行培养并不断强化,同时要对学生的主体能力进行培养。在现代教育中要结合社会需求和社会现实来开展个性教育,使学生充分发挥和舒展个性,发挥自主性和创造性,适应社会发展,成为满足现代社会需要的创造性和多元性人才。学校教育面对的是在兴趣、志向、知识与能力基础等方面都或多或少存在差异的广大学生,学校要顺应学生的身心发展特征与规律而进行个性化教育,而不是强行抹杀学生的差异,强制实施统一化教育。个性化教育要求在教育中贯彻因材施教的原则,尊重学生的个体差异,发现每个学生的潜力与优势,为学生提供施展个性与能力的机会与平台,使学生通过个性化教育进一步提高与发挥创造性。

3. 体现教育系统与教育过程的主体性

(1) 教育系统的主体性

教育系统的主体性首先体现在宏观教育管理上,它要求教育管理主体在依据社会需要进行人才群体计划培育与管理的过程中表现出能动性、方向性、自主性和创造性。

教育系统的主动性还表现在教育系统要自觉认识教育的相对独立性。教育对社会的作用具有能动性,它不是消极被动地被社会所改变、规定和制约,不能完全依附于政治、经济,表现出鲜明的政治化、商品化、产业化特征,而应遵循教育的规律,批判性、选择性地适应社会,为社会服务,发挥改变、教化和引导社会的作用。

(2) 教育过程的主体性

学生的主体性需要通过教育实践来培育、弘扬、规范、定型,从而才能对社会发展产生能动作用。但是,并不是任何一种教育实践都能最大限度地培育和弘扬学生的主体性,只有具有主体意识的教育实践才能发挥这种功能。

教育活动过程是学生在教师的引导、帮助、规范下能动地认识世界、改变世界,从而使自己获得发展的活动。教师向学生传道、授业、解惑的活动过程也是学生掌握知识和规范,认识世界和自我,以获得自我发展的过程。在这个过程中,学生主体也不是简单地以知识或以教师为自己的认识对象,而是以教师主体进行的引导性、示范性的操作知识、规范的整个动态过程为认识对象,并以此为参照,自主能动地,直至创造性地进行和完成掌握知识、规范以认识世界和自我,获得发展的活动。① 这样,教师主体和学生主体的活动便能维持在共同的目的与内容上,在教师主导和学生主动的合作下,教与学结合成为统一的教育活动,从而发挥育人功能。

4. 提高教师的素质

教师是教育活动中非常重要的组成因素,要培养有个性、有创造力的学生,就必须提高教师的素质。

第一,培养教师的道德素质,使教师热爱本职工作,对学生充满爱心,尊重学生,赢得学生的信任,这样学生才会接受教育,教育才会发挥效果。

第二,培养教师的创造性,教师必须改变以往不科学的教育方式,提高自身的自主创造性,使得自己的知识与能力跟得上时代的发展,走在时代前列和教育前沿。

第三,教师要摆正自己的位置,尊重学生的主体地位,不能把自己放在"监督者"位置上,要做学生的"引导者""帮助者",考虑学生的需要,给学生自主选择的权利。教师要平等地对待每一位学生,尊重学生的权利、个性,依照规章制度教育学生、管理学生,提高教育与管理的效率与效果。

5. 改进教学方式

"以人为本"的现代教育理念要求在教育活动中改变传统教育中灌输式的知识传授模式,重视激发学生潜能和培养学生能力。改进教育方式的方法如下。

第一,改进授课方法,改革注入式教学,注重启发式教学,调动学生的积极性、主动性,在教学过程中启发学生思考,使他们知其然,也知其所以然。

第二,精简课程门数,把学生从繁重的课业负担中解放出来,使学生每天有可供自己支配的时间,做自己喜欢的事情,这是培养和提高学生能力的重要前提条件。

第三,注重校园文化环境的创建,营造良好的校园文化氛围,使学生在丰富多彩的课外活动中丰富自己的生活,并不断完善自己。

第四,重视实践性教学,如实验课、见习课、讨论课,使学生通过实践性教学善于动手动脑,解决实际问题。

---

① 武海燕,代虹.中小学现代教育理念[M].哈尔滨:黑龙江人民出版社,2006.

第二节 "健康第一"教育理念

一、健康

(一)健康的概念

联合国世界卫生组织(WHO)对健康概念的界定是:"健康不仅指没有疾病或不虚弱,而是身体上、精神上和社会适应方面的完满状态。"后来健康概念被进一步深化为"躯体健康、心理健康、社会适应良好和道德健康"。

(二)常见健康观

常见的健康观有以下几种。

1. 共存健康观

共存健康观认为健康与疾病是共存于人体中,生病的人体也包含健康成分,而健康的人体也包含疾病的因素。不存在绝对的健康,绝对的疾病就是死亡。健康与疾病共存的理论模型如图 1-1 所示。图中最左端表示最完美理想状态,最右端表示绝对的疾病状态——死亡,事实上,人的健康状态的变化大多是在健康与疾病状态之间波动的一个动态过程。

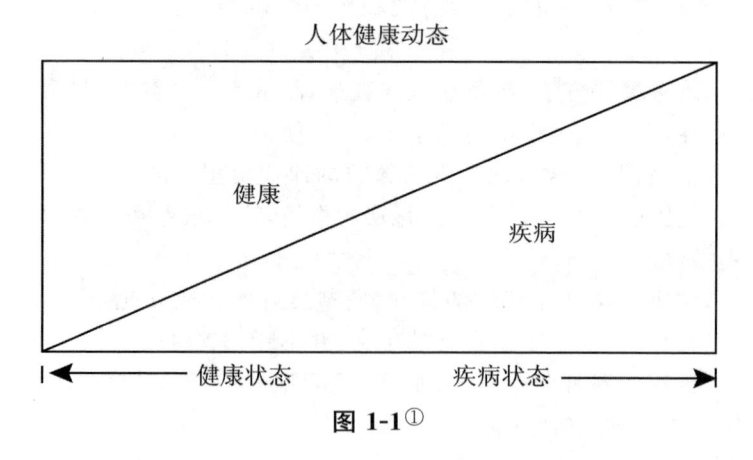

人体健康动态

图 1-1[①]

---

① 朱兴中. 新课标下对湖南省普通高级中学如何贯彻"健康第一"指导思想的研究[D]. 长沙:湖南师范大学,2008.

第一章 现代教育理念阐述与剖析

2. 平衡健康观

平衡健康观认为人的健康包括多类平衡,如机体与生态环境的平衡、体液平衡、血浆渗透压平衡、血压调节平衡、营养平衡、代谢平衡、动作平衡等,这些平衡是动态的,不断变化发展的,某一平衡被破坏,就会出现疾病。

3. 完全健康观

有学者在健康的基础上提出了完全健康的新概念,"完全健康"指的是同时满足躯体健康、心理健康、社会适应良好和道德健康四个条件的全面健康。David J. Anspaough 等人指出,"完全健康"囊括了健康的概念及与之相关的基本内涵,如图 1-2 所示。

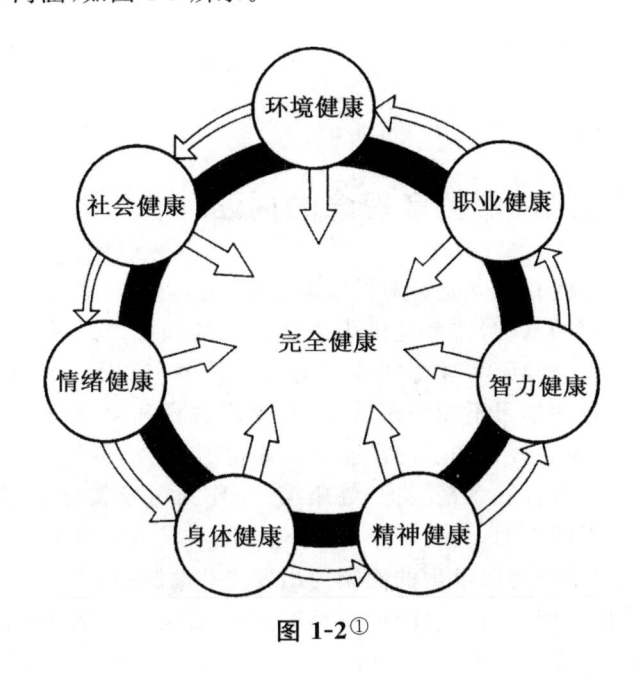

图 1-2[①]

"完全健康"理念强调健康体系的结构要素相互之间密切联系,追求各个要素之间的平衡发展。假如健康是拥有 5 个气仓的圆形车轮,如果每个气仓都充足了气,才算是完全健康(图 1-3(a)),一旦有一个气仓漏气,车轮就会变形,无法正常运行,此时,健康的价值就大打折扣(图 1-3(b))。

---

① 吴旭光. 体育·健康促进·安全[M]. 北京:地震出版社,2007.

（a） （b）

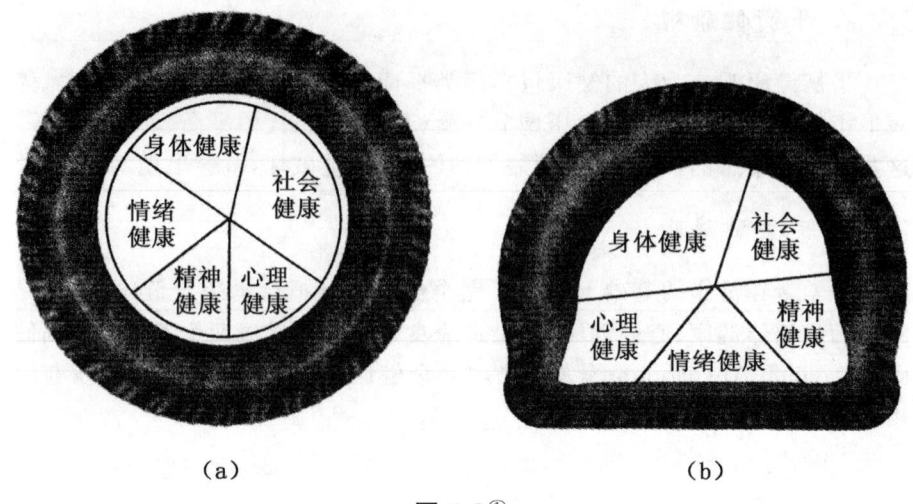

图 1-3[①]

二、"健康第一"教育理念的内涵

"健康第一"教育理念是针对健康与教育和学习的关系而言的。健康的身体是一切教育的基础,体育应优先于智育,"体强壮而后学问道德之进修勇而收效远",可见健康与教育和学习的关系是第一和第二的关系,这种关系并不是说教育和学习不如健康重要,只是说教育和学习应在健康的基础上进行,失去健康的教育和学习没有意义和价值。

"健康第一"教育理念是指把"健康第一"作为引导教育工作的思想,具体含义包括以下两方面。

第一,学校教育要以学生的健康为出发点和落脚点。

第二,学校教育要对学生的健康负责,学校体育应责无旁贷地对学生健康承担起重要责任。

三、"健康第一"教育理念下学校教育的改革

(一)教师努力提升自己的业务素质

教学水平、教学效果以及教学成败受到诸多方面因素的影响,其中教师

---

① 吴旭光. 体育·健康促进·安全[M]. 北京:地震出版社,2007.

的影响至关重要,教师的影响甚至起到直接的决定作用,所以,教师的素质受到了很高的重视。随着现代教育的深入改革,对教师的素质提出了越来越高的要求,既包括教学素质,也包括科研素质、创新素质、探索能力等。要全面提升这些素质,就需要教师不断拓展自己的知识面,补充新知识,完善知识结构,不仅掌握专业知识,还要注重人文知识与科学知识的全方位学习与掌握,从而对教育的价值功能、学生身心素质特征、学生个性发展规律等有更深刻的认识与全面的了解,这些方面认知水平的提高必然带来专业素质的提升。教师要将学习新知识作为一种习惯,要培养终身学习的习惯,这样才能满足社会发展对教师工作人员的高要求,才能适应教育改革需要。

教师在提升自身业务素质的过程中,不可忽视对教学监控能力的锻炼与培养,这项能力是新时期学校教育改革与发展的必然要求。教师的业务素质是多方面要素综合而成的,其中就包括教学监控能力,这项能力在某种情况下发挥核心作用,直接影响教师教学的成败。具体来说,教师的教学监控能力表现在以下几方面。

第一,从教学目标出发进行教学设计与教学决策的能力。

第二,课堂教学的组织能力和在课堂教学中管理教学过程及管理学生的能力。

第三,教学评价能力,重点指教师对学生学习过程、学习结果的评价能力等。

新时代的教师应该是全面发展的新型教育人才,应该具有良好的专业素质、高超的业务能力和突出的创造能力,这就需要教师在教学与科研中不断提升自我,不断创新教学方法,积累经验,提高自己的教学和科研能力。

(二)加强体育、卫生、美育的结合

体育运动的特殊性对参与者的营养补充提出了一定的要求。学生不管是参加什么类型的体育活动,都要注重对必要营养素的补充,营养均衡,保持健康的饮食习惯和卫生习惯。学生参与体育锻炼活动,为了保证锻炼的科学性、安全性和实效性,也需要掌握一些基本的体育保健理论知识,在科学理论的指导下进行合理的锻炼,以提高锻炼效果,达到通过锻炼增强体质的目标。

为了提高学生的保健能力,开展健康教育已经是必要选择,提高学生的自我保健能力对全民健身、全民健康计划的实施也有重要意义。

此外,体育教学具有审美价值与功能,因此,将美育与体育融合起来,有助于促进体育教学审美价值的充分发挥,同时还能对学生的审美素养进行培养。

(三)技术教育与健康教育相结合

体育教育是学校教育的重要组成部分,也是向学生传授健康知识与锻炼技能的重要途径。要对学生的健康生活习惯和运动锻炼习惯进行培养,就要注重体育教学活动的开展与优化。

体育教育与健康教育密不可分,技术教育是体育教育的主要内容,因此,技术教育与健康教育存在密切联系,将二者有机结合起来,有助于提高学生的健康意识、保健能力以及运动技能。

第三节 "终身体育"教育理念

一、"终身体育"与"终身教育"

(一)"终身体育"

1. 终身体育的概念

终身体育是指个体终身从事身体锻炼和接受体育教育的过程,其包含两方面的内容:

第一,人们在正确认识与理解终身体育锻炼后产生内在需求,形成强烈的锻炼意识,激发人们自觉参与体育锻炼,逐渐形成终身体育锻炼思想。

第二,人的一生会经历不同的发展阶段和历程,不管在哪个阶段,都会在新环境中坚持锻炼,将这一习惯终身保持下去。

2. 终身体育的目的

终身体育的最终目的是使人们自觉从事体育锻炼,实现身心健康发展。要使人们养成终身体育锻炼的习惯,先要培养人们的体育锻炼意识,形成内在动机,在此基础上养成的锻炼习惯才会更牢固、更持久。

3. 终身体育体系

终身体育体系由构成人群、构成空间、习惯养成及锻炼能力四个部分构成,如图 1-4 所示。

第一章　现代教育理念阐述与剖析

```
                        终身体育
        ┌──────────┬──────────┬──────────┐
     构成人群    构成空间    习惯养成    锻炼能力
    ┌──┬──┬──┐  ┌──┬──┐  ┌──┬──┬──┐  ┌──┬──┬──┬──┐
    教 学 家 管  家 学 社  观 兴 氛    知 技 技 智
    师 生 长 理  庭 校 会  念 趣 围    识 术 能 力
              者
```

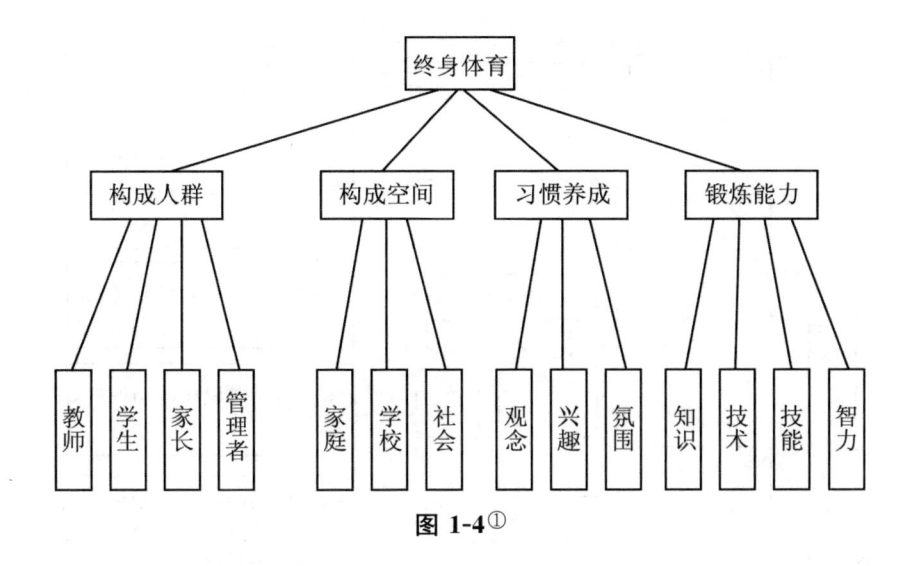

图 1-4①

(二)"终身教育"

目前,终身教育还没有一个完整的确切的权威性定义,但它包含两个层面的含义:

第一,教育贯穿人的一生。

第二,教育存在于社会生活的各个领域。

可以说,终身教育是包含人的生命发展的各个阶段和社会生活的各个方面的教育。现代终身教育所追求的是一个人的全面和谐发展,强调教育是连续不断的自我完善和自我发展的过程;所期望的是一个人在成长的各个阶段都能充分地发挥和表现自己的潜能。②

了解终身体育与终身教育的含义后,可以对终身体育教育有一个基本的认识,即体育学习和锻炼贯穿人的一生,体育教育存在于各个社会领域。一个人在成长的各个阶段都要重视体育学习和体育锻炼,表现和发挥自己的运动能力,实现终身健康。

为培养学生的终身体育学习意识与终身体育锻炼能力,应科学构建终身体育教学体系图,如图 1-5 所示。

---

① 黄丽秋. 终身体育思想的形成及教学引领研究[D]. 长沙:湖南师范大学,2014.
② 杨寅平. 现代大学理念构建[M]. 北京:中央编译出版社,2005.

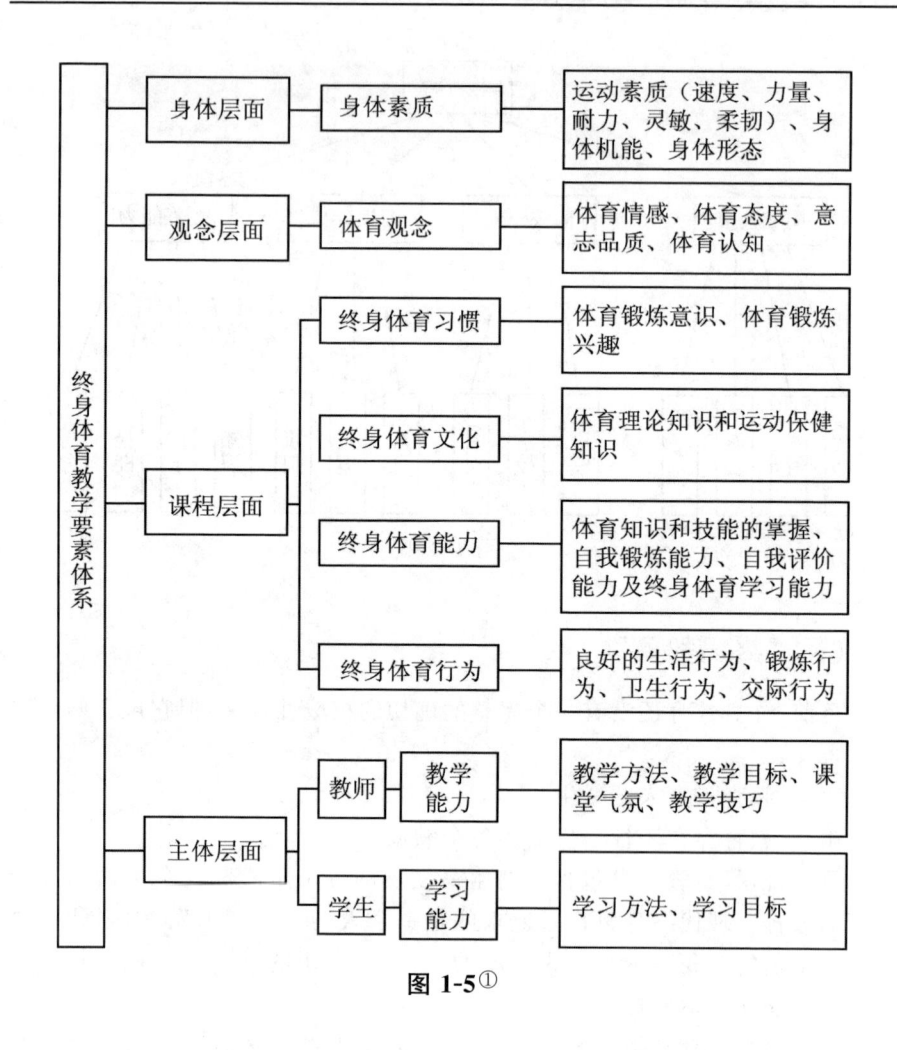

终身体育教学要素体系	身体层面	身体素质	运动素质（速度、力量、耐力、灵敏、柔韧）、身体机能、身体形态
	观念层面	体育观念	体育情感、体育态度、意志品质、体育认知
	课程层面	终身体育习惯	体育锻炼意识、体育锻炼兴趣
		终身体育文化	体育理论知识和运动保健知识
		终身体育能力	体育知识和技能的掌握、自我锻炼能力、自我评价能力及终身体育学习能力
		终身体育行为	良好的生活行为、锻炼行为、卫生行为、交际行为
	主体层面	教师 教学能力	教学方法、教学目标、课堂气氛、教学技巧
		学生 学习能力	学习方法、学习目标

图 1-5[①]

二、影响"终身体育"教育理念发展的因素

为了明确"终身体育"教育思想发展的影响要素，有关学者开展了一项问卷调查，调查对象是 100 名体育教师，调查内容是"终身体育发展的影响因素有哪些"，调查结果见表 1-2。

---

① 黄丽秋. 终身体育思想的形成及教学引领研究[D]. 长沙:湖南师范大学,2014.

第一章 现代教育理念阐述与剖析

表 1-2 终身体育发展的影响要素筛选[①]

影响因素	累计频率	一致性系数
锻炼意识	88.97%	0.4385
体育理论知识	88.34%	0.4361
自我锻炼能力	86.69%	0.8284
教学方法	83.02%	0.8088
课堂氛围	82.43%	0.8979
体育认知	82.06%	0.8132
锻炼兴趣	81.99%	0.3952
体育态度	81.40%	0.7231
教学目标	80.51%	0.8544
教学技能	70.59%	0.7901
身体形态	68.97%	0.677
意志品质	67.87%	0.8974
适应能力	66.91%	0.7641
自我评价能力	66.10%	0.8415
身体机能	64.90%	0.7793
体育情感	63.60%	0.7297
交际行为	46.69%	0.5238
锻炼观念	45.59%	0.5097
体育学习能力	41.54%	0.5149
学习方法	41.54%	0.5149
运动保健知识	41.54%	0.5149
生活习惯	36.03%	0.4109
其他	9.56%	0.0293

---

① 黄丽秋. 终身体育思想的形成及教学引领研究[D]. 长沙:湖南师范大学,2014.

累计频率超过80％的因素在很大程度上影响终身体育的发展。从上表调查结果来看，主要影响因素包括锻炼意识、体育理论知识、教学目标、教学方法、自我锻炼能力、体育认知、课堂氛围、锻炼兴趣、体育态度。这些因素分属观念因素、课程因素和主体因素三大范畴。因此，在学校体育教育中应从这三大因素着手来贯彻终身体育教育理念。

三、"终身体育"教育理念下学校体育教育的改革

(一)强化认知，更新理念

学校应从自身办学条件和办学特色出发，对素质教育的宗旨、目标有所明确，科学进行教学目标的明确定位，将"健康第一""终身体育"作为基本指导思想，将体育的功利性、竞争性适度淡化与弱化，强调体育的教育性、健身性及终身性，全面开展健康的、终身的且具有特色的体育教育活动。需要注意的是，学校不能只在文字规范上来搞体育教学改革的形式工程，而要在实践中切切实实进行改革，将尊重学生的主体性、培养学生的终身体育意识贯穿于整个体育教学活动的始终。在全面改革的同时强化学生的终身体育锻炼认识，引导教师树立全面育人和终身体育的教育理念，全方位培养学生主动参与体育锻炼的意识，提升学生的运动技能和社会适应能力，促进学生健康成长，为学生的全面发展奠定良好的身体与心理基础。

(二)健全课程，优选教材

1. 健全课程设置

第一，对每个学生的个性、特色及潜力有所了解，对集体的一般接受水平予以权衡，从而将体育课程的难度基本明确下来，技术难度不高、有十足趣味的课程更容易吸引学生参与，课程中所选的项目应突破时空限制，使学生随时随地可以参与，以巩固学习成果。

第二，如果同时设有选修课与必修课，为这两类课安排适宜的课时，注重选修课的开展，加强学校体育与社会体育的衔接，为终身体育目标的达成提供良好的条件。

第三，适当增加理论课课时，使学生系统了解与掌握体育理论知识，包括终身体育锻炼的内涵、重要性及锻炼的原理等，使学生运用理论知识科学指导锻炼活动，并将体育锻炼从课堂拓展到课外。

2. 优选体育教材

学校要围绕教学目标来精选体育教材,在教材编制中要考虑不同阶段学生的身心特征、身体素质发展的敏感期以及真实的健康状态。在教材中设计趣味性的插图,融入有趣的故事,将插图、故事与教学内容结合起来,使学生学习起来更形象、有趣。

此外,终身体育的相关理论知识应该在体育教材理论性教学内容中占有一定的比例,突出教材的实用性及其与学生实际生活的契合性,使学生将体育知识与运动技能运用到自己的日常生活中。

(三)优化教学内容,增加新项目

在体育教学中要严格把握体育教学内容的编排与选择,选择适宜的体育运动项目来充实体育教学内容体系。关于体育教学内容的优化改革,具体要从以下两方面来落实。

第一,学生对新事物有好奇心和新鲜感,而且青少年学生普遍容易接受新事物,喜欢参与具有一定刺激性与挑战性的运动项目。根据学生的这一心理特征,学校可从实际情况出发增加一些对学生来说比较新颖的、有一定挑战性的运动项目,如攀岩、橄榄球等,吸引学生参与,营造良好的校园体育锻炼氛围。

第二,设置一些具有地方色彩和民族民间特色的体育项目,开展特色化教学,这样不但能够使学生的终身体育认知得到深化,还有助于传承民族民间传统体育文化。

(四)优化考评方法,完善新体系

第一,对学生进行定量与定性相结合的综合评价。确保学生了解与掌握了学习内容,通过评价对学生擅长的运动技能进行挖掘,给学生展示自己强项的机会,提升学生的满足感与成就感,使学生将体育锻炼作为终身性的活动。

第二,对学生学习过程与学习结果的评价可以由学生自己评价,也可以由他人评价,如同学和教师。要将由不同主体进行评价的几种评价方式结合起来运用,提高评价的客观性、真实性及全面性,通过评价使学生全面认识自己的长处与不足之处,并在教师的指导下完善知识与技能。

第四节 "个性化"教育理念

一、个性与个性化教育

(一)个性

人的各种心理特征的总和,即人的全部心理面貌就是所谓的个性,这里所说的心理特征是有一定倾向性的。这是心理学理论对个性的定义。个性具有复杂性,它涵盖了人的多个层次、多个方面。

(二)个性化教育

下面从四方面来了解个性化教育。

第一,个性化教育是充满人道化、人性化的教育。

第二,个性化教育是个别化教育,应该基于对个人年龄、身心特征、兴趣爱好、天赋潜能以及志向等方面的考虑而进行教育。

第三,个性化教育是充满特色的教育,培养目标、教学内容、教学方法与手段都应该是有个性特色的。

第四,个性化教育的目的是培养人良好的个性素质,促进人综合素质的全面提升与发展。

个性化教育与模式化教育是相对的,个性化教育比模式化教育更进步,前者具有的优越性是后者不具备的,前者既有后者的优点,也弥补了后者的缺陷,因此,应该大力改革模式化教育,积极倡导个性化教育。

二、个性化教育的特征

传统的模式化教育主要是培养满足社会发展需要的人才,将社会发展需要放在首位,根据需要培养人才,人才的主体性、潜能以及个性不受重视。而个性教育不仅按社会发展需要培养人才,而且在教育过程中对人的主体性、潜能和创造性很重视,培养的人才既有健全的个性、独立的人格以及良好的创造性,又能满足社会需要,可见个性化教育充分发挥整合了教育功能和社会功能,并且将这两大功能发挥得非常好。

个性化教育具有以下几个特征。

(一)主体性

个性化教育对人的个体价值、个人需要、个人兴趣与潜能非常重视,在以教师为主导的教育中,学生是教育对象,在学生自我教育中,他是教育者与教育对象的统一体,学生本身是个性化教育的内因。每个学生都是独立个体,都有独立人格,个性化教育特别强调这一点,对学生作为独立个体的地位、尊严及经验非常尊重,而且强调学生主体地位的发挥。在个性化教育中,教师要注重对学生自觉积极性的培养与激发,重视对学生自我教育、自主学习与管理的能力进行培养,使学生的主体地位在教育中得以充分彰显,使学生的自主性品质如自律自强、自立自信等不断完善。

(二)针对性

不同个体之间的差异主要体现在个性上,每个人都有和他人相区别的地方,这就是他的个性所在。个体的特殊性决定了人与人之间的差异性,如果一个人没有独特性,就谈不上有个性。个性化教育不仅发挥社会功能,促进学生社会化发展,而且发挥"培养学生个性"的教育功能,促进学生个性化发展。这就要求在教育过程中不管是确定教育目标,还是选择教学内容或使用教学方法,都要将学生的个性作为重点考虑对象和参考依据,通过针对性教学来满足学生的个性化需要,促进学生个人兴趣爱好的满足及个人特长的发挥。此外,还要兼顾不同学生的差异,挖掘每个学生的特殊才能和各种潜能,通过差异化、针对性教育来促进所有学生进步与成长。

(三)未来性

个性化教育不仅注重基于学生的现状而全面培养其个性品质,而且立足长远关注学生的长期发展,强调对学生自我学习能力及自我发展技能的培养,重视提升学生的认知与发现能力、信息加工与动手创造能力,从而使学生在未来社会发展中具有持续学习和终身学习的动力与能力,更好地适应不断变化与发展的现实社会。

(四)活动性

个性化教育最显著的特征就是通过活动途径来促进个性发展,学校开展个性化教育,要为学生提供参与实践活动的机会,使学生在真实的活动中完善个性品质。

(五)创造性

创造性是指人在产生新颖独特、有社会价值产品的活动中所表现出的各种心理要素有机整合而成的心理结构特征。① 人的主体性在创造性活动中能够得到充分的表现。创造意识强和有一定创造能力的人不拘泥于传统,不满足于现状,敢于提出质疑,敢于打破常规,奋力进取,挑战自己,以新的观念和良好的技能投入创造性的活动中,为美好的未来而战。具有创造性的人在创造性活动中往往有明确的活动目标,开阔的活动思路以及丰富的想象,他们主动完善自己的知识结构,开拓思维,大胆创新,应变能力极强,适应新环境也比较快。

个性化教育要求学校创造良好的教育环境来培养学生的创造性,激发学生的创造热情,端正学生的创造态度与动机,使学生的创造思维、想象力得到充分发挥,从而在创造性的教育活动中对学生的创造性人格品质进行培养。

(六)系统性

从系统论的观点看,个性是一个多层次、多维度的整体结构,包括动力结构、特征结构与调节结构,诸如需要、兴趣、动机、理想、信念、世界观、气质、性格、能力、自我意识等。这三个结构及具体内容彼此关联、相互制约,呈相互渗透的综合状。个性教育并不是只重视智能的培养,而是要求三个结构要素的发展并重,以促进学生个性品质全面发展或整体发展。

三、个性化教育的意义

(一)培养学生良好的个性素质

学生不是天生就有良好的个性素质,他们的个性素质是在科学系统的教育活动中有计划地培养而形成的。个性化教育最重要的是具有培养学生良好个性素质的功能。在人的一生中,形成良好个性素质的关键时期是青少年时期,因此,在学校个性化教育中要重视对学生个性素质的培养,这方面的教育活动应该是有目的,有计划的,而且要明确培养的重点,培养学生良好个性素质的同时也能避免学生受外界不良因素影响而形成不好的个性素质。所以说,个性化教育既是培养学生良好个性素质的过程,也是预防学

---

① 武海燕,代虹.中小学现代教育理念[M].哈尔滨:黑龙江人民出版社,2006.

生形成不良个性素质的过程。学生接受个性化教育后,一旦形成良好的个性素质,该素质就具有了稳定性,但它是相对的稳定,而不是绝对的稳固不变,在学生未来的学习与生活中,因为环境或其他因素的影响,一些原本已经形成的个性素质也会有消失的可能,所以,在个性化教育中不仅要培养个性素质,还要不断强化学生已有的良好个性化素质。

学生形成良好的个性是多方面因素相互作用的结果,包括学生主体活动因素、教育因素及环境因素等,这些因素本身是复杂的,所以某种程度上而言人的意愿不足以使人的个性的形成发生转移。个性素质有好坏之分,既有良好的个性素质,也有不良的个性素质,它们可以同时出现在一个学生身上,在个性化教育中既要培养与强化学生的良好个性素质,又要改造不良个性素质。个性化教育既有培养的作用,也有改造的功能,要将培养和改造、强化与预防结合起来,在整个个性化教育活动的过程中充分发挥培养与强化的功能,同时发挥改造与预防的作用。在不同的教育阶段,面向不同的学生进行个性化教育时,要明确主要发挥哪方面的功能与作用,要有侧重点,不能盲目强调培养良好个性素质或预防不良个性素质。例如,在儿童期教育阶段,学生的个性处于形成期,要强调培养学生的良好个性素质;当学生的个性初步形成时,要强化学生的良好个性素质;当个别学生表现出不良个性素质时,要及时改造,并将此作为个性化教育的主要任务;当不良外界因素干扰学生时,要预防学生形成不良个性素质。可见,个性化教育在不同的阶段要根据实际情况侧重发挥自己的培养与强化或预防与改造的功能,从而使学生都拥有良好的个性素质,改造不良素质,实现全面发展。

(二)培养学生理想的个性素质

理想的个性素质是由现实的个性素质转化而成的。现实的个性素质是指人作为教育的出发点而具有的个性素质。学生的个性丰富多彩,每个学生的个性各有特色,不同学生的个性千差万别。有的学生拥有丰满而鲜明的个性,有的学生是膨胀的个性,而有的是萎缩的个性,这些体现了个性状态的区别与差异。此外,有的学生是利己的个性,有的学生是利他的个性,这是个性性质的区别与差异。在个性化教育中,学生是教育的出发点,具体来说,学生的现实个性是教育的出发点,教育活动要以此为依据而展开,只有全面准确地认识学生的现实个性,才能有针对性地提出教学要求,选取教学内容与方法,才能体现教学的针对性和计划性。

人是教育的出发点,也是教育的归宿,作为教育的归宿的人的个性素质就是所谓的理想个性素质,个性全面和谐发展是理想个性素质的表现。个性化教育所要实现的理想目标就是使所有学生都拥有理想的个性素质,这个理想目标也是个性化教育的方向和引导。个性化教育要立足学生的现实个性素质而向培养理想个性素质努力,个性化教育的过程也可以看作是使学生的个性素质从现实状态转变为理想状态的动态过程,在这个渐进的动态的过程中,学生的良好个性素质不断强化,不良个性素质被改造,从而达到全面发展的理想目标。

(三)促进学生个性化与社会化的统一

个性化教育理念下,学生个性化与社会化之间的关系可以用两点来描述,一是非同一性,二是统一性,下面具体说明。

首先是非同一性,个性化与社会化的含义不同,功能各异。在个性化教育活动中,学生的个性化过程指的是其自身独特性不断形成的过程,学生从自身的独特性出发而自主选择自己比较适合的社会角色。学生的社会化过程指的是学生在教育中对社会规范与文化予以接受与认可,并不断吸收与内化,社会意识逐渐形成与强化,并发展成为合格的满足社会需要的人才的过程。在这个过程中,学生为顺利进入社会并适应社会角色而主动改造自己或被动接受改造。

其次是统一性,个性化是社会的个性化,社会化是个性的社会化,不存在脱离社会的个性化和脱离个性的社会化。培养学生的个性,要依托社会,并将学生置于一定的社会关系中,培养学生的社会性首先要遵循不同学生的个体差异。个性化的培养离不开社会文化范式,高度的个性化是由高度的社会化所决定的。严格意义上来说,社会化应该是能够将个性化充分体现出来的,如若不能体现个性化,那么就不是真正的社会化。个性化教育所倡导的个性化素质首先要符合社会文化范式,否则将是无意义的,而且也是不可能达成的培养目标。总的来说,个性化与社会化具有统一性,二者不可分割。

(四)促进他教育与自我教育的统一

1. 他教育

培养学生的良好个性素质,首先需要开展"他教育"活动。也就是说,在个性化教育中,教师作为教育者,作为重要的外部环境因素而影响学生,为学生形成良好的个性素质提供良好的外在条件。事物因为外因的影响而处于变化发展中,所以学生的发展离不开外因,也就是离不开他教育。

2. 自我教育

事物的发展变化都是以内因作为根据的,如果没有内因,外因也起不了作用。因此,学生要形成良好的个性素质,除了需要他教育,需要外因,更需要内因,即自我教育。学生作为教育者对自己展开教育,自己同时也是教育对象,在自我教育中依据自身实际情况、社会需要、教育目标而发挥教育主导作用,发挥主体性,自主学习,逐渐形成自我意识,提高自我学习与塑造能力,掌握必要的知识与技能,满足社会发展需要。

学生自我教育对学生自身的发展具有极其重要的作用和巨大的现实意义。在学校教育中,学生自我教育也是一个非常重要的组成部分,要注重培养学生的自主教育意识与能力,将自我教育与他教育结合起来,如果割裂二者或者完全忽视自我教育,那么学生很难进步与发展。在个性化教育中,自我教育是一个非常有效的教育方式与手段。学生在自我教育中既是教育的主导者,也是教育的主体,整个教育过程中学生都是积极的教育者,而不是被动接受知识的教育对象。学生的能动性、自主性在自我教育中得到充分发挥。他教育对学生的外部影响及作用如果离开学生的内部活动是无法起作用的,可见自我教育极其重要。

3. 两种教育的统一

在个性化教育活动中,他教育与自我教育作为两个重要的教育手段缺一不可,在教育中应将二者有机结合起来,相互促进,相互补充,相得益彰,共同发挥作用,以提高个性化教育的效果,最大化地培养与强化学生的良好个性素质,促进学生全面发展。甚至在特殊情况下,自我教育会占据主导地位,其重要性会超过他教育。我们提倡自我教育与他教育的结合与统一,但也要根据实际情况而有所侧重。

四、学校开展个性化教育的策略

(一)调整课程结构,增设选修课

传统的课程只是把重要的知识加以梳理、整合,让学生在理论上达到相应水平,但这容易割裂学科之间的联系,无法使学生通过学习形成系统的知识网。所以要调整课程结构,加强学科知识之间的统筹性。新课改之后,我国看重学生的个性发展和教育的民主性,要求在教学中培养学生的兴趣爱好,有选择性地上一些课程,因此要突破必修课一统天下的局面,适当增加选修课,促进学生个性化发展。

(二)改革教学内容

在课程内容的改革中,要设置形式丰富的课程,让理论联系实际,加强学以致用,关注学生对基础知识的掌握及其专业技能的提高。此外,课程内容不是独立于社会和时代发展而存在的,所以应与时代发展、社会生活紧密相连,突出课程内容的社会性和时代性,让学生更接近现实生活,更容易进入学习状态,与时代、社会接轨,促进全面协调发展。

(三)转变管理模式

教师可以鼓励学生自主制订学习计划,使学生掌握学习的主动性,为学生的自主学习和自我学习管理提供选择的余地,这有利于调动学生的积极性。鼓励学生自主制订学习计划和自我管理体现了学校尊重学生个体差异,是教育个性化的表现。我国的教育发展应该为学生自主性的发挥提供基础,改变统一的课程设置,发掘学生的潜能、发展其个性。

在管理方面还应倡导更有灵活性和弹性的学分制,要求学生在校期间修够一定的学分才能顺利毕业或升级,打破传统教育以学年作为学生所达到水平的标准及统一的课程管理制度。

第五节 "全面发展"教育理念

一、全面发展观

马克思认为,人的全面发展,就是"人以一种全面的方式,也就是说,作为一个完善的人,占有自己的全面本质"。而人的本质并不是单个人所固有的抽象物,在其现实基础上,它是一切社会关系的总和。[1]

全面发展观包括以下三个层面的内涵。

(一)人的活动的全面发展

人的全面发展其实就是人的感性活动或实践活动的全面发展。活动的全面发展表现为活动的内容和形式达到丰富性、完整性和可变动性。

---

[1] 刘红旗. 论人的全面发展的教育观[J]. 青海师专学报(教育科学),2004(6):215-216.

(二)人的社会关系的全面丰富

个人的全面性不是想象的或设想的全面性,而是其现实关系和观念关系的全面性。社会关系的全面性意味着个人与他人,不仅是作为群体中某一成员的身份,而且还作为个人与他人发生相互关系,人们之间的各种关系全面生成,由贫乏、封闭、片面变得丰富、开放、全面,并且得以和谐发展。

(三)人的素质的全面提高和个性的自由发展

人性的全面发展集中表现为人的素质的全面提高和个性的自由发展。人的素质的普遍提高,表现为人的身体素质、心理素质的发展和完善,以及两者之间的均衡协调发展。人的个性的发展表现为个人主体性水平的全面提高以及个人独特性的增加和丰富。[①]

二、"全面发展"教育理念的概念与内涵

(一)"全面发展"教育理念的概念

全面发展教育是指教育者根据社会主义社会的政治经济要求和人的身心发展规律和特点,有目的、有计划、有组织地对受教育者实施的旨在促进人的素质结构全面、和谐、充分发展的教育。全面发展的教育是由德育、智育、体育、美育和劳动技术教育等部分构成的。[②]

(二)"全面发展"教育理念的内涵

了解全面发展观和全面发展教育理念的概念后,我们可以从下面三个方面来理解"全面发展"教育理念的内涵。

1. 学校为学生实现全面发展的目标奠定基础

就人的活动的全面发展而言,学校应为学生将来实现改造自然、改造社会、改造人自身活动的全面而丰富的目标奠定良好的基础。特别是高校的专业教育,要实现由过度的专业化教育向厚基础、宽专业教育转换,因为专业划分过细会使学生毕业后的社会活动失去丰富性和可变动性。

[①] 刘红旗. 论人的全面发展的教育观[J]. 青海师专学报(教育科学),2004(6):215-216.
[②] 赵靖. 马克思人的全面发展理论和大学生全面发展教育研究[D]. 临汾:山西师范大学,2013.

2. 个体与外界的广度与深度结合

就人的社会关系的全面丰富而言,全面发展的大教育应当追求个体与外界的既有广度,又有深度的有机结合。

(1)拓展教育外延,促进教育的全社会化,形成学校、家庭、社区、社会四位一体的教育网络。

(2)学校课程设置应面向变化与发展的现实世界,着眼于培养主体的实践精神和实践能力,开设创业教育、伦理教育、心理卫生教育、环境教育、公关教育等课程。

3. 人的自然属性、社会属性和精神属性的全面发展

就人的素质的全面提高和个性自由发展而言,是要促进个体自然属性、社会属性和精神属性的全面发展。

(1)通过德育、智育和美育,追求智力、道德和情感的全面和谐发展,塑造真善美的理想个性。

(2)注意生理素质和心理素质的和谐统一,追求个体身心的全面发展。

(3)改变僵化的教学模式,扩大学生根据自身情况和社会需求对自身知识结构、能力结构构建的自主权,尊重学生的兴趣爱好,为学生创造充满"人本情怀""人文关怀"的成长环境,消除个性的模式化、同步化、标准化,使每个学生都保持自己的独特性,呈现出与众不同的差异性。

三、全面发展视域下学校全面发展教育的实施

(一)思想政治教育的实施

树立全面发展教育理念是学校办好思想政治教育的第一任务。全面发展教育理念要求以促进学生的全面发展为中心,围绕该中心来开展教学活动,将思想政治教育的内容和方式确定下来,并在思想政治教育教学过程中时刻体现以学生为本,促进学生自主性与能动性的发挥,脚踏实地促进学生进步与发展。

传统的思想政治教育方式不符合全面发展的教育理念,在今后的思想政治教育中应认清教育的本质,在新的教学理念下改革教学方式,突破传统限制,加强引导与启发,并将多种创新性的教学方法结合起来运用到对学生思想政治素质的培育中。

(二)道德教育的实施

在教育实践中应融入道德教育的内容,切实通过实际性的教育方式培养与提高学生的道德素质。在道德教育中应为学生提供参与社会实践活动的机会,使其在社会实践中接近最真实的人民群众,加强同基层的联系,与广大人民培养感情,并在实践中对中华民族优秀的文化成果及传统美德加以学习、深入理解,树立勤俭节约的意识,培养艰苦奋斗的毅力,并强化为人民服务的思想观念。

学校组织社会实践活动的过程中,要使学生了解不同阶层的真实生活,深入体验人民群众的真实世界,了解中国的真实现状,发现并总结社会上的普遍性问题,细致分析问题,并提出解决问题的思路或策略,尤其要客观分析社会上的热点道德现象,客观评价社会思潮,去除不良道德之风。

环境在德育过程中非常重要,在道德教育中创设和谐舒适的教育环境,使学生的能动性、主体性得以充分发挥,使其在良好的环境与氛围中准确分析与评价社会道德现象,认识与理解良好道德行为的标准,实现自我的内在提升。在道德教育中尤其要创建民主平等的环境,充分发挥良好教育环境的育人功能,使学生认识自己的主体地位,并行使平等的权利,在民主教育中发挥自己的能力,实现道德教育目标。

(三)身心健康教育的实施

身体健康是全面发展的基础条件,因此,在全面发展视域下应重视对学生健康身体素质的培养,加强健康教育。体育教育与健康教育的结合是培养学生健康身体素质的重要保障,将体育教育和健康教育融为一体,还有助于培养学生的优良品质,如团结友爱、积极进取、拼搏向上、坚持不懈等。此外,体育教育在培养学生社交能力、促进学生社会化发展方面也具有重要意义。总之,实施健康教育,要注重发挥体育教育手段的作用,通过体育教育与健康教育的有机整合来促进学生的全面健康。

全面发展视域下还要重视对学生健康心理素质的培养,心理健康和身体健康都很重要,而且二者是相互影响的,学生是否有健康、健全的心理,也直接影响其他素质的培养与发展。因此,要特别重视培养学生的健康心理素质,完善学生的个性特征,健全学生的人格,进而提升学生的适应能力、社交能力,为其全面发展奠定基础。

(四)人文科学教育的实施

现代社会发展对人才培养的要求越来越高,既有丰富知识,又有良好的人文素养是现代人才培养的基本要求,因此,要重视科学教育与人文教育的整合,二者缺一不可。通过整合科学教育与人文教育,培养学生的科学文化素养与人文素质,使学生成为适应现代社会并满足社会发展之需的全面型人才。

(五)创新和实践教育的实施

现代社会需要全面发展的人才、多元化发展的人才以及创新性人才。创新性人才拥有自由独立的思想,拥有发散性思维和良好的想象力,而且他们的实践动手能力也很强,通过创新与实践教育,可以培养创新性人才,培养拥有实践能力的人才,使学生开放思维,强化能动意识,使其善于想象和创新,主动探索,敢于质疑,勇敢突破和挑战自己,在实践创造中证明自己和检验自己。通过创新与实践教育可以培养学生的创新精神与实践能力,提高学生的社会适应能力及改造能力。

第六节 "素质教育"理念

一、素质教育的内涵

素质教育就是以人的身心发展为目的,提高人的独立性、积极性、自主性和创造性等主体性品质,使人在德、智、体、美等方面得到全面发展的活动。

素质教育的内涵可以从以下几方面来理解。

(一)素质教育是充分发挥个人潜能的教育

人类社会政治、经济、文化的高速发展需要人类发挥巨大潜能。这是"发挥人的潜能的教育"受到众多教育家、思想家重视的主要原因之一。基于这一思想,素质教育理念应运而生,这一指导思想注重对学生人格的培养及潜能的激发,把挖掘学生潜能、发挥学生潜能作为教育的主要目标。

(二)素质教育是注重学生个性发展的教育

素质教育理念主张对学生主体性的尊重及培养,强调促进学生个性的健全与完善,使学生充分发挥个性,快乐成长。素质教育对学生高尚人格的形成及创新精神的强化具有重要指导意义。素质教育理念下应该以培养与提升学生的素质为核心而构建课程体系。另外,素质教育对人和社会的发展需要都非常重视,并倡导促进人与社会的协同发展,通过人的发展促进社会发展,通过社会发展积极影响人的发展。

(三)素质教育是落实全面发展教育方针的教育

素质教育是提高人类德智体美劳综合素质的全面教育,素质教育是落实全面发展教育方针的重要路径,因此,在素质教育中要树立全面发展的教育目标,构建全方位的课程体系,完善教育方法与手段,建立多元全面的评估机制,从而发挥全面育人的功能。

(四)素质教育是培养学生创新精神和实践能力的教育

对具有民族创新精神及高水平创造力的人才进行培养是素质教育的特殊使命。面向全体学生实施素质教育,要考虑学生的个性发展需要,贯彻因材施教原则,对学生的创造意识及创造能力进行培养。此外,要面向高层次创新人才展开素质教育,使其以高度的民族创新精神及高超的创新能力而攀登科学高峰,为民族繁荣发展及国家富强贡献自己的力量。

(五)素质教育是使人的素质综合发展的教育

人的各项素质之间存在着密切的关系,它们既相互依赖和促进,也相互影响与制约,基于素质的整体性特征,要注重素质教育的综合性,全方位培养学生的综合素质,并根据社会发展需求而促进学生个性化发展。有机整合各项素质既满足学生的个性发展需要,也满足社会发展对全面发展型人才的要求。

(六)素质教育是着眼于人的可持续发展的教育

通过实施素质教育,要使学生拥有可终身获益的素质,使学生拥有良好的素质而为其未来生存与发展打好基础。终身性的素质对学生的持续性学习及持久发展非常有益,这些素质产生的影响贯穿整个人生。素质教育不仅着眼于人类的可持续发展,还注重人类可持续发展与社会可持续发展的统一性。

二、素质教育与应试教育的辨析

在辨析素质教育与应试教育的区别之前,先要明确一点,应试教育不是非正常教育,其并没有与教育规律背道而驰,而是与教育规律相符的,它是一种正常教育模式。认清这一点后,下面从三个方面来辨析素质教育与"应试教育"的不同。

(一)素质教育是复杂教育,应试教育是简单教育

素质教育涵盖了非常广阔的范围,对不同教育内容的协同配合和严谨控制提出了较高的要求。而应试教育涵盖的面并不广,操作起来较为容易,也不难控制,其侧重于提高学生的学习成绩和升学率。可见,素质教育较为复杂且有难度,应试教育较为简单且难度低。素质教育理念的推广意味着要倡导复杂教育,改革简单教育,提高教育的水平,这其中必然要经历漫长而曲折的过程,需要广大教育工作者付出努力,也需要广大家长与社会各界的支持与配合。

(二)素质教育注重长远发展,应试教育注重短期发展

应试教育视角下,学生通过短时间的突击学习也可能实现学习成绩的提升,但是基础教育绝对不倡导短期的学习行为。学生从小学到高中经历12年的中小学教育才能参加高考,这十多年的学习成果并不是短期教育就能取得的。如果学生读完大学,还要考研、考博,那么从小学开始到读博结束正常情况下需要22年的时间,这是长期教育的历程。学生短时间突击学习尽管可以提升某次考试的成绩,但是对解决终身发展的问题是没有实际意义的。因此说应试教育理念与基础教育的要求是不符的。

素质教育倡导对全面发展的人才进行培养,在基础教育阶段就要注重素质培养,为学生可持续发展打好基础,使学生在各个教育阶段学习与掌握的内容都能够使其终身获益。素质教育提倡的是全面发展教育,既要培养学生的综合素质,也要提高学生的学习成绩。

(三)素质教育注重全面发展,应试教育注重局部发展

应试教育的教育内容一般只与学习相关,而素质教育的教育内容涉及面广,所有对学生终身发展、全面发展、个性化发展有益的教育内容都包含其中。事实上,不管是应试教育还是素质教育,都以学生学习为主,区别在于应试教育的内容更直观,逻辑也比较简单,很容易看出来就是与学习相关的内容。而素质教育的内容既有直观上与学习有关的内容,也有一眼看上去与学习无关,实则对学生发展有益的教育内容。也就是说,直接与学习相关及间接与学习相关的教育内容都是素质教育的内容。所以,从学习的视角来看,素质教育更有助于提高学生的学习水平与综合能力。

三、学校推进素质教育的策略研究

(一)树立并强化素质教育理念

现代教育理念与现代社会经济发展的需要是相符的,也能满足人全面发展的需要。现代教育理念集中体现在国家出台的教育方针、教育政策及相关教育法律文件中。学校要转变应试教育理念,树立素质教育理念,并在实践中践行与不断强化素质教育理念,随着社会的发展,也要不断丰富与完善素质教育理念,更新理念,以正确的教育思想来指导教育行为。在更新教育理念方面要认识到下面几个要点。

第一,对国家教育方针及相关政策的内容、内涵有深刻的认识和全面的理解。

第二,在学生文化素质的发展中,不仅考试项目在发挥作用,而且非考试项目也发挥着重要作用,因此,要关注非考试教育内容的传授。

第三,在基础教育阶段全面开展素质教育,打好基础。

(二)整合力量,创造和谐教育环境

素质教育这项工程庞大而且复杂,除了需要在学校深入开展与落实之外,还需要家庭、社会的参与和配合,各方面要团结一致,集中力量创造良好的素质教育环境与氛围。

1. 学校与相关政府部门的推进

素质教育在学校的实施应该得到全社会的关心与重视,学校应定期组织教师开展关于如何推进素质教育的学习活动,提高广大教育工作者对素质教育的认知能力和实践能力。各地素质教育在各个学校的组织实施应由地方教育部门负责协调,各地教育行政管理部门应专门针对素质教育设置一个组织,即素质教育实施协调处,明确提出学校如何开展素质教育,提出具体要求,有关部门及学校共同承担起推进素质教育的重任。另外,各地有必要成立素质教育工作小组,主要负责对当地学校素质教育工作的部署与监管。

2. 家庭教育的支持

素质教育的开展离不开广大家长的支持与配合,因此,也要重视学校素质教育在家庭领域的拓展与延伸,搞好家庭素质教育,使家庭在普及素质教

育及培养学生综合素质、促进学生全面发展等方面的作用得到充分发挥。

3. 社区力量的协助

学校素质教育的空间还应向社会拓展,在学校与社会之间搭建素质教育资源共享的平台,构建协同机制来鼓励学生参与社会实践活动,并将相关社会服务引进学校,以不断优化与完善素质教育的环境。在素质教育的实施中,社区也应该成为主要阵地之一,学校教育改革需要社区的积极参与和配合,学校教育的发展是社区发展的重要内容。社区应向本辖区学生开放社区体育、教育、文化等资源,学校也要适当对外开放图书馆、运动场,从而在学校与社区之间建设"双通道",真正实现资源共享,为素质教育的全面开展提供优良的环境。

(三)倡导教育的均衡与公平

现代教育呈现出均衡发展的特点,这也是社会主义现代化教育发展的基本要求。贯彻科学发展观,树立素质教育理念,统筹城乡教育资源,为乡村教育发展提供契机与保障,有助于推动教育的均衡发展,提高教育质量。

目前,我国教育事业发展存在城乡差距,短期内很难完全消除这种差距,但我们要努力将城市教育与乡村教育的差距缩小,要科学构建城乡教育统筹发展的一体化机制,对学校布局合理规划与调整,为各地配置比例适宜的优质教育资源,重点扶持教育资源落后的地区,鼓励教育资源丰厚的学校对教育落后地区提供人力或物力支持,使经济落后地区的教育资源有所保障,提高落后地区的教育水平。此外,还要缩小同一区域内同级学校的教育水平差距,使学生在各个学段都能接受公平的教育。

(四)加强师资建设,提高教师素质

培养与建设优质师资队伍是开展素质教育的关键一步,教师素质高,才能对同样高素质的学生进行培养。教师对学生能够产生巨大的、终身性的影响,这种影响可以是有形的,也可以是无形的,总之,教师的影响是无处不在的。因此,要特别重视壮大师资力量,培养教师的综合素质,培养其爱岗敬业的精神、良好的思想道德素养,提高教师的业务能力和科学文化水平,使教师的育人价值得到最大化的发挥。

教师综合素质的提升是培养全面发展人才的基础,因此,要在素质教育理念下加强对潜在教师资源的培养及对在职教师的培训,有效提高教师资源的综合素质,提高教师队伍的综合水平。

第二章　体育教育的发展与现代教育理念的更新

体育教育的发展,是体育教学训练发展的重要前提条件,也是其发展的重要环境条件。某种意义上,体育教育的发展状况决定了体育教学与训练的发展。而体育教育的发展则取决于现代教育理念。由此可见,教育理念的更新与发展是至关重要的。本章主要对体育教育的发展历程、我国学习体育教育的现状与未来发展展望以及当今体育教育背景下体育教育理念的更新几个方面进行分析和探究,由此,能对体育教育的发展状况以及现代教育理念的更新发展都有一定的了解与认识,为后续更加细致的研究奠定基础。

第一节　体育教育的发展历程

一、体育教育的产生

要了解体育教育的产生,首先要知道体育的产生。体育的产生与人类的生产、生活、劳动的不断进步并日渐成熟有着非常密切的关系,可以说,这是体育产生的重要根源,在世界各民族的发展进程中都能够体现出这一规律。

谈到体育,就要涉及文化。文化是由很多部分构成的,而体育是其中一个重要的组成部分。人类文化的发展会对体育的发展产生非常重要的影响。我国的发展历史悠久,文化底蕴深厚,在文化内涵和文化产物方面有着非常显著的优势,这也为体育的发展奠定了坚实的基础。

体育的产生,是社会发展的必然产物,也是社会文明进步的重要标志,因此,可以将其认定为是一种特殊的社会文化。我国地域辽阔,在不同地域所形成的社会文化是不同的,这也就决定了所产生的体育也具有显著的地域性特点,这也为日后体育方面的研究提供了重要的参照依据。

(一)中国古老文明是世界最古老的体育的发源起点

中国的文明在很早的时候就已经产生了,这就为原始的古代体育教育的产生创造了最为有利、最为基础的前提条件,可以说,世界最古老的体育是在我国的社会发展历史中发源并产生的,其之所以没有发展至今,与后期的历史发展有着重要关系。

中国是四大文明古国之一,这为体育的产生奠定了不可忽视的重要基础,同时,体育的产生与发展,也为中国文明、文化的发展提供了良好的推动力,可以说,我国在体育和文明、文化发展方面受益颇多,这与我国漫长的农耕社会和非工业化社会之间的关系是不可分割的。

体育的产生与发挥伴随着体育教育的产生与发展。体育教育的相关内容早在古老的教育体系中就已经出现了。对此,也有一定的史料记载。比如,我国在夏代已有称为"校""序""庠(音 xiáng)"等不同名称的学校。商代,"大学"和"庠"两级施教的学校教育也开始出现。西周时,学校又有了进一步的发展,有了"国学"和"乡学"之分,只不过,这时候所开设的所谓的学校,与现代意义上的学校是大相径庭的,其所针对的都是奴隶主贵族子弟,培养统治者和官吏是其主要作用所在。社会形势决定了当时的文化知识和书籍文献都为官府所垄断,因此,那时候的教育也是为官府服务的,这就有了"学在官府"的说法。当时,体育教育开设所涉及的内容主要包括礼、乐、射、御、书、数这"六艺"。由此可以看出,古代的教育与现代意义上的教育在本质上是不同的。

(二)古代欧洲的体育文明

古代欧洲的体育文明中包含的教育形式丰富多样,其中,城邦教育体系是以体育教育为主的教育形式之一。近现代欧洲体育是从古希腊发源而来的,古希腊人在体育生活方面曾经是丰富多彩的。从大量的文献中可以看出,关于古希腊人体育竞技活动的描述是存在的,并且还产生了体育活动相关的一些术语,比如,竞技、训练、体操等。需要特别提出的是,在古希腊,体操是一切健身运动及其方法的总称。由此可见,当时"体操"和"体育"之间是具有共通之处的,两者都有体育的意思,大致都包含跑、跳、投掷、拳术、角力等方面,这与现代意义上的体操是有着天壤之别的。在古希腊的斯巴达教育体系中,体育是主要内容之一;而在雅典的教育内容中,学习"五项竞技"的要求被明确提了出来。

到了欧洲中世纪,由于受到封建专制势力的影响,在竞争方面无法受

第二章 体育教育的发展与现代教育理念的更新

到应有的保护,由此,也禁锢了人的思想,如果说欧洲体育史上还有亮点的话,那么,也只有骑士制度这一个方面了。公元800年,法兰克王国的查理大帝一统西欧,12名跟随查理大帝南征北战的勇士就成了"神的侍卫",也称"圣骑士",这被视为骑士的起源。中世纪,骑士曾是备受崇拜和尊敬的阶层,当时,通常会通过一些体育手段,经过严格的身体训练,而将农夫培养成风流倜傥、风度翩翩的骑士。骑士教育的核心在于"骑士七技":骑马、游泳、投矛、刺剑、狩猎、弈棋、吟诗。骑士们骑着能征善战的骏马,身披盔甲,手持盾牌、长矛和利剑,来捍卫自己的荣誉和俘虏敌人。在当时,骑士成为社会发展的中坚力量,其在社会中的作用是积极的,对社会发展起到推动作用。

综上所述,中国的古老文明和古代欧洲的体育文明,这两种古代体育文明的产生,都与教育有着直接的联系。西周时期的"六艺"出自当时的贵族子弟教育,是为了培养未来的统治者。而古希腊的城邦教育体系也出现了相对完备的体育技能教育与训练。但是两者之间也存在着不同之处,我国西周时期的"六艺"教育只针对贵族子弟,而古希腊城邦教育则面向城邦内的所有男性国民。

从教育目的上看,中国的古老文明和古代欧洲的体育文明都涉及体育教育的内容,并且都与军事有着密切的联系。在当时,教育首先要服从军事和社会安全的需要,这是两者的共同之处。

由此可以看出,让人们进行学习和从事军事训练是体育教育的最初内容所在。但是,由于地域、历史时代的不同,体育教育的内容、形式也是有差别的。

二、体育教育发展的历史时期

体育教育产生之后,就开始逐渐发展起来,而为了便于理解和研究,关于体育教育的发展,可以大致分为三个时期,即古希腊时期、文艺复兴时期、法国资产阶级革命时期。每个时期的体育教育发展的特点、类型以及代表人物和观点都是不同的。

(一)古希腊时期的体育教育

古希腊的体育教育是体育教育发展历史进程中非常重要的一个部分,其对体育教育的发展起到了至关重要的影响,其中,教育体系以及教育方面的代表人物和观点对后世所产生的影响是其他方面所不可比拟的。

1. 古希腊的教育体系

古希腊的教育体系可以分为两种类型,一种是斯巴达教育,一种是雅典教育。两种教育体系类型的特征和教育目的都是有所差别的,但是,两者之间也不乏一些共同之处。

(1)斯巴达教育

斯巴达教育显示出了追求军事效力为最终目标的显著特点,这也就对斯巴达教育中含有相当多的军事体育的内容起到了决定性的影响。

(2)雅典教育

雅典是奴隶主民主国家,因此,它的教育体系一直就与斯巴达有着显著的差异性。

(3)斯巴达教育与雅典教育的对比

这两种类型教育体系具体内容对比如下表(表2-1)。

表2-1 斯巴达教育与雅典教育的对比

	斯巴达教育	雅典教育
共同点	都对实践较为关注,都是直接以成人的活动训练孩子,使之将来成为国家的成员。	
不同之处	目的:教育孩子的目的是造就士兵	目的:把统治阶级的子弟培养成为身心和谐发展的、能履行公民职责的人是其主要目的。具体来说,在这方面有着较为具体的要求:要把他们训练成为身强力壮的军人,同时,更强调把他们培养成具有与文化修养和多种才能的政治家和商人。
	影响:在教育思想上并没有特别的影响	影响:雅典产生了许多著名的教师,流传下去的教育思想丰富,体育教育思想也包含其中。

2. 古希腊的教育代表人物及其观点

(1)苏格拉底

苏格拉底是一个雅典人,同时其也是第一个作为公众教师的雅典人。其在教育方面所提出的观点主要为:不管做什么样的事情,都要具备强健的身体和精神这一前提条件,应坚韧不拔地锻炼自己的身体,使自己的身体做好精神的奴仆。

第二章 体育教育的发展与现代教育理念的更新

(2)柏拉图

作为苏格拉底的学生,柏拉图继承了苏格拉底的思想,提出儿童和青年属于初级教育训练阶段的重要观点,这一时期,所采用的是斯巴达教育体系;而在进入成年后,采用的则是雅典式教育体系。柏拉图的教育观点为,教育可以分为两个方面,一方面是促进身体健康的体育,一方面是增进心灵美善的音乐。而在体育方面,其则作出了舞蹈与角斗的划分。

(3)亚里士多德

亚里士多德师承柏拉图,在伟大的希腊教育家中,其是最后一个继承人,其在观点上,与其先师们基本上是一致的,但也有所差别,主要体现在其进一步推动了其老师所提出的原理的发展和完善。亚里士多德的教育观点主要为人的理性和理智是本性力求达到的目的。这一性质也在很大程度上决定着公民的出生和道德训练的安排都要在其影响下进行。

亚里士多德在教育方面还提出了其他的建议,比如,青少年时期建议学习4门课程:①阅读、书写;②体育锻炼;③音乐;④绘画。除此之外,其还在体育锻炼方面提出了自己的主张,即"实践必须先于理论,身体的训练须在智力训练之先"。

(二)文艺复兴时期的体育教育

文艺复兴时期的体育教育,在体育教育的整个发展历史中也处于重要的环节,这一时期所产生的思想观念和体育活动,以及所产生的教育先驱都为体育教育的发展作出了突出的贡献。

1. 这一时期产生的体育教育思想观念

封建社会在历史发展进行中所占的时间是比较长的,在这漫长的社会发展时期中,欧洲的基督教会为了从思想上形成对人们的控制,他们借助于宗教的形式来神化了世俗的国家政权,同时,还将除了心智及肉体之外尚有神所赋予的灵魂的主张提了出来。这是这一时期体育教育思想观点的显著特点。

在这方面,受这些思想观念的影响,使这一时期的人们逐渐形成了这样的意识,即肉体是兽性的、最低的、最无关紧要的东西,而心智与灵魂是最高的追求目标。人们要想在尘世间能获得灵魂的永存,就必须采取禁欲、苦行、压制和克服肉体的兽性。由此可以看出,这种大肆宣扬的思想观念,彻底否定了古希腊体育观,两者是相悖的。

2. 广泛流传各种体育活动

在社会不断发展进步的推动下，封建社会逐渐走向解体，新兴资产阶级也开始行动起来，与封建社会进行各种反抗与抵制。这些活动主要表现在以下两方面。

(1)在对封建社会的反抗和抵制方面，站在前列的是意大利的一些思想家，他们主张"回到古代去""回到古希腊去"。他们高喊"我是凡人，我只求凡人的幸福"的口号，这也是对人的神化的否定。

(2)德国是北欧文艺复兴运动影响较大的国家之一，因此，其宗教改革的热潮不断掀起，并且极大程度上否定了罗马天主教会和教皇至高无上的权力这一观点，同时，还提出在上帝面前人人平等，没有贵贱之别的观点。

上述这两股资产阶级革命思潮，都是很大程度上推动了体育教育的发展与变革。

3. 体育教育先驱的产生

在这一时期，一批有开拓勇气的体育教育先驱逐渐开始出现，较为具有代表性的如皮埃尔·保罗·维尔杰里奥(卡拉拉公爵的家庭教师)、格瓦里奥·德·维罗纳(埃斯特的家庭教师)、麦尔库里亚利斯(医生)等，他们身先士卒，勇于实践，但留给后人的理论著作却不多。[1]

尽管这些体育教育先驱彼此主张采用的方法都存在差异性，但是，有些方面也是存在共同之处的。

(1)抛弃身体的灵魂监狱的观点。

(2)教育理论对实用性技能和游戏项目都是非常重视的。使孩子能够在学习这两方面的技能时，逐渐养成良好的动作习惯，同时，也要形成自然从容的行为举止。

(3)恢复古代体育教学经验，并促进其大力传播。

(4)要在强调人的美学思想的同时，也积极发挥出体育在身体保护方面的作用，做到发展的全面性，使其能够重新得到认可和接纳。

(5)要对身体训练时利用大自然的力量和条件有更进一步的认识，在提升锻炼效果的同时，也促进人的心情愉快。

(6)对脑力活动与体力活动之间的相互联系是持肯定态度的。

---

[1] 龚坚,张新. 体育教育学[M]. 重庆:西南大学出版社,2009.

(三)法国资产阶级革命时期的体育教育

1. 法国资产阶级革命时期体育教育的发展特点

18世纪资产阶级革命前的法国是一个典型的封建专制国家。法国资本主义革命后,资产阶级在国家的经济生活中成为一支重要的社会力量,发起了"启蒙运动",在这场轰轰烈烈的运动中,一些著名的教育家、思想家也逐渐出现。可以说,这一时期的体育教育发展还是有着显著成果的。

2. 法国资产阶级革命时期代表人物及其教育理念

这一时期,最杰出的思想家和教育理论家让雅克·卢梭出现。他提出要对新生的一代施行自然教育,同时,还对全新的教育形式进行了设想。

卢梭的身体教育思想对后世体育教育的发展所起到的影响是不可磨灭的,这也就体现出了其存在的价值和意义。对此,可以进行进一步的剖析和探索。通常,可以将其内容分为两方面。一方面,所有社会问题的产生,都在不同程度上与人性恶有着某种联系,这种联系是客观存在的,是不能被忽视的,可以说,人的体弱是恶产生的重要根源。因此,要想改善社会的丑恶,就必须培养刚强的青年。另一方面,孩子学会同自然界斗争的本领越多也就越灵巧,因此,就一定要训练青少年的感觉器官。针对这种情况卢梭建议通过爬树、翻越石墙等克服各种自然障碍的手段来进行。同时,他沿用了洛克的劳动教育思想,采用各种手工劳动训练孩子。赞同洛克关于积极休息的论点,提出智育和体育相结合的方案。他写道:"教育的最大秘密在于身体活动和精神活动彼此都互为休息手段。"

第二节 我国学校体育教育的现状与未来发展展望

一、我国学校体育教育的现状

关于我国学习体育教育的现状,可以从不同教育阶段来入手进行分析,即分为幼儿体育教育、中小学体育教育以及高校体育教育三方面。

(一)幼儿体育教育状况

1. 幼儿体育教育的内容与作用

我国《幼儿教育纲要》中明确规定了关于幼儿体育教育的内容和要求,大致包括三方面。

(1)基本动作练习

幼儿体育教育中,走、跑、跳、投、攀和爬等这些都属于基本动作练习的内容范畴。

通过幼儿体育教育中这些基本动作的练习,能够使幼儿的肌肉得到有效锻炼,肌肉机能有所提升,机体的活力和各器官系统的生理功能也会因此而有所改善,从而使幼儿的机体各方面得到锻炼,因此可以说,这些基本动作是非常有助于幼儿正常生长发育和身体健康的。

(2)基本体操练习

幼儿体育教育中的基本体操练习主要包含徒手操、轻器械操、模仿操等这些内容。

通过基本体操练习,可以使幼儿逐步养成正确的姿势,有效发展和提升幼儿的协调性、准确性、注意力、意志力等,同时,也能使幼儿养成控制自己行为与集体一致的品格。

(3)队列队形练习

幼儿体育教育中的队列队形练习主要包括站队、变队、转身、散开和集合等方面的内容。

通过队列队形的练习,可使幼儿逐步养成在集体中使自己的动作与集体协调一致的能力和习惯,并能很好地发展其空间知觉。

2. 幼儿体育教育的基本发展状况

(1)在体育教学对幼儿发展的重要作用方面缺乏正确的认识

调查发现,当前很多学前教育学校在体育教学对幼儿成长所起到的重要作用和意义方面还没有形成良好的意识。很多学校将高升学率作为主要的追求目标,因此,将体育等教育内容忽视掉,重文科轻体育的现象在很长的一段时间内都是普遍存在的问题,甚至有的学校在基本的体育教育时间上都无法得到有效保证,体育课已经成为其他文化学科的机动调整课,久而久之,幼儿对体育学习的认识还处于模糊状态,他们在体育锻炼意识方面较为欠缺,也无法学习和掌握基本的体育知识和技能。

第二章　体育教育的发展与现代教育理念的更新

(2)幼儿体育教育内容全面性、系统性和连续性欠缺

《幼儿教育纲要》中已经对幼儿体育教学内容进行了明确规定,但是,从目前的形势来看,我国幼儿体育教育内容的实施还并不理想,这主要体现在全面性、连续性和系统性等各方面,盲目性仍然成为显著的问题。

从当前对幼儿体育教育的调查中发现,幼儿体育教育的主要内容是走、跑、爬、攀,这些方面的教材与幼儿的年龄特点是基本相符的,是幼儿在游戏、活动和生活中最基本的活动形式,它对幼儿园的场地、活动设施的要求较低,其内容比较容易组织,而且也较安全。但是,跳、投类方面所涉及的内容较为欠缺,导致这一问题产生的主要原因在于,各带班教师对跳、投之类教材的动作技术、组织教法等内容的掌握较难;幼儿体育教育中体育和卫生的基础知识是最薄弱的环节,这些都制约着幼儿体育教育发展的科学化。

(3)科学合理的教学场地及设备设施较为欠缺

由于幼儿学校的发展状况参差不齐,一些幼儿学校的发展状况并不理想,这就使得其在资金上捉襟见肘,因此,其绝大部分资金都用于学校的主体发展,而在体育教学方面的投入就会大大减少,尤其是在相关设备设施方面及场地建设方面缺乏资金支持。但是,体育教学场地和设施是幼儿体育教育开展的重要前提条件和物质保障,如果在这方面欠缺,那么,体育教育活动的开展就无法顺利进行,教育教学效果也就无从谈起了。

另外,大部分幼儿学校在体育活动场地方面是具备一定的条件的,但是,并没有根据幼儿的实际需要进行相关器材、设备设施的购置和安排,例如幼儿跑道少,运动器材数量少,种类少,这就对学前体育教育的有效开展产生了制约作用,从而对我国幼儿体育教育的进一步发展产生了阻碍作用。

(4)体育教师师资力量有效提升

当前,幼儿教育已经成为现代教育的重要方面,并且随着我国教育事业的不断发展,幼儿教育越来越受到年轻人的青睐,但是,由于其本身对体育的认知程度不够,存在着幼儿体育并不重要的观点,这就导致体育教学的开展只能体现在表面上,从而形成了华而不实的形式主义。

在进行幼儿体育课程的安排时,很多幼儿学校往往会在体育教学的成本上"下功夫",不去聘请专职的体育教师,而是由文化课老师兼职,这种做法不仅曲解了体育教育的本质,同时,也降低了体育教育教学的成效,对幼儿所产生的积极影响大打折扣。

另外,很多教师在幼儿知识的掌握方面并不理想,甚至忽略了幼儿的真正需求,没有从幼儿的成长发展出发,并以此为依据来将适合幼儿发展的科学合理的教学策略制定出来,从而导致所制定的幼儿体育课程质量无法得

到保证,体育课时也无法保证。①

(二)中小学体育教育状况

1. 体育教学模式缺乏多样性和灵活性

我国传统的体育教育模式具有基本的教育标准以及与其相对应的比较统一的课程设置和教学要求,能使大面积的教学质量都得到保证,但是,同时这也显示出呆板的缺点,多样性和灵活性较为欠缺,这就对学生活泼、主动地发展产生不利影响,同时,对于创新人才、个性人才的培养也是不利的。

2. 体育教学内容单一、陈旧,教学目标不完善

在现阶段的很长一段时间内,体育课程的开展方面,具有突出的术科教学特点,同时,存在着课程内容陈旧的显著特点,"难、繁、偏、旧"的显著情况一直存在且较为突出,这些对于学生学习的积极性和主动性都会产生制约甚至阻碍作用。

关于我国中学体育实践教学的内容,长期处于讲究多而全、深而难的阶段,在学习阶段和年级特点的划分上模糊不清,甚至没有显著区分,这就导致学生从小学开始一直在学习各种重复且枯燥的内容,与他们兴趣相符的内容少之又少,在课堂教学内容的组织上,多以教学目标为焦点对教学内容进行搭配,却很少以学生的兴趣为出发点进行搭配。总的来说,这样的教学模式对于学生的"全面发展"理应起到积极的促进作用,但是,实际上,这种教学模式实施的效果并不理想,这与其很难将学生参与运动的积极性调动起来有着密切关系。

对于大部分中小学来说,体育教学内容单一、体育教学目标不完善,学校的实际条件和体育教师会的体育项目,就决定了体育教学的内容,这就导致体育教学内容的陈旧性和单一性;加上体育教师没有设置完善的体育教学目标,这大大降低了中小学学生对体育课的兴趣,体育课的教学质量也会因此而有所降低。

3. 体育教师的地位不被重视

体育教育活动开展以来,体育教师所承担的工作大部分属于传习性质的,这与所传习的内容是科学的、理性的还是技术的没有关系。由此可以看出,体育教师的工作常与秉承、传递、重复、体力等概念相联系。由于体育课

---

① 何淑艳. 我国学前体育教育现状及对策[J]. 知识文库,2019(19):95.

第二章　体育教育的发展与现代教育理念的更新

程不受到重视,很多体育教师在学校地位较低,不受尊敬,很多体育教师被迫要承担其他课程的教学,同时还可能被要求承担一些事务性工作;与此同时在职称评聘和培训等方面又受到歧视,待遇较差。① 这也是体育教师长期以来地位不高,甚至被社会一部分人看不起的主要根源。

4. 体育教学方式、评价方式单一

中小学体育教师使用合作教学、探究式教学和自主式教学方式的频率非常低,而体育课的评价内容和方式也很单一,大部分体育教师对学生的评价都比较片面。很多中小学没有建立学生评价重要性的意识,而且所采取的评价的方式和内容也较为单一,没有制定科学、合理的评价体系,这对于中小学体育教育活动的开展与发展都是不利的。

5. 校园体育活动的内容单一、形式单调

对于中小学学校体育活动来说,其在内容和形式的安排上都存在着不足,单一性的特点显著。大部分中小学的活动内容和安排通常为上午课间操和眼保健操,下午大课间活动,常年不变,这就大大降低了学生对学校体育活动的兴趣和参与的积极性,尤其是下午的大课间活动,大课间活动时间非常长,但是活动内容只有跑步,而且真正用于跑步的时间非常短,大部分时间都浪费在组织上。② 另外,很多中小学在建设学校体育相关的场地、设施配套等的时候,就没有下功夫,往往会进行标准化的建设,没有做到因地制宜,这也就决定了其所开发的学校体育活动的内容、形式与有趣性、丰富性、多样化是不符的,从而导致学生参与体育活动的兴趣和热情也都非常低,得不到有效调动。

(三)高校体育教育状况

1. 高校体育教育脱离生命本体

在很长的时间内,很多人对体育教育的本质仍然没有足够全面和深入的了解与认识,将体育教育以工具的形式向学生传达理念,总的来说高校体育教育已经成为一种教育工具,却将体育与生命本体之间的关联忽视掉了,而目前的高校体育教育中最突出的问题就是过于强调体育教育在社会中的价值。

---

① 徐鹤. 吉安市农村小学体育教育现状及发展对策研究[J]. 农家参谋,2020(19):221+279.
② 李杰. 珲春市 Y 高中体育教育现状及管理对策研究[D]. 延吉:延边大学,2018.

2. 高校体育教育目标不够明确

传统的高等教育中,体育一直处于边缘化学科的范畴中,是可有可无的状态,这就决定了学校在高校体育方面所注入的资金和精力都是非常有限的,从而使得高校体育教育的开展状况不甚理想。

高校的体育教育所强调的重点始终是内涵的发展,但是,在外延的发展方面却基本忽视掉了;对质量的提高持高度关注的态度,但是在结构的优化放点也忽略掉了。

多年来,高校体育始终将体质的增强作为关注的重点,后来才逐渐转为对育人的重视。但是,在涉及德、智、体三方面关系时,高校体育的所谓"育人"在实践中仍然表现为重视增强体质。而且,高校体育的"育人"目标在具体内容上是较为欠缺的。

3. 高校体育教育在生活底蕴上较为欠缺

当前,我国的高校体育教育所关注的重点通常是学科化的体育教育,但是,在生活底蕴上较为欠缺,这也是导致学生缺失对体育的热爱与活力的一个重要原因。

(1) 将体育教育概念化

对于学生来说,他们对高校体育教育的认识并不仅限于理论学习,要想充分感受各项体育运动的魅力,切实的实践操作是必不可少的重要条件。同时,我国高校体育教育中存在着"教师示范—学生模仿—教师更正"一套公式化的教学模式,并未将学生的体育运动融入其生活中,忽视了学生的生活体验感。[1]

(2) 将学生体育课程理解为运动训练

我国的高校体育教育理念已经将体育教育和体育技术训练融为一体。在现实的体育教学中,众多的体育教师对体育技术的训练的重视程度不断提升,但是,在体育的人文精神教学方面却往往被弱化甚至忽视,与学生的生活实际相脱离,不能够将体育技能应用于生活中,也无法将学生的学习兴趣充分调动起来。

(3) 忽视学生体育能力的培养

传统教育思想在很长的时期内影响和制约着我国高校体育的发展,忽视了对学生体育能力的培养,培养学生体育能力的指导和要求欠缺,同时,

---

[1] 黄晓华. 我国高校体育教育发展问题及未来发展结构对策分析[J]. 教育理论与实践, 2020, 40(36): 62-64.

第二章　体育教育的发展与现代教育理念的更新

在实际工作中又缺乏培养的方法和手段,这些都制约了我国高校体育教学的开展,也影响着学生对体育教学的兴趣。

4. 体育课程建设与设置的科学性欠缺

目前,我国高校体育课程所采用的仍然是以竞技项目为主要内容的传统体系,在课程设置方面,与当前所推行的终身体育观念及全面推行学分制的要求已经不相符了。同时,体育理论课及电化教学在多数高校至今仍然是一个空白,对于雨雪天的体育教学方面的问题是无法得到妥善解决的,再加上没有充分研究不同专业的学生所开设的体育课程是否要具有差别,也没有实践过是否采取按专业课的办法成立各种教研组实行分类教学。

5. 高校体育教育过分统一,教育特征不明显

通过对当前我国高校体育教育的整体探索发现,统一化程度比较高,课程简单的现象较为普遍,这些都使体育教育的独特魅力有所减弱。通常,高校体育课所采用的流程都是统一的,对于教师来说,其在进行体育教育过程中,是按照统一的教材、统一的规格、统一要求面向所有学生来实现的,如此一来,学生在体育课中学习到的内容一致且完成最终的体育考核标准便是体育教育的整个流程,这样对于教师的教学工作来说是比较容易开展的,但是,对于学生来说,剥夺了他们探索体育教学的快乐和兴趣,高校体育课堂也变得枯燥乏味。

另外,高校体育课程的主要目的应该是强健学生体魄,并且让学生爱上体育运动,能够在体育活动过程中使自身的运动特长逐渐建立并发挥出来,进而养成良好的运动习惯,但是,目前的体育教育的目标化现象严重,能够完成体育运动考核的学生可以在课堂上取得良好的成绩,对于体育运动较差的学生并不能完成体育测试,并逐渐对体育课丧失兴趣,从而使学生群体中出现对体育兴趣的两极分化现象。

二、我国学校体育教育的未来发展展望

(一)我国学校体育教育的未来发展趋势

1. 以素质体育教育为指导

(1)素质体育教育的概念与内涵

素质教育思想经过不断的发展,衍生出众多分支,素质体育教育是其中

一个分支。素质体育教育所包含的内涵也是非常丰富的,其中涉及全体学生参加体育锻炼的意识、全体学生的体质、终身运用锻炼身体的手段、健康体育教育等。因此,这就要求学校体育教育一定要将全体学生作为所面对的受众,全面提高学生的身心健康,对学生进行体育文化教育,使学生具有健康的体魄、健康的心理、健全的人格,从而有效保证学生身体和心理的健康发展。

(2)身心健康素质及其在学校体育教育中的应用

身心健康素质,就是身体健康素质和心理健康素质的统称。身心健康素质是处于重要的基础性地位的,其他素质的发展都要在这一物质基础上才能实现。身心健康素质具有非常重要的意义,这主要体现在发展智力、保持稳定和支持个体正常工作学习等各个方面。

身心健康素质所包含的内容主要有以下几个方面。

①体态健康素质。

②体质健康素质。

③体能健康素质肌体器官的生理功能。

④人体对各种刺激的反射、适应和耐受能力等。

2. 以健康体育教育为基础

早在19世纪之初,健康教育和学校健康教育的概念就被提出来了。全球健康是健康教育的最终目标,而要实现这一目标,就要借助于学校健康教育这一重要的途径。

青少年儿童作为国家发展的重要后备人才,其将肩负起日后国家各个方面的发展重任,因此,青少年儿童的健康将会对未来世界产生重要影响。世界联合国教科文组织发表的《综合学校健康教育:行动指南》指出:接受健康教育是每位儿童青年的基本权力,要提高他们的健康价值观和实践能力,推动全世界人民的健康水平。[①] 学校健康教育的发展经历了长期的历程,可以说,整个发展过程是从强调知识传播到强调行为培养逐渐转变为强调环境支持。

新时期的体育教育通过体育教学向学生进行体育卫生保健教育,增强学生体质、促进身心健康发展,培养德、智、体、美全面发展的社会主义建设者。所以,二者紧密结合、互相促进,从而达到保持健康的目的,因此,其也被称为保健体育。当前,我国学生体质健康方面仍然存在着较大的问题,比如,耐力、柔韧素质呈下降趋势,学生意志力、竞争力、抗挫折力、协作精神等

---

① 龚坚,张新. 体育教育学[M]. 重庆:西南大学出版社,2009.

第二章 体育教育的发展与现代教育理念的更新

心理品质比较薄弱。因此,要求必须突出健康第一的理念,注重体育与健康教育的结合,使学生懂得健康的意义,学会保健的方法,形成对体育的兴趣爱好。

3. 以创造体育教育和愉快体育教育为过程

(1)创造体育教育

①创造体育教育的产生

现代创造教育的产生与现代体育的发展是有着密切联系的。尽管创造教育很早就已经产生并发展的,但是,其所产生的影响力非常小,一直以来都没有引起人们的足够重视,近代的教育更倾向于传授教育,但其有较大的弊端,即浓厚的保守性。但是,不管是人类的进步还是社会的发展,都对创造力有所依赖,因此,创造教育的产生便成为一种社会发展的必然。

②创造体育教育在学校体育教育中的开展

创造教育在不同的时期,其所展现出的魅力和发挥的作用是不同的。在素质教育实施的当前,创造教育的生命力也得到了进一步的转变和拓展,创造体育教育便是产物之一。创造体育教育能够使人的思维方法和思维素质都发生相应的改变。在体育课堂教学中,要求体育老师必须具有创造精神,因为只有这样,学生创造意识的培养才有可能实现。创造性人才的培养与体育教师的创造精神和创造能力是有着密切联系的。

(2)愉快体育教育

①愉快体育教育的提出与传入我国

20世纪70年代末,愉快体育这一体育思想在日本被提出。把运动作为体育追求的目的,使运动文化成为自己生活内容中不可缺少的一部分,直至终身,成为当时愉快体育的宗旨。

愉快体育传入我国的时间并不长,只有二十几年的时间,但是,其对广大体育教师和我国体育教学所产生的影响却是不可忽视的,对解决体育"厌学"问题起到了积极的作用。

②愉快体育教育在学校体育教育中的开展

愉快教育是素质教育的重要内容之一,这可以从素质教育的意义和内涵上得到体现。在愉快体育教育的具体实施过程中,为了取得理想的教育成效,下面几个要求要尽可能做到。

第一,一定要对学生在愉快体育教学过程中的主导地位加以尊重和重视。

第二,建立和谐的师生关系。

第三,追求学生个性的和谐发展。

第四,让学生理解体育教学活动本身是愉快的、有吸引力的。

第五,对学生进行思想品德教育和提高运动技能教育。

总之,教学过程的创造性具有非常重要的意义,这主要体现在丰富体育教学内容,开辟课外活动,激发学生的体育兴趣,培养学生的体育意识等方面,同时,这在提高体育成绩方面所产生的作用也是非常显著的。

4. 以终身体育教育为目的

(1)终身体育教育的产生

20世纪60年代,"终身体育"思想在法国被提出。接着,又被进一步发展,并提出了"终身体育"是培养与发展学生从事体育活动的能力和学习的主导能力,让学生在学习时代学会"一技之长",养成与掌握终身进行体育锻炼的习惯和方法,使之终身受益。由此可见,终身体育教育是通过身心的调节,达到人与自然的和谐、统一的。

(2)终身体育教育的内涵解析

终身体育,可以将其简单理解为:体育运动不应该成为人生某一阶段的内容,而应该是伴随人们终身的。对其进行更加具体的理解为,人们在自身的生活中,有按照自己的兴趣、爱好选择适合自己参加的运动项目去享受运动中乐趣,不断提高完善自身锻炼方式和从锻炼中受益,并持之以恒终身从事体育运动。

在学校体育教学过程中,要尽可能以愉快体育的方式进行身体锻炼,使之出现条件反射性的兴奋状态,这对于顺应终身体育的产生条件是有利的,并且这也成为学生们走向终身体育的起点或一个过程。

(3)终身体育教育在学校体育教育中的开展

许多受过体育教育的人,在体育理论方面是有一定的知识储备的,但是,能够真正理解它的人却非常少。只有熟练地掌握了这些知识,并能够灵活运用到生活实践中去,这种教育才算是成功的教育。而终身体育教育使受教育者达到最高层次。

以受教育者的程度为依据,可以将终身体育教育大致分为三个层次。

①初级阶段

优势:能够学会某些运动的活动形式、技术。

不足:对体育价值的认识不充分。

②中级阶段

优势:促进身体发展,将人的身心调适到某种良好状态。

不足:缺乏主观能动性。

第二章 体育教育的发展与现代教育理念的更新

③高级阶段

优势：能够意识到自我对运动的需要，并形成良好的锻炼习惯，身心状态逐渐得到改善。

一般的，达到第三阶段的体育教育，受教育者会对体育是生活不可缺少的部分有更加充分的了解和认识，能够通过自觉的运动达到身心统一的目的，并能够持之以恒。

(二)未来我国学校体育教育发展结构

具体来说，未来我国学校体育教育发展结构主要有以下几方面。

1. 自然生活中的体育教育

人的生存与一定的自然环境是有着密切联系的，人类的自然本性对生命轨迹的体育教育路径也有着重要的决定性影响。

可以说，人类的体育教育是人类的自然之本，体育是人类的一种不可或缺的表达方式与生存技能，合理的体育教育能够为人类的自然生活所需提供重要保障。

2. 社会中的体育教育

人类的生存仅仅具备自然环境是不够的，我们都是社会人，因此，社会环境也是至关重要的，因为人类的工作职位及性格在社会中是多种多样的，人们在社会中不仅仅是一个支配肉体的生命，而且是社会的文化与内涵，体育教育便是人类在社会中的重要发展过程。①

现代体育发展至今，已经将人类几千年的精神财富都集于一身，并且与现代社会的发展相结合，逐渐成为一种凝聚社会文化的社会活动。其不仅能逐渐提升社会的规范性，在适应能力的提升方面也有重要贡献。

3. 完整个体中的体育教育

每个人都是一个完整的个体，每一个个体都有其独特的特点和品质，这主要取决于心智、身体、精神相统一的程度。对于完整的个体而言，体育不仅仅是人类进化过程中的发展权利，同时也是整体精神与身体的发展权利，良好的体育教育能够促进人的生命本性发展，激发人类的自我实现能力和创造能力。

---

① 黄晓华. 我国高校体育教育发展问题及未来发展结构对策分析[J]. 教育理论与实践，2020,40(36):62-64.

(三)我国学校体育教育未来发展举措

1. 树立新的与时代发展相适应的体育教育观

体育教育观念对于我国学习体育教育的发展会起到非常重要的导向作用,因此,树立新的与时代发展相适应的体育教育观至关重要。具体可以从以下两方面入手来进行。

(1)要形成良好的开放意识

所谓的开放意识,即为与教育国际化趋势相适应的意识。分析教育,不能站在教育圈中进行,这样只能是坐井观天,正确的做法是跳出教育圈来看待并分析教育,将教育置于国际竞争和区域发展全局中,加快体育教育的对外开放,加强体育教育的国际交流与合作,在积极实施"引进来"战略的同时,走出国门到国外去办学,吸取中国武术、跳水、乒乓球等项目在国外办学的成功经验,为我国体育教育走上世界教育舞台提供充足的推动力。

(2)要树立良好的体育教育产业意识

体育教育产业意识的树立,对于我国学校体育教育的未来发展来说,能够在方向的导引上起到重要作用。因此,通过各种方式和途径树立良好的体育教育产业意识至关重要。具体可以从以下几方面着手。

①从国际角度上来看,与世贸组织教育服务贸易的规定相适应是非常有必要的,如此以来,能够在对体育教育的产业属性的把握上有更好的精准度,体育教育资源配置和调整的速度也更加理想。

②盘活体育教育资源存量,提高现有资源利用率,以资本为纽带,将体育教育和企业的良好联合关系建立起来。

③在体育教育产业政策上要进一步完善,做好制度保障工作。

④科学制定并积极落实国家在税收、土地等方面对高校后勤社会化改革的优惠政策。

⑤按照相关的法律法规,来有效提升发展体育教育产业中的产权和利益关系的规范性。

2. 积极转变教育观念,将现代化教育手段充分利用起来

(1)要对现代体育教育有正确的认识,要知道,这不单单是学生和教师的责任,其中还应该融入一些社会管理因素,从而将学生体育教育职责共同担负起来。

(2)学校应该对自身的教育观进行有效强化,在体育教学课程中通过多种灵活的教育教学形式与手段的运用,来使学生可以切实体会到体育学习

第二章 体育教育的发展与现代教育理念的更新

的乐趣得到保证。

(3)体育教师要从自身出发,将体育教育指导思想建立起来,保证自身教育活动可以面向全体学生,并且以学生的全面发展为立足点,帮助学生积极树立健康教育观点。

(4)在日常的体育教育教学中,不仅要做好学生体育教育的指导工作,同时也要重视学生的体能、心理等,做好体育教育管理工作。

3. 以国际视野对素质教育内涵进行重新审视,做好体育课程的设置工作

(1)以培养国际性复合型人才的要求为标准,来对专业设置和课程教材内容进行相应调整。

(2)对于人才流动全球化、人才标准国际化的趋势,要尽快适应,课程教材改革的速度也要有所加快。

(3)要对以应试、升学为特点的课程体系进行全面改革,将以培养创新精神、实践能力和终身体育为目的的课程体系构建起来,大力推进课程和教材的国际化程度,同时也使其水平得到有效提升。

(4)要积极转变高等体育教育观念。

(5)从传统的工业经济办学模式中走出来,将对外开放的观念树立起来。

在体育教育课程的设置方面,也要采取相应的举措,具体可以从以下两方面着手。

(1)下放专业设置权。我国高等体育院校现行开设的专业主要有体育教育专业、人体科学专业、民族传统体育专业、体育保健康复专业和人文社会专业。加入世界贸易组织后,各地区在人才的需求方面是存在着一定的差异性的。鉴于此,就要求将专业设置权进行下放,让各高等体育院校根据市场需要自由设置专业,从而使高等体育院校的生命力得到有效增强。同时,也能使社会对人才的需求得到妥善满足。

(2)针对目前高校体育教育课程设置模式,要进行适当的改变。为了满足社会发展的需要,对于目前高校体育专业设置的界限要想方设法来进行打破,并且将其设置为主修专业,选修其他四个专业中的一个或几个专业的模式。同时要加强文理学科的相互渗透,增设新兴学科,使课程设置具有本土化和国际化的共同特点。从而将宽口径、厚基础的复合型体育人才作为主要的培养对象。

4. 将体育教育融入学生生活

学生首先是处于一定的生活环境中,然后再参与到学校学习以及体育教育过程中。因此，这就要求高校对学生的体育教育一定要结合日常生活来进行，在这样的形势下向学生传达体育运动，而不仅限于体育课中。

良好的体育运动对于学生来说所起到的作用是多元化的，不仅对于提高学生的学习质量有利，对提升学生身体素质有利，对提高学生在生活中的实践能力也是有帮助的，这就为未来的生活奠定了良好的基础。

对于体育教育中的教师来说，他们的职责在于帮助学生将体育教育融入学生的日常生活，并对学生在生活中发现体育、应用体育、学习体育进行科学指导。因此，在体育课程的运动能力培养过程中，动作的标准程度很重要，相关教师需要保证学生对体育运动有着直观性的理解，在言传身教的同时还要结合日常生活中的此类型体育运动的应用，由此在提升教学效果的同时还能激发学生的学习兴趣，提出了保证学生体育教育与生活相结合的重要要求。此外，在体育课程中，体育教师要通过科学的引导，使学生能够在日常生活中引入一些体育因素，合理控制自身的时间，循序渐进地在生活中进行体育锻炼，使学生自身产生对体育锻炼的需求感。

5. 通过现代科学技术实现体育教育的改革

首先，要重视现代信息技术的应用，对于体育教育来说，传统向现代的转变过程中就离不开现代信息技术的参与，因此，这就要求把体育教育信息化列入重点工程，把推进薄弱学校和落后地区体育教育信息化建设作为体育教育均衡发展、积累后发优势和实现跨越发展的战略措施，推动各级各类学校普及计算机及网络知识教育，将现有教育资源充分利用起来，从而对体育教育软件进行进一步的开发。除此之外，还要注重教学效率和质量的提升，体育教育信息化程度也要有相应的提升。

6. 将学生的全面发展作为体育教育的终极目标

对于我国的学校来说，其教育涉及的内容是非常丰富的，而体育教育只是其中的内容之一，只有建立在发展人、成就人、完善人的基础上，才能够达到高校体育教育的终极目的，实现体育教育的全面发展，体育教育的价值才能发挥和彰显出来。

我国体育教育应该在全面提升体育教育发展价值观方面做出一系列回应，所包含的内容有有关体育教学的课程规定、纲要、制度等多方面，这就对全面建设人才的重要性进行了充分的肯定，使学生在受到体育教育的同时不仅得到身体的强化，还能够保证拥有将体育融入生活、融入社会的能力，对学生的审美与基本价值观念的培养也有着显著意义。

第二章　体育教育的发展与现代教育理念的更新

7. 改进宏观管理,加强对体育教育的预测研究和保障力度

(1)加强体育教育的预测研究

通过多样化手段的应用,来对国内外与体育教育事业发展密切相关的经济、社会发展信息进行整合和研究,同时,也要做好动态人才需求预测和体育教育发展态势预测等方面的工作。

(2)强化支持和保障体育教育的政策力度

体育教育的开展与发展都需要一定的资金支持,因此,要求必须依法保证对体育教育的投入。与此同时,还要在财政对基础教育、高校重点学科、优势专业学科建设和高校科研支持力度上进一步加大,对贫困地区和弱势人群以及薄弱学校的支持力度也要进一步加大,从而使体育教育的公平性得到最大程度的保障和实施。

(3)保证体育教育资源的合理配置

通常,体育教育资源状况直接决定着体育教育水平的高低,鉴于此,就要求必须通过财政杠杆的应用来有效促进资源优化配置,提高体育教育资源的利用率。

(4)确立积极的体育教育人才政策

实施培养、培训与引进三管齐下的人才战略,继续做好读学位的留学生和高级访问学者的选拔、培养工作,将吸引留学生中的优秀体育人才作为关注的重点所在。要做好体育专业人才的培养和留住人才工作,比如,可以对有利于优秀人才从教的政策进行研究,落实相应的工资、住房、职称、科研项目及经费等方面的优惠政策等。[①]

8. 赋予体育教育更多的人本关怀

体育教育所针对的是学生,是人这个个体,因此,赋予更多的人本关怀是非常重要且必要的。人文关怀下的体育教育应当以培养人作为教育的基本观念,在进行体育教育的同时让学生感受到体育活动的乐趣,让学生成为教育的主体,在受教育的同时,能够在教育方面实现一定的创新,将学生的潜在创新能力充分激发出来,使学生在生活中的基本体育需求得到满足。

对于教师来说,他们在进行体育教育时需要创造良好的教学空间和教学条件,应用合理的手段使学生融入教学中,将学生对体育运动的渴望激发

---

① 龚坚,张新.体育教育学[M].重庆:西南大学出版社,2009.

出来,课堂内容方面也要有所转变,通过积极的拓展,来与体育教育相关的人文领域相契合,丰富体育教育体系,从而将更多的社会因素、精神信仰、艺术审美等因素融入其中。

第三节 当今体育教育背景下体育教育理念的更新

一、我国体育教育理念的转变与更新的理论基础

(一)我国体育教育理念的基本理解

发展至今,我国的体育教育理念已经发生了几次重大的变革,而目前,较为典型的体育教育理念就是素质教育,可以说,这是时代发展、社会进步的必然产物,同时也是中国教育发展的领头军。

在高校体育教育过程中实施素质教育,可以通过人文素质教育这一途径来有效发展体育素质教育,这也将科技精神和人文精神之间重要的衔接显示了出来。伴随素质教育的不断发展和完善,高校体育教育新的意义也逐渐显现了出来,指引着体育教育改革发展方向的确定,同时,也为高校体育教育理念新的内容的增加创造了有利条件。

发展是在创新的推动下实现的。可以说,创新是一个国家发展的动力、不变的追求,对于体育教育来说,其发展也离不开创新,体育教育发展先导就是观念创新。教育是一切为了学生,在体育教育发展创新的道路上一定要在教学质量上有所体现。在各个机关的倡导和教育界的积极研究下逐渐将可持续发展观作为了高校体育教育理念发展的主导思想,为未来教育改革打下基础。[①]

(二)我国体育教育理念转变与更新的实施

1. 我国体育教育理念转变与更新的主要内容

关于我国体育教育,其可以大致分为两个部分,即体育知识(技能)教育和体育文化(人文)教育。

---

① 徐成波. 新时期高校体育教育理念的更新与重构[J]. 文体用品与科技,2015(20):121+123.

第二章 体育教育的发展与现代教育理念的更新

(1)体育知识(技能)教育

从根本上来说,体育知识(技能)教育,就是以体育知识(技能)为本或为中心的体育教育,这与以人为本或中心的体育教育之间是有所差别的。

体育知识(技能)教育本身也有着较为显著的特性,主要表现在以下几个方面。

第一,把体育知识(技能)作为体育教育的唯一内容。

第二,体育教师将有效地向学生传授体育知识(技能)作为自己的职责。

第三,学生将有效地从体育教师与体育课堂上获得体育知识(技能)作为主要任务。

(2)体育文化(人文)教育

从根本上来说,体育文化(人文)教育,就是一种由内容到层次都很丰厚的体育教育。具体来说,就是在关注点上进行了拓展,这种拓展主要体现在三方面。

①在体育知识(技能)的基础上,进一步纳入了体育知识(技能)。

②在以体育知识(技能)为本或中心的基础上逐渐转变为以人为本或中心。

③由让学生获取体育知识(技能),逐渐转变为让学生受到包括体育知识(技能)在内的体育文化(人文)的全面熏陶,这对于学生创新精神与实践能力的增强是有帮助的。

体育文化(人文)教育也有着自身的显著特性,主要表现为以下几点。

第一,把体育教育内容由体育知识(技能)扩展到体育文化(人文)的范畴。

第二,体育教师不但是体育知识(技能)的传授者,也是体育文化(人文)的传播者,既要教书,又要育人。

第三,在体育教学与训练中,学生受益的不仅仅是体育知识(技能)的增强,更是体育文化(人文)的熏陶。

2. 我国体育教育理念转变与更新的具体实施

体育知识(技能)与体育文化(人文)之间有着非常紧密的联系,具体来说,体育知识(技能)是体育文化(人文)的主要组成部分。

从现代体育教育理念中可以得知,在体育教学与训练过程中,不仅要将体育知识(技能)传授给学生,体育文化(人文)的精髓的传承也不可或缺,这样能够让学生对体育运动的深刻内涵与精髓有更好的认识与理解,在做到"知其然"的基础上做到"知其所以然"。使学生在参与体育的学习和实践过程中,逐渐产生对体育与体育文化的认同,进而提升其对体育与体育文化的自觉、自信,把参与体育运动科学、合理地融入日常生活中,变成生活中不可或缺的一部分,并真正成为一种"新常态"。如此一来,体育教育的目的之一——"终身体育"便能实现了。

(三)我国体育教育理念转变与更新的意义

体育教育理念的更新,具体是指由体育知识(技能)教育向体育文化(人文)教育的转变,某种意义上,可以将其理解为培育学生的创新精神与实践能力,综合素质与全面发展的迫切需求。因此,学校体育教育的理念,一定要做到与时俱进,使社会需求得到较好满足。

体育知识(技能)教育与体育文化(人文)教育之间的关系可以简单理解为部分与整体的关系。新的体育教育理念,是多维地从"文化论"的视野去理解体育,从而能够充分展现出体育本身的文化(人文)特性,也将体育的无限活力和强大的生命力彰显了出来。①

在现代社会中,体育教育理念的转变也具有非常重要且广泛的现实意义。具体体现在以下几方面。

(1)对于让学生对体育文化的内涵与精髓有更加全面的认识是有利的。

(2)对于让学生在体育人文的本质与特性方面有更加深刻的理解是有利的。

(3)对于让学生更加科学地学习与应用体育知识(技能),传承体育文化(人文)精神是有利的。

(4)对于牢固树立以人为本,文化为魂,创新为纲的新型体育教育观是有利的。

二、现代体育教育理念改革中面临的问题

从很早之前,我国的教育工作者就开始从不同角度出发来全方位研究体育教育理念和教育思想,从而为完善的体育教育理念体系的构建创造有利条件。但是从目前的形势来看,教育理念的成熟度还不够,在统一性和系统性方面也还比较欠缺,需要在不断研究、不断整合之后才有可能实现体育教育理念体系的顺利构建。

随着现代化高等教育的不断发展,其也相应提出了更高的要求,高校体育教育的国际化、现代化、多元化程度要逐渐提升,然而教学理论和教学实

---

① 张勇平. 论体育教育理念的转变与更新[J]. 湖北师范学院学报(自然科学版),2016,36(4):28-29.

第二章 体育教育的发展与现代教育理念的更新

践之间存在缝隙,这就会在一定程度上影响到教育的质量。总的来说,在现代体育教育理念改革中,可能会面临的问题主要有以下几点。

(一)体育教育理念的研究力量还有待加强

完善的体育教育思想体系的构建,并不是很容易的,其需要广大教育工作者和实践工作者的积极参与与大力付出。目前,对于大部分的学校来说,在这方面仍然存在着较大的缺失,主要涉及下面几点。

(1)关于体育教育理念和教育思想展开讨论和交流很少,并且涉及的规模也比较小。

(2)学校在体育教育方面的讨论会举行较少,在起到引导研究和主持作用的一些专业从事教育理念研究的学者方面是非常欠缺的。

(3)体育教育方面的研究都停留在表面,比较肤浅和分散,缺乏全面、系统的规划。

鉴于上述这些问题,就需要通过各种方法和途径,来将各个层面的能动性和热情尽可能调动起来,协调各方位的资源、整合力量,将专家学者的引导带头作用充分发挥出来,学校作为展开研究的场所,体育教育作为核心,全面系统地进行研究,从而能够在根本上对体育教育理念的发展起到促进作用。

(二)实践和理论的联系不够紧密

理论与实践的统一,是很多事物发展都必须要做到的基本要求,马克思主义对此是非常倡导的,因此,在进行教育研究中也要做到这一要求,同时,还要与我国新时期的社会主义实际国情相结合,与我国经济发展的现况联系起来,在当前教育转型的形势下大力开展教育理念的研究工作。但是,从目前的形势来看,高校的体育教育理念研究大都还停留在思想层面,很少涉及社会实践和实际操作,这样就会导致教育理论研究成果在教育实践中无法得到有效的运用,长期发展下去,不但会影响到体育教育的实践性,还会对学校体育教育研究的进程产生制约甚至阻碍作用。

(三)教育理念重构过程中没有进行很好的借鉴

从世界范围上来说,我国的体育教育不管在起点上还是总的发展状况方面,都比其他的发达国家要落后一些。随着全球化、国际化的不断推进,学校教育研究的开放性程度逐渐提升,这就为我国体育教育研究的广泛开展与推进提供了良好的环境和条件。对国外的教育案例进行大量借鉴,利用现代化的信息资源进行共享,在教育技术上实现互补,在教育研究上进行交流反馈。但是,在这方面也存在一些问题,比如,如何对国外高校体育教育理念和实践进行借鉴,借鉴的程度怎样才是合适的,如何借鉴能实现本土化等方面。可以说,国际化和本土化在教育发展中是缺一不可的,但是现在学术界对高校体育教育的本土化和国家化之间的关系的研究还是不够的。

三、学校体育教育理念的科学构建

关于学校体育教育理念的研究,仍有一些问题需要解决,同样的,学校体育教育理念的构建也不能忽视。

(一)体育教育现代化的精英理念

作为学校体育教育的经典理念,精英理念有其特殊的优势所在,其与体育教育的逻辑起点相契合。随着现代化的不断发展,学校体育教育理念的变化也逐渐显现出来,其中,现代化的价值观、质量观、人才观和其他因素都包含在这一范畴中。

(1)价值观。教育价值观本身能够从内部来对学校体育教育的标准进行定位。价值观的存在并不是独立的,其中涉及教育目的、功能、价值综合体等很多方面。学校体育教育的精英理念实际上就是现代化基础上的价值选择和价值指向。科学发展和体育教育之间存在的关系对体育教育要为科技发展服务的功能起到了决定性的影响,同时,还要做好现代化体育人才的培养工作,进而对社会发展起到促进作用。

(2)质量观。质量观则主要将学校体育教育理念的内涵体现了出来,同时,学校体育教育质量的提升也是在这一前提下实现的。教育的发展是需要一定的质量保证作为前提和推动的,这也是一直以来都非常关注的主题,没有有效的质量观,教育的发展就无法实现。我国高校体育教育对人才培养质量是非常重视的,因此,这就要求一定要将精英理念作为学校体育教育培养的主导理念,因为其所产生的实践意义是不可被替代的。

当前,高等教育已经进入了大众化阶段,这就在一定程度上对学校体育教育的发展产生了一定的冲击作用,因此,扩大规模发展就已经成为一种必然,但是,也不能将规模作为衡量学校体育教育的主要标准,而仍然应该是教育的质量,这才是决定性因素。

(二)构建个性化的体育人才教育理念

个性化的体育人才教育理念与学校体育教育理念之间是有着密切联系的,两者之间是相互影响、相互促进的关系。因此,构建个性化的体育人才

第二章　体育教育的发展与现代教育理念的更新

教育理念对学校体育教育理念的发展也是起到积极推动作用的。

1. 个性发展与全面发展相互统一

个性教育在教育领域中,是作为一种特殊的教育形式而存在的,其中的个性差异性也并不是随意的,而是需要保持一个平衡状态的。这里要强调的是,简单的个别教育与个性教育之间并不是等同的关系,教育发展的社会属性已经由教育的社会化规定好了,所以个性教育是社会化基础上的个性化。[1] 个性发展中的社会性和趋同性是实现教育效果的基本条件,这就为个性化教育理念的开展提供了一定的依据和支持。

2. 以人为本的个性化发展

学校体育教育的发展是从低层次逐渐向高层次过渡的,在这一过渡的过程中,是需要面对社会化负面效应的影响的,这时候,在教育中就要做好人才和社会发展的协调工作,处理好伴随出现的价值伦理矛盾。将价值伦理和道德规范作为学校体育教育个性化发展理念的内在驱动,也是构建学校体育教育理念的内因。

3. 学校体育教育理念在网络环境下的个性化发展

当前已经处于网络化时代,在这样的大环境中,学校体育教育的改革创新就成为一种必然,这不仅体现出了人文交互的体育教育氛围,还充分展现出了教育特色,教导出具有独立的体育人格和个性的学生。

网络的积极发展对于学校体育个性化教育来说是起到积极的推动作用。网络毕竟是虚拟的,因此,其在现实中人文交互的氛围方面是欠缺的,但是网络化又是新时期学校体育教育必须遵循的发展趋势,一定要将符合时代发展的人文交互语境确定下来,重新构建和定位新的学校体育教育理念,从而对学校体育教育的现代化发展起到积极的促进作用,使其完善程度逐渐提升。

四、体育教育理念更新与发展趋向

体育教育理念的更新与发展并不是随意的,其是在一定的发展趋向的导引下进行的,可以说,体育教育理念的更新与发展是在某些因素的带动下进行的,这种导向性作用至关重要。具体来说,体育教育理念更新与发展的

---

[1] 徐成波. 新时期高校体育教育理念的更新与重构[J]. 文体用品与科技,2015(20):121+123.

趋向大致有以下几方面。

(一)趋于层次性和延续性

随着社会的进步与教育的改革,体育教育领域中的教育思想得到了发展,同时也产生了一些新的教育思想,这些思想会在不同程度上推动着体育教育的发展,这种推动作用表现为:体育教学改革的指引性作用,体育教学改革进程的推动作用,以及提高体育教学质量的促进作用等。

在体育教育过程中,由于不同年级的学生存在着年龄上的差异性,因此,需要根据学校中学生的实际情况,来做好加强体育教学的系统性的工作,但从当前体育教育指导思想在体育教育实践中的运用来看,体育教育思想的系统性、连贯性是较为欠缺的,这就在一定程度上制约甚至阻碍了学校体育教育的改革发展。鉴于此,应该逐渐建立以不同年龄段学生的特点为依据来构建体育教育理念的意识,将体育教育思想与理念的层次性充分结合起来,从而准确把握体育教育目标与方向,进一步优化体育教育改革进程,并且使体育教育质量得到有效提升。

(二)趋于"人文体育观"

现当前,体育教学理念已经形成了"三维体育观",其中涉及生物、心理、社会等因素,同时,体育教育的健身、竞技、娱乐、文化和社会等多元功能与价值也已经在原先的基础上有了进一步的拓展和充实。体育教学目标的多元化特点更加显著,功能方向的明确性也更理想。再加上国外各种先进思想的传入,我国的体育教学理念与思想体系更加丰富和完善。由此,未来学校体育教育会更加重视学生的全面发展,以"人文体育观"为核心的教学理念在体育教育中的作用将得到更高的重视。

(三)趋于综合化

综合化,实际上即为"健康第一""终身体育"与"素质教育"这些方面的综合。素质教育内涵丰富,不同的教育理念都有自己各自的"合理内核",但在体育教育过程中,在任何时候都要将"健康第一""终身体育"放在首要位置,这两个教育观念的地位是不可轻易动摇的。只有充分认识到这点,素质教育改革的深化才能得到保证。

在体育教育过程中,要为素质教育潮流的发展创造有利条件,确立"健康第一""终身体育"与素质教育相结合的综合化体育教育理念,有效推动体育教育的可持续发展。

第三章　现代教育理念下体育教学与训练的理论指导体系

在当今社会背景下，要想更好地推动体育教育的发展，就必须要坚持现代教育理念，以此为指导构建一个科学合理的体育教学与训练理论体系，这样才能保证体育教育的健康持续发展。现代体育教育理念下的体育教学与训练理论涉及多个方面，如运动生理学、运动心理学、运动训练学、教育学等。本章就重点阐述以上理论内容，从而为体育教学与训练奠定良好的理论基础。

第一节　运动生理学理论指导

一、运动锻炼与新陈代谢

（一）水代谢

水对于生命的意义是不言而喻的。人体中含量最多的物质就是水，水也占有人体体重的绝大部分比例。作为如此重要的人体物质，保持体内的水平衡显然是维持人体健康和正常活动的关键。人体中的水分多来自从外界摄入的水或食物，人体可以产生少量的水，这些水是由体内物质代谢过程中产生的附属物质。人体内水的排出有多种方式，主要方式为以尿液的形式排出体外，次要方式还有出汗、粪便排泄以及呼吸等。处于运动中的人体体内的热量会不断聚集，为了维持正常体温，此时就需要通过排汗的方式将热量带出体外。

（二）糖代谢

糖是人体所需的重要的营养成分，是人体非常重要的供能物质。人体中的糖主要是从植物或动物类食物中获得的。当糖进入体内后,会在消化酶的帮助下转换为葡萄糖分子,继而被机体吸收。但如果摄取的是果糖,其吸收与利用的过程就会变得相对复杂一些。

血糖的功能主要是合成糖原这种大分子糖的必要要素。糖原有肌糖原和肝糖原两种,从名称可知这两种糖的存储位置不同。需要注意的是,人体的肝脏也能合成葡萄糖或糖原,这就是糖的异生。糖的异生在血糖功能发展中扮演着十分重要的角色。

人们要参加运动锻炼都需要一定的能量供应,只有如此运动锻炼才能顺利地进行。一般来说,人体所需的能量主要来自人体内糖的分解代谢。人体中糖的分解代谢有有氧氧化、糖酵解等几种过程形式,不同分解代谢的触发时机不同,并且也有着不同的供能特点。运动虽然运动量不大,但也会消耗运动者一定的能量。人体在运动的过程中,肌肉中的 ATP、CP 被消耗,此时肌糖原开始无氧分解过程从而开始调动体内供能。这一过程中肌细胞内钙含量也开始上升,同时增加的还有生长激素、甲状腺激素、雄性激素、儿茶酚胺等,种种改变使肌细胞产生了一些适应性变化,进而增大 EK、PFK、磷酸化酶等的活性。而这也是超量恢复理论的重要基础。

人们长时间地参加体育运动锻炼,会消耗大量的糖,在运动结束后要及时补充糖分是非常有必要的。如果体内存储有足够的糖,并且有足够的氧摄入,则通过糖的有氧代谢方式就可以供给机体在运动中所需的能量,这就是我们通常所说的糖的有氧代谢。

(三)脂代谢

脂肪在人体发展的过程中也扮演着十分重要的角色,通常来说,人体内的脂肪主要来自摄入体内的动物脂肪和植物油。脂肪有疏水性的特点,这使得它要想在人体的水环境中分解就需要酶的参与,或是借助从外界摄入的各种乳化剂才行。与糖相比,脂肪的吸收与转化就稍显复杂。

人体对脂肪的吸收可通过小肠上皮细胞直接吞饮脂肪微粒,另一种方式为脂肪微粒的各种成分进入小肠上皮细胞接受再度分解后重新合成脂肪所形成乳糜微粒,该微粒和大分子脂肪酸一并被转移进淋巴管,而甘油和小分子脂肪酸则会溶于水后被吸收。如此来看,淋巴和血液是脂肪吸收的两种途径。其中,淋巴吸收是最主要的途径。当脂肪被吸收之后多数会存储于皮下、大网膜或肌肉细胞中,少量脂肪还会以合成磷脂、合成糖脂和合成脂蛋白的形式存储在体内。

脂肪的分解代谢过程最终会产生能量供人体活动所需。但脂肪供能不是运动后第一时间开始的,调动脂肪供能并没有那么容易,往往只是在人体进行那种时间长、运动强度中低等的运动时才会调动脂肪予以供能。脂肪供能是通过有氧代谢完成的,在脂肪的分解代谢过程中其首先会被分解为甘油和脂肪酸,然后继续分解为二碳单位,其最终的分解产物为二氧化碳和水。

(四)蛋白质代谢

蛋白质是一种重要的营养素,对于人体而言非常重要。蛋白质同样也是构成人体的基本单位——细胞中的主要成分就是蛋白质。人体中的蛋白质也是在消耗与补充的动态过程中保持一个平衡。如果要测量人体中蛋白质的代谢状况,可通过测定摄入的氮含量和排出的氮含量的方式进行。一般来说,人体的生理活动状况决定蛋白质的代谢状况。"氮总平衡"的状态多出现于正常成年人之中,此时人体体内的蛋白质的分解与合成基本持平。少年儿童则不同,因为他们正处于身体生长的快速期,这使得他们体内的蛋白质合成量大于分解量,由此体内的氮就会呈现出一种正平衡的状态。而患有某种消耗性疾病的人体内的蛋白质合成量小于分解量,由此体内的氮就会呈现出一种负平衡的状态。

经常参加运动训练对人体蛋白质代谢会产生积极的影响。这一积极影响主要表现在以下两方面:一方面,经常参加运动锻炼能有效促进蛋白质的生成;另一方面,经常参加运动锻炼还能有效促进骨骼肌蛋白质的合成,对于人体肌肉力量的增强具有十分重要的意义。

(五)维生素代谢

维生素属于人体的一种微量元素。但对人体生长发育和代谢的维持与运转是不能缺少的重要营养元素。维生素在人体中是不能自行合成的,要想获取维生素只能通过摄入食物的形式。维生素的种类众多,每种维生素对人体都有不同的作用,而人体则需要全面的维生素补充才能保持机体的正常运转。维生素的奇特之处在于,不同类型的维生素都拥有各自独特的结构。虽然维生素对人体起着较多作用,但人体的细胞结构中却不含维生素,且维生素也并不参与对人体能量的提供工作。它们最大的功能就是给体内的能量代谢过程和各种调节过程给予辅助力。

一般来说,维生素在人体中主要是参与辅酶的生成过程。如果人体缺乏某种维生素,就会导致某种酶的催化能力受到限制,从而引发体内的代谢失调。不过尽管维生素的作用如此之大,但摄入过量的维生素也是不行的,这会给人体带来极大的危害。因此,人体摄入的维生素一定要足量而不能过量。

（六）无机盐代谢

无机盐普遍存在于常见食物中。人体对无机盐的存储主要为以磷酸盐的形式存储在骨骼中。除此之外，还有一些少量的如钙、镁等少量的无机盐会以离子的形式存在于体内。

无机盐的重要作用在于调节体内渗透压，以及维持体内酸碱平衡。在体液中，无机盐会被解离为离子，体液中的离子有阴阳之分，其在体内的细胞代谢过程中的作用是不可替代的。

二、运动锻炼与供能系统

（一）磷酸原系统

当人体的磷酸原系统是当 ATP 被分解后，磷酸肌酸（CP）随即分解并促进 ATP 再生成的系统。这是一个持续时间非常短暂的过程，过程中不需要氧的参与，也不产生乳酸，据此也被称为"非乳酸能系统"。生理学研究认为，人体全部肌肉中 ATP-CP 系统的供能维持人的运动时间仅仅为 8 秒。由此可总结出磷酸原系统供能的特点为供能快、功率高、总量小、持续时间短。

（二）糖酵解系统

当机体的持续运动时间在 8 秒以上且强度较大时，迅速提供短期能量供给的磷酸原系统就会显得鞭长莫及。此时，能够支持运动所需 ATP 再合成的能量来源就要依赖于糖酵解系统提供了。

作为糖酵解系统中的重要原料，肌糖原在分解葡萄糖为乳酸的过程中生成 ATP。如果过程中能持续有氧的参与，所产生的乳酸一部分会在线粒体中被氧化生能，另一部分则会合成肝糖原。如果没有氧的参与，则在生成能量的同时还会生成乳酸。乳酸是强酸的一种，这种物质在体内堆积过多会破坏内环境的酸碱平衡稳态，它直接会导致肌肉工作能力下降，给身体带来疲劳感。如此看来，依靠糖原的无氧酵解这种供能方式只能维持肌肉工作几十秒，但毕竟这一系统能在缺氧的时候还能产生能量供体内急需，所以，这种供能方式还是有很大作用的。如果用公式的形式表达，可将这一系统的供能过程表示为：骨骼肌糖原或葡萄糖 ATP＋乳酸。

总体而言，两大供能系统的供能过程都可以在没有氧的条件下供能，其都是人体运动时的无氧代谢供能系统的组成部分，充当着短时间内人体能量供给者的角色。

(三)有氧氧化系统

人体在氧供应充足的条件下进行运动时,体内所需的 ATP 是由糖、脂肪的有氧氧化来提供的。这种对 ATP 的提供方式具有量大和持续时间长的特点,由此使得有氧氧化系统就成为运动供能的主要方式。

有氧氧化系统具有一定的供能特点,这决定了其是为人们的那种长时间、高耐力的运动提供能量的系统。而就人的耐力素质来说,其有氧代谢能力和心肺功能是非常重要的,二者之间的联系非常密切。

三、运动锻炼与运动系统

人体的运动系统支持其参与运动,肌肉、骨骼和关节构成人体的运动系统,它们的状态如何很大程度决定着运动者的运动能力。

(一)肌肉

肌肉在人体系统中扮演着十分重要的角色,它是人体运动系统的重要组成部分,人的各种动作及行为都离不开肌肉运动。肌纤维可以说是肌肉的基本组成单位,若干肌纤维排列成肌束,若干肌束聚集起来构成肌肉。

一般来说,人体肌肉主要包括骨骼肌、平滑肌和心肌三种类型,其中骨骼肌数量最多,大约 600 块,主要附着在骨骼上,如图 3-1 和图 3-2 所示。根据骨骼肌外形的不同,可以将骨骼肌分为长肌、短肌、扁肌和轮匝肌 4 种类型,如图 3-3 所示。

(二)骨

骨骼在人体发展中扮演着重要的角色,这些功能能支撑人体及支持人体的运动行为。人体骨骼的功能主要体现在以下几方面。

1. 支撑功能

人体中骨骼大小不一、形态各异。骨骼之间的连接最终构成一个完整的、坚实的人体框架,使人在外在形态上呈现出一个稳定性的轮廓,并且还支撑起体内脏器的重量和固定它们的位置,如此才能使血管和神经能有规律地定向执行循环和传导功能。

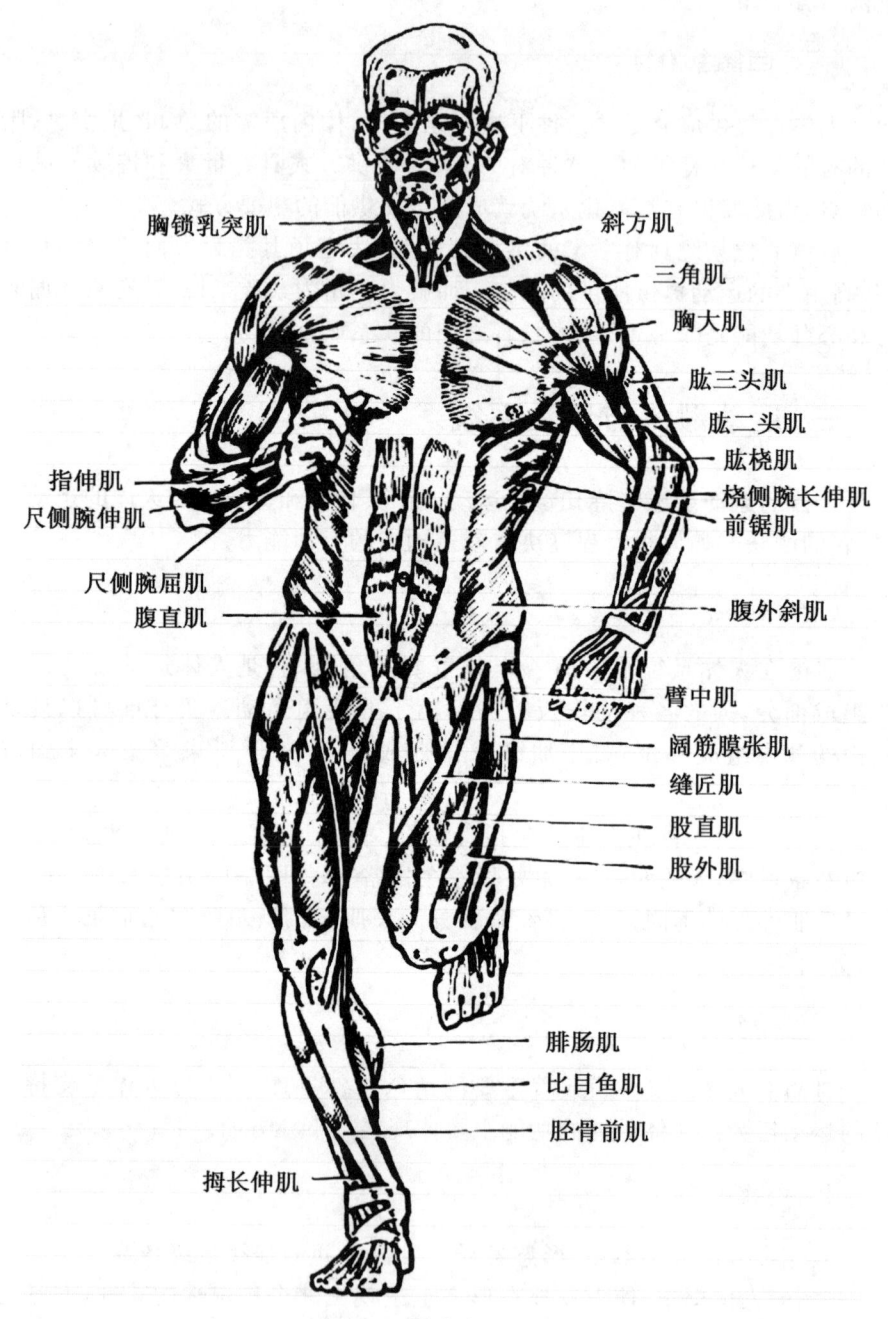

图 3-1

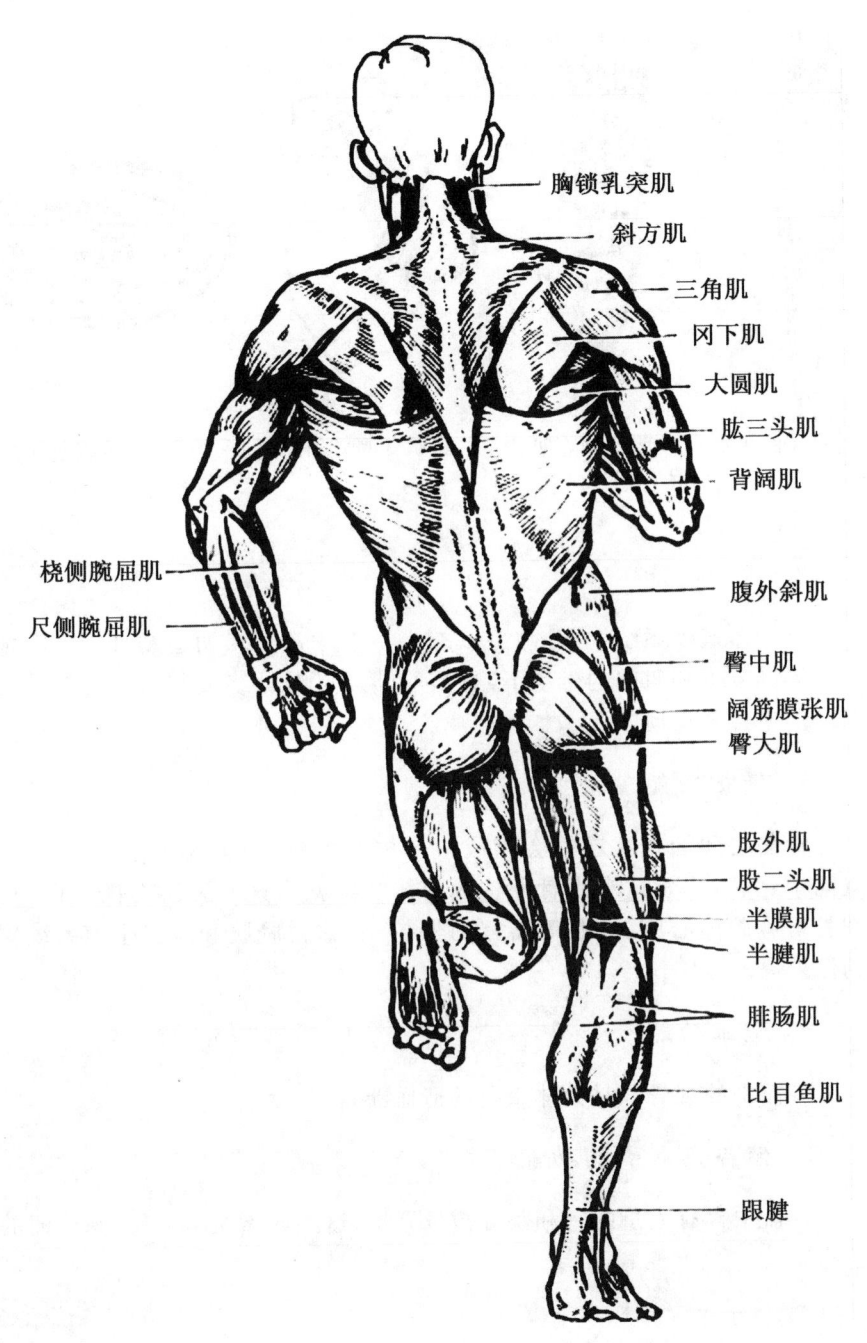

第三章 现代教育理念下体育教学与训练的理论指导体系

图 3-2

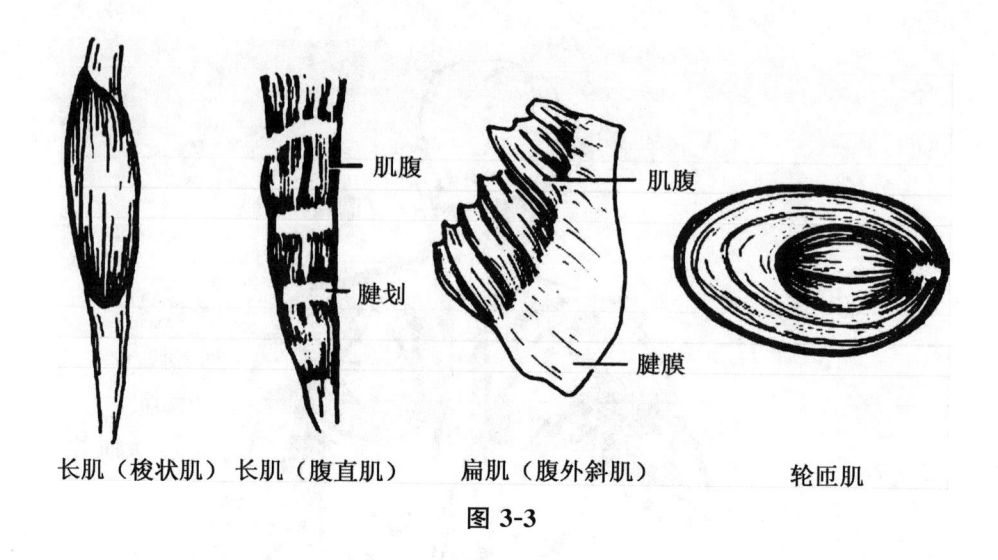

长肌（梭状肌）　长肌（腹直肌）　　扁肌（腹外斜肌）　　　轮匝肌

图 3-3

2. 运动功能

在人体运动系统中，骨骼可以充当一个非常理想的运动杠杆。在神经系统的调节下和肌肉的带动下，骨骼能够通过对骨绕关节的运动轴进行牵引而产生各种运动。

3. 保护功能

骨骼之间的相互连接会构成一个体腔的壁，许多器官就在这个腔内空间中运转，无疑这个由骨骼构成的体腔壁就为这些脏器提供了保护，如胸骨对胸腔内心脏、肺脏等器官的保护；骨盆对膀胱和众多生殖系统器官的保护等。

4. 造血功能

骨骼中的红骨髓是人体重要的造血器官。

5. 储备钙和磷的功能

骨盐中含有大量的钙和磷等微量元素，这些元素是体内钙、磷代谢的必备物质。

（三）关节

关节在人体运动系统中也扮演着十分重要的角色。关节可以说几乎参与到所有人体的运动行为之中，可以说，如果没有关节这一结构，人体的多数动作都是难以实现的。关节的活动是由骨骼肌的带动牵引完成的,通过骨骼肌的带动,运动环节会绕关节的某一轴运动,如此形成各种人体想要做出的动作。

关节的基本运动形式有四种,具体为在矢状面内绕冠状轴的屈和伸运动;在冠状面内绕矢轴的外展和内收运动;在水平面内绕垂直轴的旋转运动;绕环运动。此外,滑动、水平屈和水平伸也是关节的运动形式。

人们参加各种各样的运动锻炼,都需要关节的参与。经常参加运动也能帮助关节部位活动能力的提升,除此之外,运动还能提高关节囊和韧带的伸展性,增强关节的灵活性,对于促进人体健康发展具有非常重要的作用。

第二节 运动心理学理论指导

一、运动动机

运动动机是运动心理学的一个重要因素,动机可以说是驱使个体进行活动的心理动因或内部动力。在动机的激发和影响下,人们能产生各种各样的行为,建立良好的动机是十分重要的。在良好的动机刺激下,人们的活动能向着正确的方向发展,能充分满足人们的需求,实现既定的目标。因此,对于具有运动需求的大学生而言,建立正确的运动动机是十分有必要的。

(一)动机的形成条件

具体而言,影响动机的因素主要包括内部与外部两方面。作为大学生来讲,在参加体育教学与训练活动时,要充分认清这两方面的因素。

(1)内部条件。动机的产生需要一定的条件,而内部条件就是作为重要的一方面,人的内部条件主要指的是人的"需求",它是个体由于缺乏某种事物而引发的多种不适感。在这样的情况下,人们能激发出强烈的行为。

(2)外部条件。外部条件主要指的是运动个体所接受的各种外部环境刺激,这些刺激也会对人的各种活动产生重要的影响。在外部环境的刺激和影响下,人们能产生不同的动机,因此,营造良好的环境条件对于促进人们的动机和行为具有非常重要的作用。

(二)动机的分类

动机可以依据不同的标准划分为不同的类型。

1. 以需求性质为依据进行划分

以需求为依据可以将人的动机划分为以下两种。

(1)生物性动机

生物性动机是人与动物都拥有的一种动机,如人们困了就要睡觉、饿了就要吃饭等就属于这一种动机。这一动机的结果非常明显,具有直接性的特点。

(2)社会性动机

社会性动机是为了满足个体的社会属性而产生的动机。人们要想更好地在社会上立足就需要与人沟通与交往,这就是人们的社会性动机。这与动物之间有着一定的区别。

2. 以兴趣特点为依据进行划分

以兴趣为依据可以将动机划分为以下两种。

(1)直接动机

直接动机是指那些以直接兴趣为基础且指向活动过程本身的动机。在有些时候,人们参加某一项运动的目的在于怀有对这一项运动的兴趣,能够积极主动地去参加这一项运动,这一项运动符合自身的兴趣期待,参加这一项运动能获得极大的满足感,这就是直接动机。

(2)间接动机

间接动机是指那些以兴趣导向为基础且指向活动的结果的动机。在间接动机的影响下,人们喜爱并时常参加某一项运动,但是他们参加这一项运动的主要目的不在于运动本身,而是能通过参加这一项运动所表现出来的能力能够得到其他人的认可,这就是间接动机。在间接动机下,参与活动者通常关注的是运动导致的结果,如获得比赛胜利、受到他人的赞赏等。

3. 以情感体验为依据进行划分

以情感体验为依据可以将动机分为以下两种。

(1)缺乏性动机

缺乏性动机是以将危险、威胁、缺乏等需要予以排除为特征的动机。这一种动机主要是在厌恶心理的驱使下产生的,如果人们实现了某个任务和目标,这一动机也就会慢慢消失。

第三章 现代教育理念下体育教学与训练的理论指导体系

(2) 丰富性动机

顾名思义,丰富性动机的内容是非常丰富的,如享乐、满足、成就感等是这一动机下产生的内容。这一动机是与缺乏性动机相反的,在这一动机的驱使下,人们会不断地去追求心理上的满足感和成就感,他们在获得这种感受后通常会以更加积极的心态投入到学习和工作之中。由此可见,这种动机与缺乏性动机是截然不同的,在这一动机的驱使下,人们会寻求更大的目标,实现更大的理想。

4. 以动机来源为依据进行划分

以动机来源为依据可以将动机分为以下两种。

(1) 内部动机

内部动机主要是以生物性需要为基础的,在这一动机的影响下,人们通过参加各种活动获得某种能力,体现出自身的价值,获得成就感和满足感。如人们参加游泳运动锻炼,不仅促进了身形的完善,还极大地提升了自己的无氧与有氧耐力,促进了自身体质的增强。

(2) 外部动机

外部动机主要是以人们的社会性需要为基础,在这一动机之下,人们主要通过参加各种活动来获得奖励或实现某种目的,这种动机的来源主要来自外部的动员力量,人们的具体行为驱动主要受此影响。

(三) 动机的作用

动机对人的行为会产生各种各样的影响,由此可见动机的作用是非常大的,归纳起来,可以将动机的作用分为以下几点。

1. 始发作用

通过各种动机的影响,人们能参加各种健身活动,从而促进自身体质的增强,这就是动机的始发作用。

2. 指向或选择作用

不同动机会对人们产生不同的影响,如人们参加某一项运动通常是出于健身的动机、娱乐的动机等,由此可见,动机具有一定的指向和选择作用。这一作用是十分明显的。

3. 强化作用

动机还具有重要的强化作用。动机是维持、增加或制止、减弱大众健身运动的力量。要想保持一个积极的参与热度,就需要参与动机保持在较高水平。动机强度越高,人们对参与健身活动的热情和积极性就越高,也更乐于为此付出努力、时间甚至金钱。

二、运动与情绪

情绪也是运动心理学中的重要内容,一般来说,人们在不同情绪状态下处理事务通常会收到不同的效果。一个心理健全的人,其情绪一般是相对稳定的,不易受外界环境变化的影响,即使有影响也不会变得不能自制,总是相对稳定和协调的。实际上,人们参加任何活动都会带有一定的情绪,尤其是在遇到困难和挫折时,情绪会产生较大的波动,这都是正常的,出现一段时间的情绪波动后,心理健康的人会在短期内恢复正常,而心理不健康的人则会陷入困难与挫折之中,很长时间难以自拔。一个人面对困难与挫折时自身对情绪的调节能力是展现其心理健康水平的标志。

人们在参加体育运动锻炼时,良好的情绪也会对其产生积极的影响,在良好的情绪状态下参加运动锻炼通常能取得不错的效果。如果是带着良好的情绪参与体育运动锻炼,则会起到为体育运动锻炼"增力"的效果,运动者在锻炼中会表现出高昂和积极的精神状态;反之,运动者参与锻炼的态度就是消极的,无法取得理想的锻炼效果。

三、运动与智力

智力也是运动心理学的重要内容。人们参加各种各样的活动需要具备一定的智力,对于职业运动员或者一般的运动爱好者而言同样也需要具备相关的智力条件。人的智力会伴随着身体的发育而不断增长,但这种增长趋势会随着年龄的继续增长而出现智力发展与身体发育相脱离的现象,在这一情况下,人的智力与身体活动能力之间的相关很低。但即便如此,人的智力与身体活动能力之间的联系仍然是不可磨灭的。如人们在学习某种新的技术动作时,不仅需要身体素质的支撑,同时还需要一定的观察能力、思维理解能力和想象能力等,只有如此才能学习和掌握运动技能。在职业体育运动中,运动智能对于运动员技战术水平的提高具有十分重要的意义。

四、运动与意志

意志,是指支持个体自觉地明确目标、支配行动、克服困难、实现目标的心理过程。拥有良好的意志品质的人,参与体育运动锻炼的积极性一般都非常高,他们参与体育运动锻炼的自觉性和持久性一般也相对较高,意志在其中发挥着非常重要的作用。

对于参加运动健身的人而言,如果他们拥有健康的心理和意志,在参与运动锻炼的过程中就会有着清晰的目标,能正确认识健身的目的,做出合理的行为,能够自觉主动地支配自己的行为以实现预期的健身目标。

五、运动与应激和焦虑

(一)应激

应激是指个体对应激源或刺激所做出的各种反应。应激源是指那些唤起机体适应反应的环境事件与情境。应激反应是一种包含应激源、个体对应激源的评价及个体的典型反应等因素相互作用的过程。生活中发生的一系列重大事件,都有可能对我们的应对能力形成挑战,使我们感到难以应付,从而形成应激,带来身体和心理上的不适。这些生活事件打破了我们日常的宁静和平衡,需要我们通过各种途径和手段去进行积极的调整,以适应发展和变化了的环境,由此可见其具有明显的应激性质。

对于一般的运动爱好者而言,在处于高应激的状态下,最好不要参加一些运动强度较大的运动项目,否则就会增加更多的应激源,不仅不利于运动锻炼的顺利进行,甚至还可能会发生运动损伤,得不偿失。

运动者在参加运动锻炼的过程中,对应激的控制应重点关注以下两点。

(1)运动锻炼要合理,要努力产生积极的应激。应激引起机体的本能反应是"搏斗或逃跑",这时体内动员能量的交感—肾上腺机制,血液中儿茶酚胺水平升高,如果进行大量的运动锻炼,运动机体的能量就会得以释放。如果运动能量被动员而无法释放则会严重扰乱运动机体的身心平衡状态,不利于身体技能的良好发展。

(2)避免参加过量的运动锻炼。如果运动者参加了过量的运动锻炼就容易产生心理耗竭的现象,心理耗竭主要指的是运动者在一定的精神压力下参加运动锻炼,会给自己的身体和心理带来一定的负面影响,产生负效应。在心理耗竭的影响下,运动者是难以取得理想的锻炼效果的,因此,一定要采取各种手段与措施避免心理耗竭现象。

(二)焦虑

焦虑是指由于不能克服障碍或不能达到目标,从而形成的一种紧张、担忧的情绪状态。长期处于这一情绪状态下运动锻炼是很难获得理想的效果的,甚至还有可能会带来不同程度的运动伤害。因此,加强这一情绪状态的改善是十分重要的。

一般来说,焦虑的形式可以分为以下几种。

1. 状态焦虑

状态焦虑可以说是一种由紧张和忧虑所造成的一些可意识到的主观感受,属于神经系统的高度自主的活动。一些刚踏入足坛的运动员,在初次踏入球场参加比赛时通常会有一定的紧张感,这就属于赛前状态焦虑的情况。

2. 躯体焦虑

通常情况下,运动员的躯体焦虑都是由运动员自发唤醒的,这一焦虑主要是通过运动员的心率、呼吸、出汗等情况表现出来。

3. 特质焦虑

特质焦虑是指在各种情境中产生焦虑反应的情绪倾向和行为倾向。这一焦虑情况主要指的是人们以一种特殊的焦虑反应方式和焦虑反应程度来对待事物的倾向,从而显示出多种情境中焦虑反应的一致性。

4. 认知焦虑

认知焦虑主要指的是焦虑的认知性特征,这一认知焦虑主要是由对内外刺激的评价引起的。一般情况下,躯体焦虑和认知焦虑在概念上是相对独立的,但在某种特殊情况下可以发生一定的改变。

六、体育教学与训练活动参与者的心理过程

(一)运动感知过程

1. 感觉系统与体育运动

(1)动觉

动觉也就是我们通常所说的本体感觉,它负责将身体运动的信息传入大脑,使个体对身体各部位的位置和运动有所知觉。一般来说,人体的动觉主要有肌觉、腱觉、关节觉和平衡觉等几个部分。当人的机体参与各种活动时,肌肉与肌腱的扩张与收缩,以及关节之间的压迫,产生刺激并引起神经

第三章 现代教育理念下体育教学与训练的理论指导体系

冲动,传入中枢神经系统而引起动觉。运动者要想有效地提升自身的运动水平,发展自身的动觉是尤为必要和重要的。

(2)视觉

视觉主要是通过眼睛、视传入神经和视觉中枢产生的,对波长为380nm~740nm之间的电磁辐射产生的感觉。视觉对绝大多数运动项目来说都是至关重要的,以羽毛球运动为例,运动者在参与比赛的过程中,始终盯着球而运动,仔细观察球的空间、方位等,确定合理的行动定向。只有如此才能更好地掌控整个比赛。

(3)听觉

听觉是通过耳朵、听传入神经和听觉中枢对频率为20Hz~20000Hz的声音刺激产生的感觉。听觉刺激可以通过中枢神经系统的兴奋扩散效应,诱发动觉枢的兴奋,从而产生节奏感,即听觉和动觉的联合知觉。

2. 知觉系统与体育运动

(1)空间知觉

空间知觉指的是对物体空间特性的集中反映,一般情况下,主要包括形状知觉、大小知觉、深度知觉、立体知觉等内容。如在足球运动中,运动员对来球要做好判断,需要清晰地了解对方队员和自己的空间特征情况以及彼此的关系等,只有如此才能占据有利的接球位置,便于接下来的技术动作的完成。

(2)时间知觉

时间知觉主要指的是对时间长短、快慢、节奏和先后次序关系的反映。一般来说,人们产生时间知觉的重要依据是自然界的有规律的周期性变化以及人体的发展规律与特征。如在网球运动中,运动员接发球除了具备良好的技术能力外,还要注意接发球的良好时机,如果时机不好,接发球的质量就难以保证。

(3)运动知觉

运动知觉是对外界物体运动和机体自身运动的反映。通常情况下,运动知觉主要包括运动者对自身运动的知觉和对外界物体运动的知觉,这两种知觉都是必不可少的。依据动作的形态、幅度以及时空等方面的特征,我们可以将运动者的运动知觉分为四类:运动形态知觉、运动幅度知觉、自身运动的时间知觉以及身体空间位置和方向知觉。根据动觉分析器以及其他分析器提供的信息,可以将运动者的运动知觉分为八类:主动运动时的用力知觉、运动器官发生改变时的知觉、分辨运动器官活动开始与终结时的方位知觉、运动器官提升到一定高度时的用力知觉、身体运动的速度知觉、身体表面接触到外界物体时的各种触觉、躯体或运动器官位置变化时的各种平衡知觉和来自心脏的各种知觉。

为保证学生参加体育运动锻炼的科学性,我们可以根据运动项目的特征与规律,测量学生的专项运动知觉,保证学生的运动技术水平能够得到一定的发展和提高。通常情况下,运动者的运动知觉主要受以下几方面的制约。

第一,运动物体的形状大小与速度知觉成反比关系。

第二,运动物体的形状大小与运动速度知觉的下阈限及上阈限成正比关系。

第三,运动场地的变化会在一定程度上影响运动者速度知觉的发挥。

第四,一般情况下,光线亮度与速度知觉成正比关系。

(4)专门化知觉

专门化知觉是运动员在长期实践过程中形成的一种综合性知觉,它能对运动员自身运动和环境因素做出精确的分析和判断,是对运动员心理要求的一个重要方面。一般来说,运动员专门化知觉的特点主要体现在以下几方面。

第一,专门化知觉具有重要的综合性特点,它依赖多种分析器的同时活动。

第二,具有专项性不同的分析器依据不同特点在不同的专门化知觉中起不同的作用。

第三,动觉是专门化知觉的主要因素。如球类项目的球感就以高度发展的动觉为基础。对专门化知觉的测量要因运动项目而异,同时还要注意测量的方法。

(二)运动记忆过程

在平时的学习、工作和运动中,人们的一切活动可以说都与运动记忆有着极为密切的关系。运动记忆与人体的肌肉活动密切相关,与形象记忆、情绪记忆等有明显的区别。

1. 短时运动记忆与长时运动记忆

短时运动记忆是指在对一个运动项目的练习停止后,其遗忘的速率会随着时间的变化而变化,遗忘的进程先快后慢,但其记忆的内容不会全部忘记。而长时运动记忆是指学习一项运动技能后,一旦熟练掌握,就能记忆相当长的一段时间,在这一段时间里不容易遗忘。

2. 运动表象

内部表象是指以内部直觉为基础,以内心体验的方式感受自己的运动操作活动,表象自己正在做各种动作。其实质是动觉表象或者肌肉运动表象。外部表象是指表象时可从旁观者的角度看到其表象的内容,其实质是视觉表象,感受不到身体内部的变化。内部表象时的肌肉活动要高于外部表象时的肌肉活动。

3. 运动记忆中的信息加工

认知心理学理论认为,在短时记忆的短暂时间中,个体对产生于本身的刺激,通过知觉组织加以处理,将零散的个别信息组合成一个包括多个单元的、便于记忆的整体,这就是运动记忆中的信息加工。对任何人来说,在短时间单纯依靠记忆是很难准确地记住太多内容的,这就需要在大脑中进行某种组合加工,以"组块"的形式储入短时记忆。

(三)运动思维过程

根据思维的抽象性对思维进行分类,可将思维分为直观行动思维、具体形象思维和抽象逻辑思维。人类最初发展的思维形式都是直观行动思维。一般来说,直观行动思维在个体发展中向两个方向转化:一是在思维中的成分逐渐减少,具体形象思维增多;二是高水平的操作思维发展迅速。操作思维是反映肌肉动作和操作对象的相互关系及其规律的一种思维活动,运动员掌握运动技能和表现运动技能,都需要发达的操作思维作为认识基础,否则就很难掌握与提高运动技术水平。

第三节 运动训练学理论指导

一、运动训练学的概念

运动训练学可以说是一门研究和反映运动训练一般规律的新型的体育交叉学科,这一学科的理论体系如图 3-4 所示。伴随着现代社会的不断发展,运动训练与其他学科的联系越来越密切,逐步呈现出综合化的发展趋向,通过多学科的交融与发展,运动训练学理论体系日益完善。一个交叉性的运动训练学体系如图 3-5 所示。

图 3-4[①]

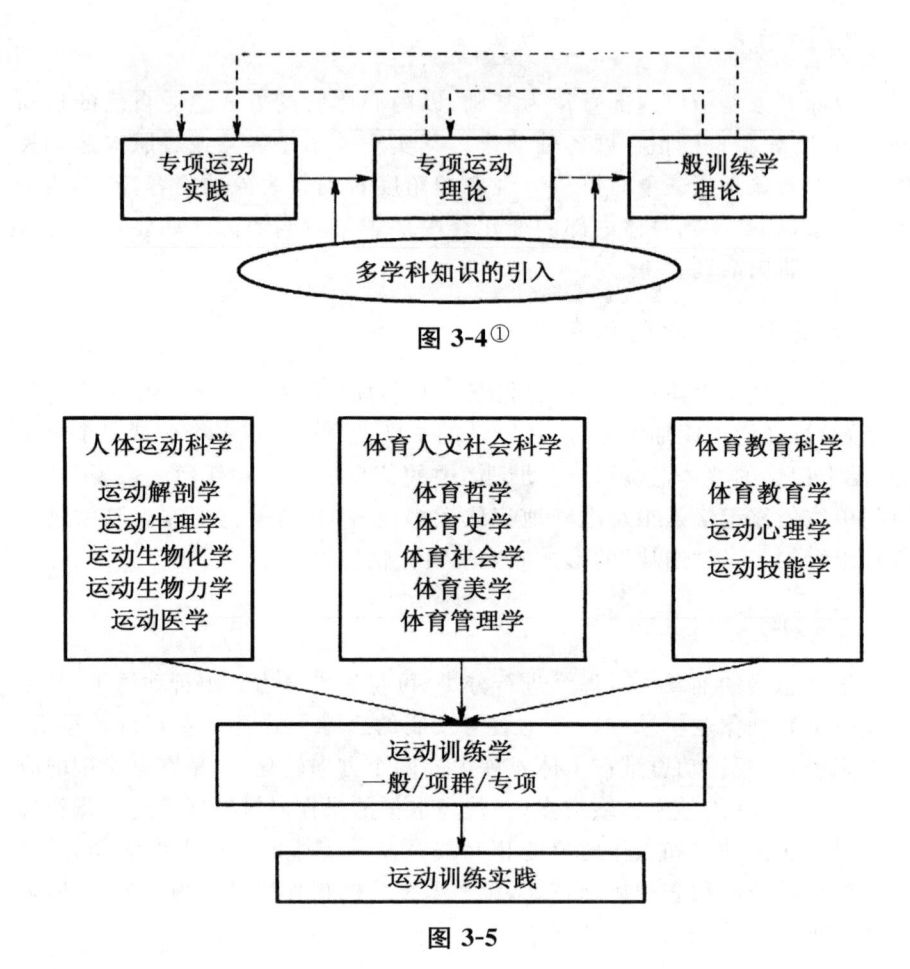

图 3-5

二、运动训练学的研究内容

通常情况下,运动训练学主要从横向与纵向两个维度上研究运动训练的相关问题,如图 3-6 在横向维度上主要研究运动训练的原则、训练方法、训练内容、训练负荷及训练安排;在纵向维度上主要研究一般训练、专项训练和项群训练的相关问题,在纵向维度上各项内容的研究中都会涉及横向维度上的几个训练要素。

---

① 曹青军.运动训练理论与实践[M].北京:北京理工大学出版社,2010.

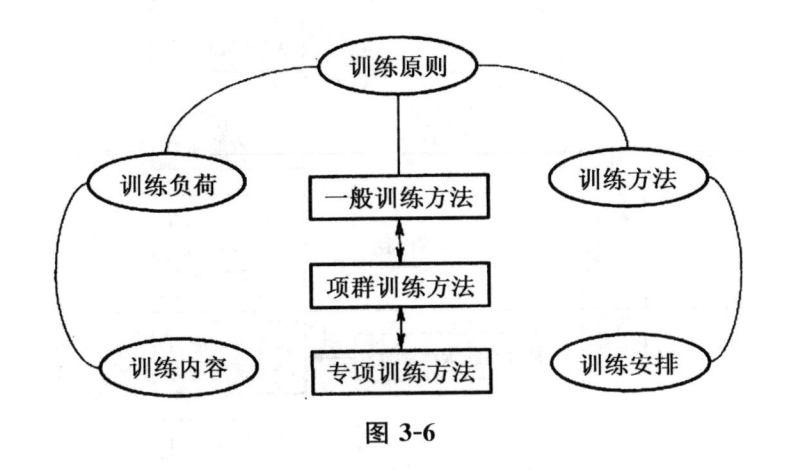

第三章 现代教育理念下体育教学与训练的理论指导体系

图 3-6

三、运动训练的内容

(一)体能训练

进行体能训练的主要目的在于促进运动者身体素质的发展和提高,只有体能素质得到提高了,才能为接下来的运动锻炼奠定良好的基础。运动者在进行体能锻炼的过程中一定要把握全面与重点结合的原则,全面指的是所有的身体素质共同发展,重点则是指发展专项运动所要求的专项体能素质。

一般来说,运动员体能训练的内容分别如图 3-7、图 3-8 所示。

(二)心理训练

心理训练也是运动员运动训练的重要内容之一,通过心理训练,运动员的意志品质、思维品质等都能得到很好地锻炼。心理训练并不是孤立的,一般情况下要融于其他训练内容之中,这样才能取得更为有效的效果。当然了,也可以进行专门化的心理训练,以促进运动员心理水平的提高。

一般来说,运动员心理训练的内容如图 3-9 所示。

```
                    ┌─────────────┐      ┌──────────┐
                 ┌──│能量系统训练内容│─────▶│有氧代谢能力│
                 │  └─────────────┘      │无氧代谢能力│
                 │                       └──────────┘
                 │  ┌─────────────┐      ┌──────────┐
                 ├──│肌肉系统训练内容│─────▶│快肌收缩能力│
                 │  └─────────────┘      │慢肌收缩能力│
          ┌────┐ │                       └──────────┘
          │运动│ │  ┌─────────────┐      ┌──────────┐
          │机能│ ├──│心肺系统训练内容│─────▶│心脏动力能力│
          │训练│ │  └─────────────┘      │心肺摄氧能力│
          │内容│ │                       │血液饱氧能力│
          └────┘ │                       └──────────┘
                 │  ┌─────────────┐      ┌──────────┐
                 ├──│神经系统训练内容│─────▶│传导强度能力│
                 │  └─────────────┘      │传导速度能力│
                 │                       └──────────┘
                 │  ┌─────────────┐      ┌──────────┐
                 └──│免疫系统训练内容│─────▶│疾病防治能力│
                    └─────────────┘      │时差调整能力│
                                         │饮食适应能力│
                                         └──────────┘
```

图 3-7①

```
                                ┌──┐    ┌──────┐    ┌────┐
                             ┌──│力│───▶│最大力量│───▶│反弹性│
                             │  │量│    │力量耐力│    │强直性│
                             │  └──┘    │速度力量│    │弹道性│
                             │          └──────┘    └────┘
                             │  ┌──┐    ┌──────┐
                             ├──│耐│───▶│短时耐力│
                      ┌────┐ │  │力│    │中时耐力│
                      │基本│ │  └──┘    │长时耐力│
                      │运动│ │          └──────┘
                      │素质│─┤  ┌──┐    ┌──────┐
                      └────┘ ├──│速│───▶│反应速度│
          ┌────┐             │  │度│    │动作速度│
          │运动│             │  └──┘    │移动速度│
          │素质│             │          └──────┘
          │训练│             │  ┌──┐    ┌──────┐
          │内容│             └──│柔│───▶│躯干柔韧│
          └────┘                │韧│    │肢体柔韧│
                                └──┘    └──────┘
                      ┌────┐                      ┌────┐
                      │复合│                      │技能储量│
                      │运动│   ┌──┐               │模仿能力│
                      │素质│───│灵│──────────────▶│平衡能力│
                      └────┘   │敏│               │协调能力│
                               └──┘               │准确能力│
                                                  │快速能力│
                                                  └────┘
```

图 3-8②

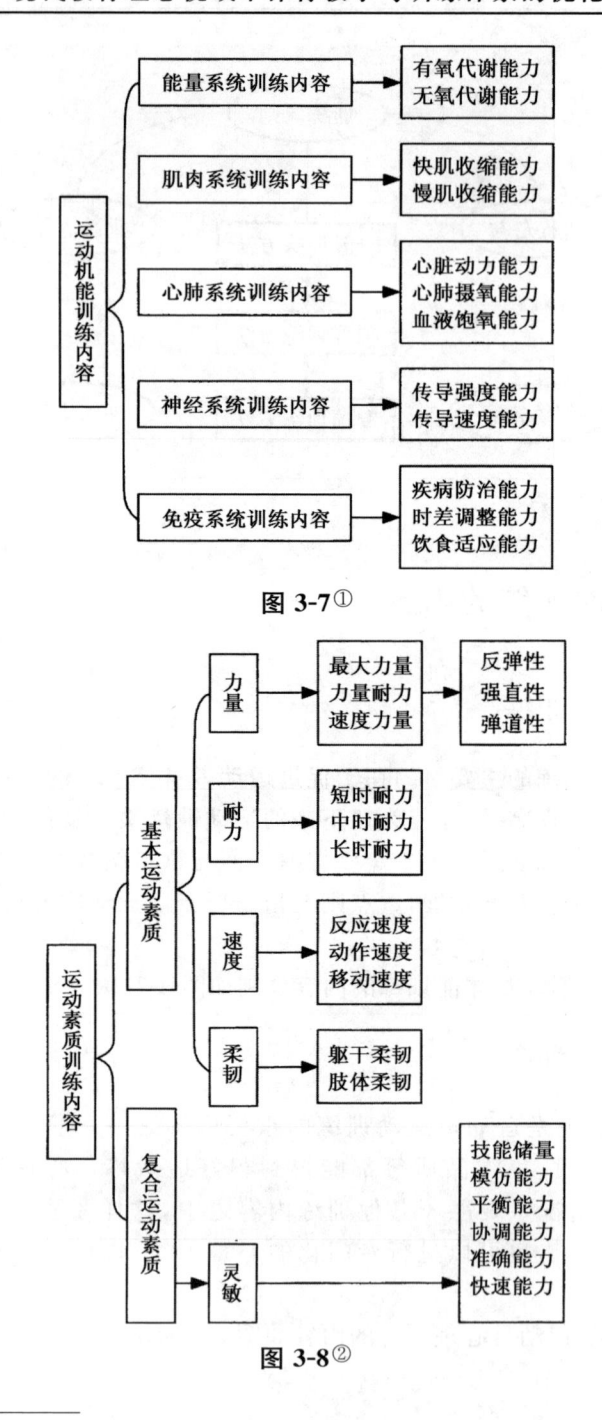

① 胡亦海. 竞技运动训练理论与方法[M]. 北京:人民体育出版社,2014.
② 同上。

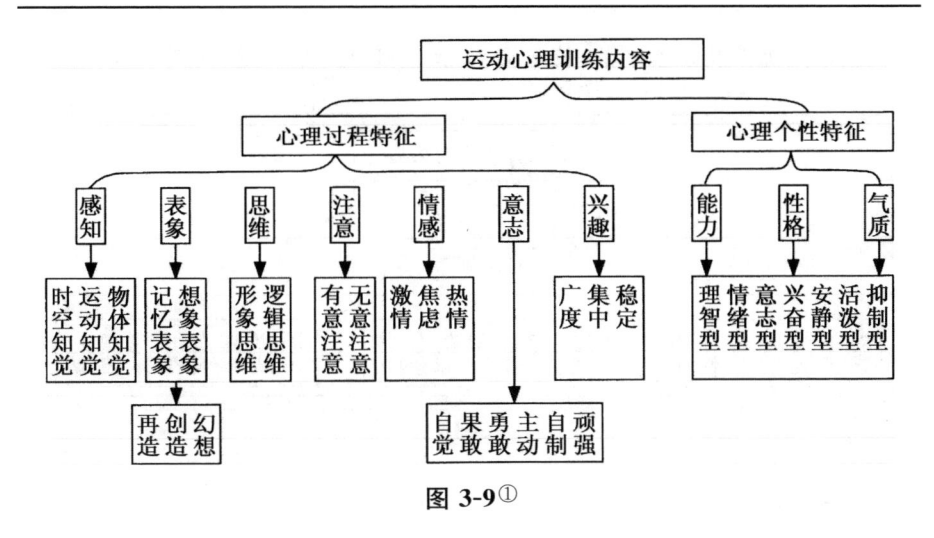

第三章 现代教育理念下体育教学与训练的理论指导体系

图 3-9①

(三)智能训练

运动智能指的是运动员在运动训练或竞技比赛中运用基础和专项理论知识,认识训练和竞赛的一般或特殊规律并解决现实问题的能力。运动员的智能训练内容如图 3-10 所示。

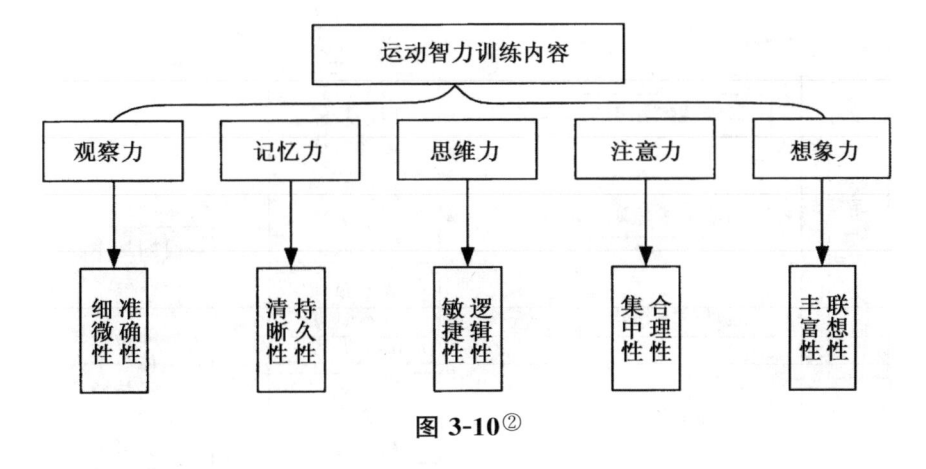

图 3-10②

(四)技术训练

技术训练是改进、提高和完善运动动作的运动训练,它是运动训练的高级阶段。技术训练的内容相对比较广泛,高水平运动员的技术训练相对专

---

① 胡亦海. 竞技运动训练理论与方法[M]. 北京:人民体育出版社,2014.
② 同上。

一。技术训练涉及技术环节、技术细节、技术基础三个维度,如图3-11所示。

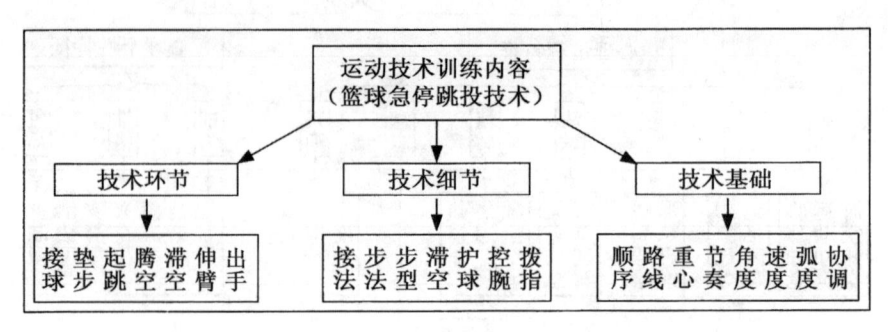

```
                运动技术训练内容
              (篮球急停跳投技术)
         ┌──────────┬──────────┐
      技术环节      技术细节      技术基础
      ┌────┐       ┌────┐       ┌────┐
      接垫起腾滞伸出  接步步滞护控拨  顺路重节角速弧协
      球步跳空空臂手  法法型空球腕指  序线心奏度度度调
```

图 3-11①

(五)战术训练

战术训练是结合专项比赛的要求,培养运动员独立作战或集体配合能力的运动训练。对运动员战术意识的培养应从早期训练抓起。

战术训练内容如图3-12所示。

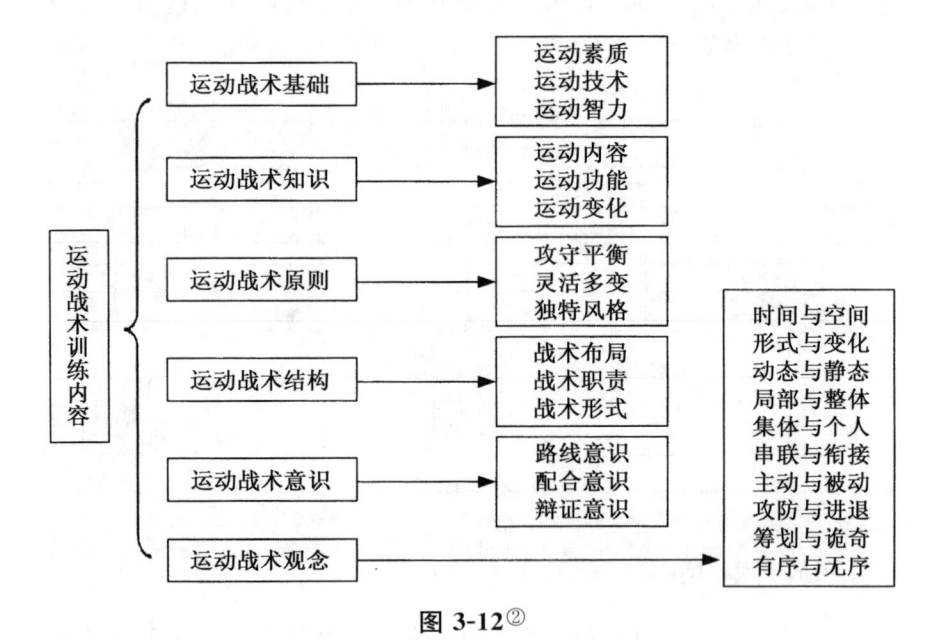

```
              ┌─ 运动战术基础 ──→ 运动素质/运动技术/运动智力
              │
              ├─ 运动战术知识 ──→ 运动内容/运动功能/运动变化
              │
 运动战术      ├─ 运动战术原则 ──→ 攻守平衡/灵活多变/独特风格
 训练内容      │                                              时间与空间
              ├─ 运动战术结构 ──→ 战术布局/战术职责/战术形式    形式与变化
              │                                              动态与静态
              ├─ 运动战术意识 ──→ 路线意识/配合意识/辩证意识    局部与整体
              │                                              集体与个人
              └─ 运动战术观念 ─────────────────────────────→  串联与衔接
                                                             主动与被动
                                                             攻防与进退
                                                             筹划与诡奇
                                                             有序与无序
```

图 3-12②

---

① 胡亦海.竞技运动训练理论与方法[M].北京:人民体育出版社,2014.
② 同上。

第四节　教育学理论指导

一、教育学

(一)教育学的概念与研究对象

教育学可以说是一门研究人类的教育活动及其规律的社会科学。伴随着时代的不断发展,教育学的影响力逐步扩大,发展至今教育学对整个人类社会产生了极为广泛的影响。通过教育学的研究能很好地揭示当今社会各种教育现象和问题,从而促进现代教育的不断发展。

教育学的研究对象是人类教育现象和问题,以及教育的一般规律。是教育、社会、人之间和教育内部各因素之间内在的本质的联系和关系,这一联系具有重要的客观性、稳定性等特点。教育学研究对象之间的关系突出体现在以下几个方面。

(1)教育与社会政治、经济、文化等之间的相互关系。

(2)教育活动与人的发展之间的关系。

(3)教育内部各系统要素之间的关系,如学校教育、社会教育、家庭教育之间的关系。

(4)教育内部不同层级的教育之间的关系,如小学教育、初高中教育与大学教育之间的关系。

(5)教学系统中各要素之间的关系,如教学目标与课外教育之间的关系。

(6)教育系统中德、智、体、美、劳之间的关系。

(7)学生在教学活动中的学习动机、学习态度、学习方法等之间的关系。

以上几类关系都深刻揭示出了现代教育的发展规律以及教育发展过程中存在的问题,教育学的主要任务就是研究这些问题,找出解决问题的策略,构建一个科学和完善的教育学理论体系。

(二)教学过程最优化理论

20世纪70年代,原苏联教育家巴班斯基提出了教学过程最优化理论,这一理论在教育学研究中占据着十分重要的地位。

1. "教学过程最优化"理论的内涵

教学过程最优化,是指教师有目的地选择一种确保教学过程的最佳方案。在优化的教学过程程序下开展教学活动,能节省大量的时间和精力,提高教学活动的效率。在这样的情况下,教师和学生都能获得不错的发展,能获得最合理的教养、教育和发展。

通常来说,教学过程的"最优化"主要包括以下几个要素。

第一,教学活动要严格遵循教学规律,按照教学规律组织与开展教学活动。

第二,教学方案的制定要依据现有的教学条件进行。

第三,要认真细致地比较各种教学方案,从中择优,以保证理想的教学效果。

第四,根据具体的教学实际适时地监控和调整师生教学活动的进程,保证教学活动的顺利开展。

第五,在规定的时间内,争取获得最大可能发展的效果。

以上五个要素缺一不可,教师在组织与开展教学活动时一定要充分考虑这几个要素,以确保教学活动的顺利进行。总体而言,教学过程最优化的标准主要有两个,一个是效果标准;一个是时间标准。[①] 只有符合这两个标准,教学活动才能得以顺利开展。

2. 教学过程最优化的实施

要想实现教学过程最优化的目标,要严格按照以下步骤和方法实施。
(1)认真细致地分析教学任务,充分考虑学生的全面发展。
(2)依据学生的学习实际和运动基础,确定合理的教学目标和任务。
(3)按照教学大纲要求,突出教学重点与教学难点。
(4)仔细地分析教学内外条件,然后选择符合学生特点和教学实际的教学内容。
(5)教学方法的选择一定要合理,要根据学生的不同特点和能力实施区别教学。
(6)依据具体的教学实际确定最优的教学进度,争取以最少的时间获得最优的教学效果。

---

① 许文鑫. 中学体育课堂有效互动的理论与实证研究[M]. 北京:科学出版社,2015.

(三)有效教学理论

目前,关于有效教学的概念还没有形成一个统一的定论,不同的专家有不同的见解和看法。国外专家主要从目标取向、成就取向和技能取向三方面对有效教学理论展开阐述,而国内专家对有效教学理论的阐述主要从以下几方面展开。

(1)很多专家倾向于运用经济学上的效益、效率等概念来展开具体的研究和分析。

(2)对有效教学理论的研究集中于"有效"和"教学"两方面来阐述。

(3)重视学生价值取向的研究。

(4)主要从表层、中层和深层三个层面来研究有效教学。

二、体育教育学

(一)体育教育的概念

体育教育是指在人类社会发展过程中,根据生产和生活的需要,遵循人体的生长发育规律,以身体练习为基本手段,以增强体质,促进身心全面发展为目的而进行的一种有意识、有目的的身体教育过程。[①]

体育教育诞生的时间很早,发展至今已形成了一个较为庞大的系统,这一系统内涵盖着诸多要素,通常情况下主要包括普通体育教育和专门体育教育两大类,其中,每一门类的体育教育又包含不同类型的体育教育内容。体育教学的内容体系如图3-13所示。需要注意的是,我们平时所说的体育教育基本上指的是学校体育教育,学校体育教育的概念应用得最为广泛。

(二)体育教育的原则

体育教师开展教学活动需要遵循相关的原则,这样才能保证体育教学活动的科学性和合理性。一般来说,体育教育的原则如下所述。

1. 直观性原则

直观性教学原则就是指利用直观方式进行教学,以对学生的积极思维与实践积极性起到启发作用的原则。直观性是体育教学的基本特点之一,因此,采用直观的教学手段与方法进行教学能取得理想的教学效果,如示

---

① 郭磊.体育教育的新视野[M].长春:吉林大学出版社,2015.

范、录像、挂图等,这些方式能够刺激学生的视听器官,使其通过看和听,再结合自己的思考与心理活动,从而对教学内容有基本的了解,如对动作结构、动作路线及动作方向有所了解。在直观教学方式下,学生能通过感性的教学手段做出理性的分析,从而提高教学效率和质量。

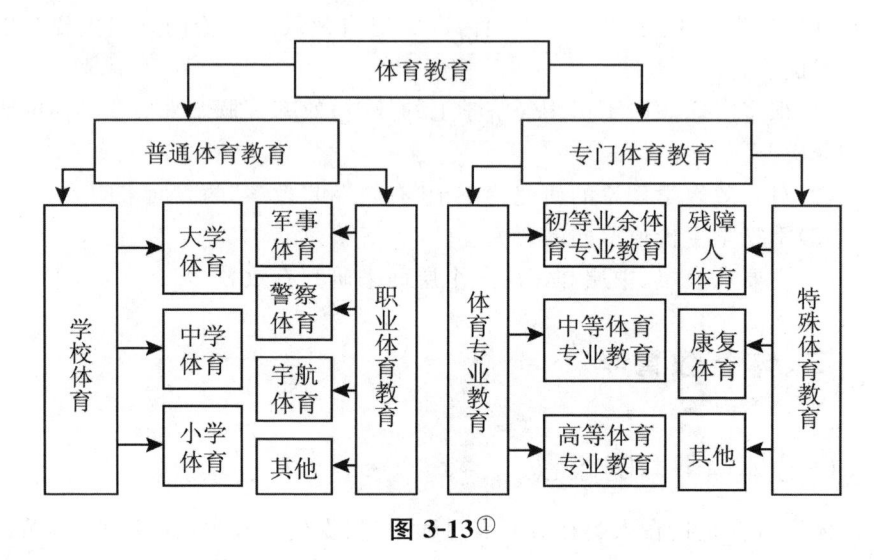

图 3-13①

在采用直观教学法时,体育教师要重点强调关键环节的内容,指出教学的重点和难点,他们在动作结构中居于什么样的地位,有什么样的作用,和其他动作有什么样的关系等,使学生树立整体观,很好地把握教学内容。

学生初步掌握了教学内容后,便进入改进与提高教学阶段,这一阶段要引导学生从自身实际情况出发进行高水平高层次的练习,而不再是机械性地简单模仿教师的动作。需要注意的是,这一阶段的学习不要脱离实际进行训练,否则不利于取得理想的教学效果。

在具体的教学过程中,还可以启发学生进行积极的思考,引导学生积极主动地参与教学活动,如此能取得更好的效果。

2. 智体合一原则

智体合一也是体育教学应遵循的一个基本原则。实际上,体育教育和其他学科教育之间有着非常明显的区别。其他学科教学中,学生主要依靠大脑思维对知识予以掌握,而体育教育则不同。在传统体育教育中,一味强调通过增强学生体能来使其掌握运动技能,而对智能的重要性没有给予重

---

① 郭磊. 体育教育的新视野[M]. 长春:吉林大学出版社,2015.

视,所以没有将智能教育融入体育教育中,导致学生对运动技术的原理、内涵缺乏深刻认识与理解,这直接影响了学生自主学习与训练的积极性,影响了其在实践中对所学运动技能的运用与发挥。智体合一的教学原则则为体育教育改革指明了前进的方向,非常有利于体育教育的健康发展。

在具体的体育教学实践中,体育教师要仔细讲解技术动作的要领,让学生明白所学动作的重要性及该技术动作的发展状况。这样学生在新技术的学练中就会树立一种全新的技术观与价值观,从而促进学习效果的提升。

进入教学巩固与提高阶段后,体育教师可以带领学生多做一些穿插性的技术动作练习,在联系的过程中强调技术动作的原理,突出技术动作细节,使学生对所学动作的理解更全面、深入,同时还要鼓励学生发散思维,提高自身的创造能力。这对于学习水平的提升大有帮助。

3. 掌握结构与培养能力相结合原则

掌握结构与培养能力相结合也是一个非常重要的体育教学原则,在这一原则之下,学生能很好地掌握体育知识与技能,不断丰富自己的知识与技能结构,从而提升自身的运动实践能力。

为提升学生的运动技能水平,体育教师在设计教案前,必须很好地把握体育教学内容的整体结构,这样才能做出合理的规划设计,从而为学生学习知识与技能奠定良好的基础。

伴随着现代社会的不断发展,信息技术在社会各个领域和层面都得到了充分的利用,在这样的情况下,对信息的快速获取与准确处理是每个人都应该具备的能力。如果缺乏这方面的能力,那么要适应信息更新迅速的复杂现代社会则会有一定的难度。在体育教育中如果不注重培养学生这方面的能力,那么就会制约学生向高体能、高智能的体育专业方向发展。传统"填鸭式"体育教学模式不利于学生个性的发挥和培养,不利于学生自我学习能力的提高,因此,这一不符合教育发展趋势的教学模式会遭到淘汰。

贯彻掌握结构与培养能力相结合的原则需要做到以下几方面。

(1)掌握知识结构

为保证体育教学的质量和效果,体育教师首先要构建一个丰富和完善的体育学科知识结构,对体育理论知识体系中各部分知识之间和运动技能体系中各技能之间的内在联系有准确深入的理解,然后,引导学生学习和掌握完整的知识结构和动作结构,保证教学质量得到有效的提高。

(2)培养实践能力

学生的自学能力很重要,在体育教育中教师不仅要手把手教学生体育知识和运动技能,还要启发学生的思维,鼓励学生自学、自练,鼓励学生之间协同起来组织简易体育赛事,并引导学生自主探索创新性的学习方法和练习方法,培养学生的探索意识、探索能力以及创造性,这对于学生的全面发展是非常不利的。

(3)掌握知识结构和培养实践能力的关系

一般来说,人的知识与能力之间的联系十分密切,在一定条件下,这两种关系可以相互转化。培养不同的能力对知识结构的要求不一样。在体育教育中要先使学生对体育知识结构熟练掌握,然后在此基础上对其运动能力和其他方面的实践能力进行培养,在培养学生知识与技能的过程中还能培养学生的学习能力,促进学生学习水平的提高。

4.精益求精原则

学生在初步掌握技术动作后,通过反复的学习与锻炼可以发展到牢固掌握、稳定掌握甚至超前掌握,也就是使学生将教学内容掌握得更为牢固和更精确,这就是精益求精的教学原则。很多竞技体育人才当竞技能力和运动成绩达到一定的高度后,要再有新的突破就很难了,这时就需要对已经掌握的技术动作进行"深加工"式的改造与处理。对那些大强度运动项目的专项运动员来说,因为技术动作难且复杂,再加上要在短时间内完成高超的技术,所以,必须依靠"深加工"来取得新的突破,达到运动专项对运动员提出的高度稳定性和高度精确性要求,从而在激烈的比赛中占领优势,取得好成绩。运动员对动作技术的掌握要达到精益求精,这对其获取比赛胜利具有重要意义。学校体育教育要承担起为国家培养优秀竞技体育人才的重任,争取挖掘出具有较大的运动潜力的人才。这对于我国竞技体育的发展具有长远的影响和意义。

在体育教育中贯彻精益求精原则需要注意以下几个要点。

(1)重视细节教学

发展到现在,我国体育教育获得了不错的发展,但仍旧有一部分体育教师并不重视对动作技术的深加工与精加工。差不多就行的思想严重制约了体育教育和训练质量,影响了体育人才的培养与提升。对此,必须改变这种错误思想,贯彻精益求精的基本原则,有利于帮助学生更好地掌握和提高动作技术水平,从而极大地提升自身的运动能力。

(2)提高技术稳定性

在体育比赛中,如果双方的实力在伯仲之间,那么比拼的主要就是双方的心理素质和技术发挥的稳定性了,当然战术策略也在其中起到非常重要的作用。因此,在体育教育中必须重视提高学生掌握技术动作的稳定性,采取一些辅助性的教学与训练手段来强化学生技术动作的稳定性,不断促进学生技术水平的平稳提升。

(3)与实战结合

在平时的教学与训练中,学生要想进一步强化和提升自己的技术水平,就需要与实战结合起来进行。为此,体育教师要多组织一些教学比赛,通过大量的比赛来促进学生比赛水平的提升。

(三)体育教育的执行过程

1. 确立体育教育目标

确立体育教育的目标是体育教育体系的重要环节和内容,只有确立了正确的体育教育目标,一切教育活动才能按部就班地进行,朝着正确的方向发展。体育教育的目标主要从以下方面进行设置。

(1)增强学生体质,促进学生身体健康。
(2)学生要掌握基本的体育知识与运动技能。
(3)培养学生参与体育锻炼的兴趣。
(4)培养学生的良好心理品质,提高其人际交往能力。
(5)培养学生良好的责任感和意识。
(6)提高学生的运动技术水平。

2. 精选体育教学内容

关于我国学校体育教育的内容主要包括以下几方面。

(1)基本的身体活动动作。
(2)基本的运动技术。
(3)体育锻炼原理与方法。
(4)体育道德与礼仪知识。
(5)体育文化与保健知识。

3. 优选体育教学方法

伴随学校教育的不断发展,体育教学方法越来越丰富,目前已逐渐形成了一个相对完善的方法体系。体育教师要择优选择,选择出符合教学实际和学生学习水平的教学方法。当今完整的体育教学方法体系如图3-14所示。

现代教育理念视域下体育教学与训练体系的优化

体育教学方法体系
- 体育健康知识和运动技术理论教学方法体系：{讲解法、谈话法、问答法、讨论法；比较法、归纳法等}
- 运动技术教学方法体系
  - 泛化阶段教学法：{情景置疑法、启发法、发现法、直观法、示范法、多媒体法、模拟法、辅助练习法、暗示法、比较法、分解法、预防错误动作法}
  - 提高阶段教学法：纠正错误法、部分完整练习法等
  - 技能巩固阶段教学法：{重复练习法、变换条件法、完整练习法、自练法、过渡练习法、强化法、比赛法、循环练习法等}
- 发展学生体能方法体系：{负重法、持续法、间歇法、游戏法、综合法、比赛法}
- 激励与评价运动参与方法体系
  - 激励法
    - 兴趣激励法：成功教学法、愉快教学法、需要满足法、教学引趣法等
    - 动机激励法：目标设置法、创新情境法、积极反馈法、归因教育法、价值寻求法等
  - 教育法：{说服法、鼓励法、榜样法、评比法、表扬法、批评法等}
  - 评价法：{积极评价法、鼓励评价法、对比评价法、信息反馈法、自我评价法等}
- 发生学生心理方法体系（包括社会适应能力）：{个别与集体指导法、个性培养法、自学法、自练法、差别教学法、分组轮换法、合作学习法、分层教学法等}

图 3-14[①]

体育教师在选择和优化体育教学方法时，要充分考虑以下几个条件。
(1)依据体育课的目的与任务进行选择。
(2)依据学生的学习基础和教学实际进行选择。
(3)依据体育教学内容的特点与规律进行选择。
(4)依据体育教学方法的功能、适用范围等进行选择。

---

① 李启迪，邵德伟. 体育教学基本理论研究[M]. 北京：北京师范大学出版社，2014.

(5)依据体育教师的教学特点与水平进行选择。
(6)依据教学时间和进度安排进行选择。

4. 落实体育教学评价

体育教学评价是对体育教学过程、教学结果的价值判断。一般来说,依据不同的评价标准,体育教学的评价方式主要有自评、互评、他评以及定性评价、定量评价等(表3-2)。

表3-2 体育教学评价的内容

评价类型	评价内容
体育教师教学工作评价	教学目标
	教学内容
	教学方法
	教学基本功
	教学艺术
	教学技巧
	教学效果
学生体育学习评价	学习态度
	学习过程
	日常学习表现
	个性心理品质
	体育考试成绩

三、教育学在体育教学中的运用

(一)教育学与体育的关系

体育教育承担着为社会培养全面发展人才的重要使命,通过体育教育,还能为我国的精神文明建设提供一臂之力。体育能使学生接受身体的教育,也能使学生在德育、美育等方面得到发展,为智育和劳动教育提供健康、强壮的载体。

体育教育对人的社会化发展具有重要的促进作用,这一作用主要体现在：体育运动中的角色变化帮助学生适应生活，同时承载着体育文化传递和重建的作用。[①] 体育的规范、规则等，能够对人们的行为起到一定的约束作用，并使人们遵守社会公德、遵守生活行为得到进一步强化；对人们合理的健康生活方式的形成起到积极的引导作用。另外，体育所具有的教育功能也能在人的社会化过程中发挥着十分重要的角色，推动着整个人类社会的不断发展。

(二)体育教育的基本过程

整个体育教育的过程可以从以下方面进行理解。
(1)体育教育过程可以说是一个体育与德育、智育相结合的过程。
(2)体育教育过程指的是使学生掌握体育理论与参加体育实践活动相结合的过程。
(3)体育教育过程指的是促进身体生长发育与指导运动锻炼相结合的过程。

综上所述，通过很长一段时间的发展，体育教育的内容变得非常丰富，如今体育教育已形成一个大的系统，系统内涵盖身体与精神、理论与实践、身体发育与运动锻炼等多方面的关系，处理这几方面的关系对于学生的发展非常重要。

四、现代体育教育的核心内容

伴随着现代社会的不断发展，体育教育的内容也是不断充实与完善的，在当今教育背景下，体育教育的核心内容集中体现在以下几方面。如全面素质教育、纪律性教育、民主式教育、创新能力教育等。这几个部分的教育内容对于学生的全面发展都是非常有利的。

(一)全面素质教育

在现代教育中，全面素质教育是一个非常重要的理念，竞技运动员要想在比赛中取得优异的成绩，必须具有全面的综合素质，主要包括思想政治素质、法律与道德素质、科技和人文素质等。体育教师在平时的教学与训练中，除了教授相应的运动技能以外，还要加强学生的综合素质的培养和教育，促进学生全面素质的发展和提高。

对于将来从事专业运动训练的运动员而言，每天坚持参加运动训练都

---

① 王淑英. 学校体育课程体系研究[D]. 石家庄：河北师范大学，2012.

第三章　现代教育理念下体育教学与训练的理论指导体系

是非常枯燥的,体育教师或教练员要设计富有创造性和吸引力的教学方法去组织训练过程,从而实现理想的教学效果。与此同时,运动员也要学会及时调整自己的心态,坚持不懈地投入到每天的训练之中,将文化知识的学习与运动技能的提高结合起来进行,这样才能促进自身全面素质的发展。

(二)纪律性教育

只要是运动比赛都具有一定的规则性特征,运动员在参与比赛的过程中必须要遵守这些既定的比赛规则,这样比赛活动才能顺利地进行,否则就会显得杂乱无章,不利于比赛的顺利进行。因此,对学生或运动员进行纪律性教育是非常有必要的。纪律性教育就是要求学生或运动员在平时的训练中严格遵守既定的比赛规则展开公平的竞争。因此可以说,体育比赛的规则在一定程度上规范了运动者的行为方式,如果违反比赛规则就要受到规则的惩罚,久而久之就会提高运动者遵纪守法的意识,这对于其适应社会也具有重要的作用。

可以说,自人类社会产生之初就存在着一定的社会规则,正因如此,人类社会才得以不断发展,直至发展到如今高度文明时代,由此可见社会规则的重要性。总之,在平时的教学与训练中,加强运动员的纪律性教育是尤为必要的,这样帮助运动员养成良好的参赛习惯,获得比赛的胜利。

(三)民主式教育

民主教育也是当今社会一个非常重要的教育思想。受传统教育思想的影响,以往的运动训练中,体育教师或教练员在其中扮演着极为重要的角色,可以说占据着绝对的主导地位,学生或运动员则处于一个从属地位,都是被动地参加运动训练,这一训练理念和做法违背了个性化教育的理念,不利于学生或运动员的身心健康发展,更不用谈运动水平的发展和提高了。

在当今社会背景下,运动员参加运动训练应该进行民主式教育,教练员在其中起主导作用,运动员则是运动训练中的重要主体,一切训练活动都要围绕运动员进行。在整个运动训练过程中,教练员要"施教"和"施控"。"施教"主要是教练员向运动员传授基本的运动知识和技术,促进运动员的全面素质发展和提高。"施控"则指的是教练员通过各种现代化的教育技术和手段,实时监控运动员的训练过程,保证整个运动训练活动的顺利进行,提高运动训练的质量和效果。作为运动员来讲,要充分发挥主体作用,以积极饱满的热情投入到运动训练之中,不断提高自己的运动水平。在运动训练中实施民主式教育非常有利于师生关系的和谐,对于促进运动训练过程的完善,提升运动训练的效率都是非常有帮助的。

(四)职业性教育

在当今社会背景下,职业体育已成为竞技体育的主流形式。职业体育对运动爱好者的吸引力非常大,通常能产生巨大的经济效益和社会价值。受举国体制的影响,我国的竞技体育运动员总是将参加比赛视作是一项任务,大部分的运动员并不是将其作为一项职业目标来完成,在这样的情况下就不能形成很好的内驱力。因此,为扭转这一局面,加强运动员的职业性教育是非常有必要的,这非常有助于运动员形成良好的参赛动机,培养运动员正确的职业体育观。

通过大量的职业性教育,运动员能够很好地提高自身的职业意识,养成良好的职业行为,从而以更加积极的心态投入到运动训练之中。除此之外,为促进运动员职业素养的提升,还需要建设一个优秀的职业团队,如生理监控师、技术摄像师、战术分析师、心理咨询师等,在职业团队的支撑下,运动员的职业素养的提升会更加迅速。

(五)创新能力的教育

伴随着竞技体育的不断发展,运动员在比赛场上的竞争越来越激烈,在这样的情况下,运动员要想取得比赛的胜利、在比赛场上取得优异的成绩,除了努力提升自身的技战术素质外,还必须要具备良好的创新思维,不断提高自己的创造能力。只有如此,在比赛过程中遇到突发情况时,运动员才能积极调动自己的思维,正确判断场上的形势,采取合理的战术行为去取得比赛的胜利。如果没有良好的创造力是难以完成的。

为培养和提高运动员的创造能力,在平时的运动训练中,教练员要指导运动员努力地培养创新性思维,可以利用现代化的训练模式与手段,制定创新的训练计划,不断提高运动员的创新能力。另外,教练员还可以多组织一些比赛,在真实的比赛情境下不断提高运动员的创新素质与能力。这就是运动员的创新能力教育,对于运动员的长远发展是非常有帮助的。

第四章 现代教育理念下体育教学体系的建设与优化

传统体育教学体系存在诸多弊端,与现代教育理念的要求不符,阻碍了体育教学的发展与教学水平的提高,因此,迫切需要在现代教育理念的科学指导下改革与优化体育教学体系,促进体育教学质量的提高。体育教学体系的优化与完善具体涉及体育教学目标、教学方法与手段、教学模式、教学环境、教学评价等诸多要素。从各个要素着手解决实际问题,切实提高整个体育教学体系的优化效果。

第一节 依据教学实际确定合理的体育教学目标

一、体育教学目标概述

(一)体育教学目标的概念

体育教学目标是学校体育的下位目标之一,它是指在一定的时间和范围内,体育教学中师生通过努力所要达到的最终目的,即预期所要达到的教学结果的标准、规格或状态。

(二)体育教学目标的结构

体育教学目标的结构体系如图 4-1 所示,这些结构要素之间存在递进关系。下面简要分析体育教学目标的结构要素。

```
           学校体育目标
         体育教学总目标
    ┌──────────┼──────────┐
  单元目标    单元目标    单元目标
  ┌──┐      ┌──┐      ┌──┐
课时目标 课时目标  课时目标  课时目标
```

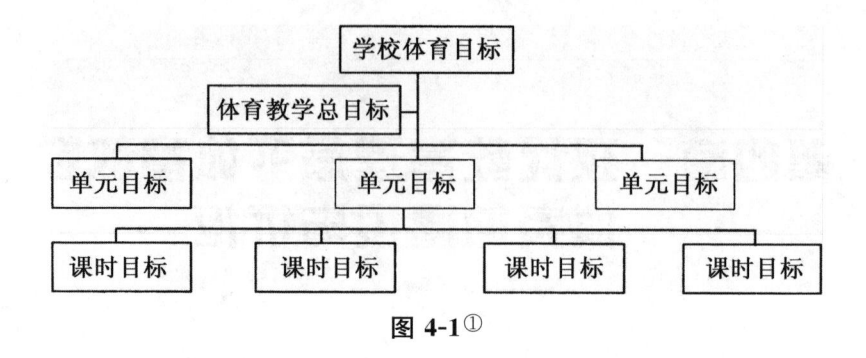

图 4-1[①]

1. 学校体育目标

学校体育目标指的是在一定时期内,学校体育活动所要达到的预期结果。学校体育目标一般由条件目标、过程目标和效果目标三个要素组成。明确的学校体育目标能够为体育教学目标的确立提供依据,而确定学校体育目标的理论依据主要是社会需要、学校体育功能、学生身心发展特点。

2. 体育教学总目标

体育教学总目标指的是以体育教学目的为依据而提出的预期成果,其具体包括实质性目标、教育性目标和发展性目标三个部分。

3. 单元目标

在体育单元教学设计中,要参考单元目标来有效指导教学活动的开展。从体育教学任务出发,可以将体育教学单元目标划分为独立型(图 4-2)、阶梯型(图 4-3)和混合型(图 4-4)三种类型。

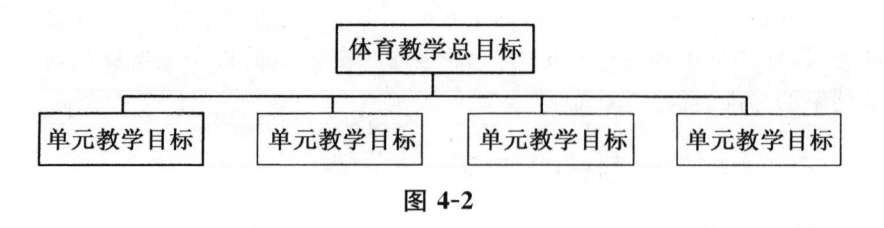

```
                体育教学总目标
        ┌──────┬──────┬──────┐
   单元教学目标 单元教学目标 单元教学目标 单元教学目标
```

图 4-2

---

① 毛振明.体育教学论(第 2 版)[M].北京:高等教育出版社,2011.

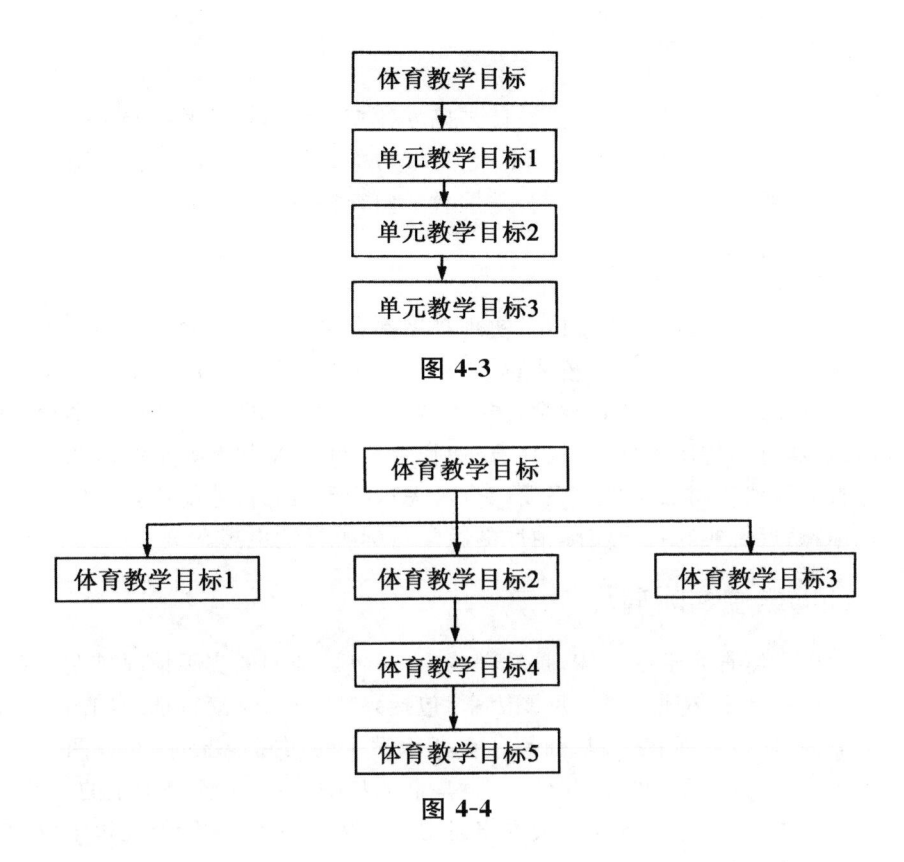

第四章　现代教育理念下体育教学体系的建设与优化

```
┌──────────────┐
│  体育教学目标  │
└──────┬───────┘
       │
┌──────▼───────┐
│  单元教学目标1 │
└──────┬───────┘
       │
┌──────▼───────┐
│  单元教学目标2 │
└──────┬───────┘
       │
┌──────▼───────┐
│  单元教学目标3 │
└──────────────┘
```

图 4-3

```
            ┌──────────────┐
            │  体育教学目标  │
            └──────┬───────┘
       ┌──────────┼──────────┐
       ▼          ▼          ▼
┌───────────┐ ┌───────────┐ ┌───────────┐
│体育教学目标1│ │体育教学目标2│ │体育教学目标3│
└───────────┘ └─────┬─────┘ └───────────┘
                    ▼
              ┌───────────┐
              │体育教学目标4│
              └─────┬─────┘
                    ▼
              ┌───────────┐
              │体育教学目标5│
              └───────────┘
```

图 4-4

4. 课时目标

课时目标是每堂课的教学目标，它是单元目标的具体表现，主要指导每节课具体的体育教学活动。

二、设置体育教学目标的现实参考与依据

(一)体育与健康课程标准

各级学校的体育与健康课程标准都是由教育部门颁发的，教育部明确提出课程总目标，各级学校从总目标出发制定不同水平的体育教学目标，包括教的目标和学的目标，体育与健康课程教学目标体系主要由这些不同水平的教学目标所构成。体育与健康课程标准为各级学校制定体育教学目标提供了首要依据。依据这一标准而确立的学校体育教学目标更具体、详细。从体育教学目标体系来看，依据上位目标而确立的下位目标更加细化。

(二)体育教学内容

认真分析体育教学内容是设计与确立体育教学目标的基础与前提。通过分析,整体把握体育教学内容的特征与结构,对教学重难点有清晰的认知,这便于明确体育教学目标,为掌握教学内容提供方向与指引。

(三)学校教学条件

体育教学目标能否实现以及实现程度都会受到学校体育教学条件的影响。因此,学校要基于对本校体育教学条件的考虑而对体育教学目标予以设计。具体来说,设计体育教学目标需要考虑的学校教学条件包括学校体育场地、器材等物质条件、学校体育教师、教练员等人力资源条件以及学校体育教学经费等财力条件。只要综合考虑这些现实条件才能更好地明确教学目标,贴近现实与符合实际情况的教学目标可行性更高。

(四)学生实际情况

学生是体育教学的主体,是教学的第一要素,他们的实际情况是在体育教学目标设计中必须考虑的重要因素,包括兴趣爱好、年龄特征、身心特征、学习需要、学习习惯、学习基础等。在考虑学生的实际情况时,要分两方面予以考虑,一方面是学生的共性,也就是群体特征,另一方面是学生的个性,也就是个体差异,这样既能从大局出发促进群体的发展,又能保证每个教学主体的进步与发展。

三、各个教育阶段体育教学目标的整体设置与衔接

(一)各个教育阶段体育教学目标整体设置的现状

1. 层次模糊

各个教育阶段体育教学目标的合理衔接非常重要,因此,要重视从小学到中学再到大学各个教育阶段体育教学目标的整体设置。现阶段来看,我国在整体设置各级教育阶段的体育教学目标时缺乏明确的层次性,对学生实际情况的考虑不充分,目标笼统,适应性差,缺乏对各阶段学生身心发展规律的真实考虑。因为教学目标层次不明确,所以不同阶段体育教学内容、方法都存在重复现象,再加上学生缺乏体育学习兴趣和积极性,导致体育课堂教学氛围差,体育课外活动参与度低,这是我国青少年学生体质水平低的

第四章　现代教育理念下体育教学体系的建设与优化

主要原因之一。

2. 雷同现象严重

合理衔接与整体设置各级教育阶段的体育教学目标是终身教育理念的基本要求，但在现实中缺乏对终身体育教育的思考，对学生身心发展的敏感期"不敏感"，体育教学内容的难度、体育教学目标的层次与学生的学习能力不符，脱离学生的实际情况，而且大中小学的体育教学目标存在明显的雷同问题，体育教师实施体育教学内容、采取体育教学方法无法真正按照不同学段学生的实际情况而进行，导致各阶段体育教学的组织与实施缺乏科学性、丰富性与实效性，学生的体验感比较差，运动技能水平和体质健康水平的改善也不明显，真实的体育教学效果并不理想。

3. 侧重点不清晰

各级学校在体育教学目标的设计中应明确侧重点，从而逐步提高学生的身心健康水平和运动技能水平。但当前各个教育阶段学校的体育教学目标并没有明确的侧重点，不清楚要重点达到什么教学目标，导致体育教师在教学时没有明确的方向，只是笼统传授教学内容，大部分时间让学生自习，而且因为教学目标的侧重点模糊，所以教学内容的重难点也不够清晰，所以出现了重点的教学内容没有或很少讲解，非重点讲了很多，教学难点笼统介绍，非教学难点花大量的时间去教等问题，最终教学效果十分堪忧。

（二）各个教育阶段体育教学目标整体设置与衔接的策略

1. 奠定学生终身体育基础

小学、中学、大学为学生提供了全面的完整的教育，为保证学生学习的系统性，应将三个教育阶段各个学科的教学合理衔接起来，其中包括体育学科教学的相互衔接。整体设计各个教学阶段的体育教学目标时，要坚持终身体育与终身教育理念的指导，为学生形成终身体育意识与养成终身体育锻炼习惯奠定良好的基础。各级学校制定体育教学目标时，要考虑本学段的实际教学情况，考虑各学段教学目标对实现终身体育目标的意义，从而逐步提高学生在各个学段的身心健康水平和体育运动能力。

学生的体育学习生涯一般开始于小学阶段，小学生学体育最主要的是要感兴趣，所以小学阶段的体育教学重点是对学生的体育兴趣爱好进行培养，从而为中学和大学阶段的体育学习乃至终身体育学习奠定基础。中学生处于身心全面发展的关键时期,中学阶段学生的体育学习和参与情况对其终身体育锻炼习惯的养成有很大的影响。这一阶段要注重对学生体育意识、体育技能的培养,使学生对科学的体育锻炼方法有所掌握。大学阶段的体育教学情况直接影响大学生毕业走向社会后参与体育锻炼的延续性,影响大学生体育锻炼习惯的保持。在高校体育教学中要重视对体育保健理论、保健方法以及健康知识的传授,使大学生深刻体会体育锻炼对人一生的重要性,使学生树立正确的健康观、科学的运动观,促进大学生体育文化素养的提升和体育锻炼能力的提高。

2. 教学目标要明确

各级学校在体育教学目标设计过程中要对不同年龄阶段学生的身心发展规律、认知能力、兴趣爱好以及运动基础予以考虑,要整体设计各教育阶段的体育教学目标,突出整个教学目标体系的层次性、系统性及阶段性,而且要准确把握各阶段的主要教学目标,如小学体育教学以提高学生的身体活动能力及体育兴趣为主要目标,中学体育教学以促进学生身心素质提升及培养学生体育特长为主要目标,高校体育教学以培养学生正确的体育价值观和提高学生的体育文化素养为主要目标。

3. 教学目标要相互衔接

整体设计各级教育阶段体育教学目标及确保各学段体育教学目标合理衔接的基本原则是逐层递进。合理衔接各阶段体育教学目标既是遵循学生生长发育规律的要求,也是促进学生体育学习持续发展的需要,将大中小学体育教学目标衔接起来的同时要有所侧重。要根据各学段的体育教学特征来明确相应的教学目标,小学阶段体育教学目标的完成要为中学阶段体育教学目标的达成奠定基础,同样,中学阶段的体育教学目标要为高校体育教学目标奠定基础,这样对整体实现各级教育阶段的体育教学目标非常有利。小学阶段的体育教学要重视对学生良好心理素质的培养,包括团结精神、协作意识以及自信心等。中学阶段的体育教学要重视对学生创造思维与创造力的培养。高校体育教学要重视完善学生的人格,为学生展示个性提供舞台与机会,使学生的创造力有发挥的空间。大中小学各阶段的体育教学目标相互衔接,突出体育教学目标体系的层次性、系统性以及整体性,使学生通过系统的体育学习而获得健康的身心素质和良好的运动能力。

第二节 选择合适的体育教学手段与方法

一、体育教学手段与方法概述

(一)体育教学手段概述

1. 体育教学手段的概念

体育教学手段指的是体育教学活动中为实现体育教学目标而使用的教室、黑板、教具、媒体等实体工具。

2. 体育教学手段的分类

以"二分法"原理为依据,可以将体育教学手段划分为人体内部感官视角手段与人体外部视角手段两种类型,各类具体教学手段如图4-5所示。

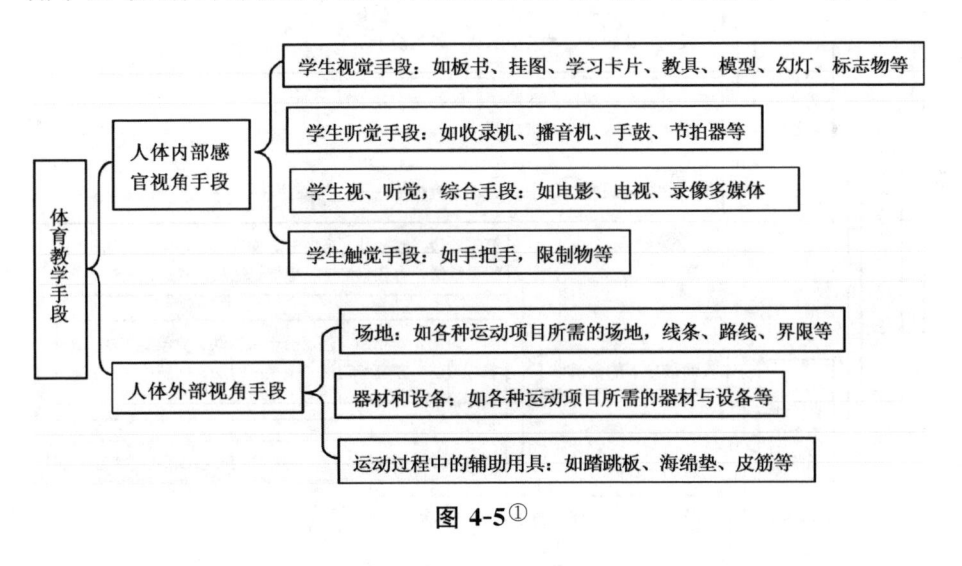

```
                    ┌─ 学生视觉手段:如板书、挂图、学习卡片、教具、模型、幻灯、标志物等
        人体内部感  │
        官视角手段  ├─ 学生听觉手段:如收录机、播音机、手鼓、节拍器等
                    │
体育                ├─ 学生视、听觉,综合手段:如电影、电视、录像多媒体
教学                │
手段                └─ 学生触觉手段:如手把手,限制物等

                    ┌─ 场地:如各种运动项目所需的场地、线条、路线、界限等
        人体外部    │
        视角手段    ├─ 器材和设备:如各种运动项目所需的器材与设备等
                    │
                    └─ 运动过程中的辅助用具:如踏跳板、海绵垫、皮筋等
```

图 4-5[①]

---

① 李启迪,周妍. 体育教学方法与手段甄异[J]. 体育与科学,2012,33(6):113-117.

(二)体育教学方法概述

1. 体育教学方法的概念

体育教学方法的概念有广义和狭义之分,广义上的体育教学方法是指体育教师为达到体育教学目标在教学过程中指导学生所进行的一系列活动方式、途径和手段的总和。[①] 狭义上的体育教学方法是指体育教学中教师依据教学目标,为使学生循序渐进掌握体育知识与技能而选择的某种具体方法或手段。

2. 体育教学方法的分类

(1)根据体育学科的特性分类

依据体育学科的特性一般将体育教学方法分为"教法"和"学练法"两类(图4-6)。教法以教师为主,依据运动技能形成的三个阶段(建立技术表象、实施与矫正技术、巩固技能)划分了三个阶段的教法。学练方法以学生为主,包括学法和练法,包括有教师指导和无教师指导两种情况,在有教师指导的情况下,依据运动技能的形成过程也分为三个阶段的学练法。

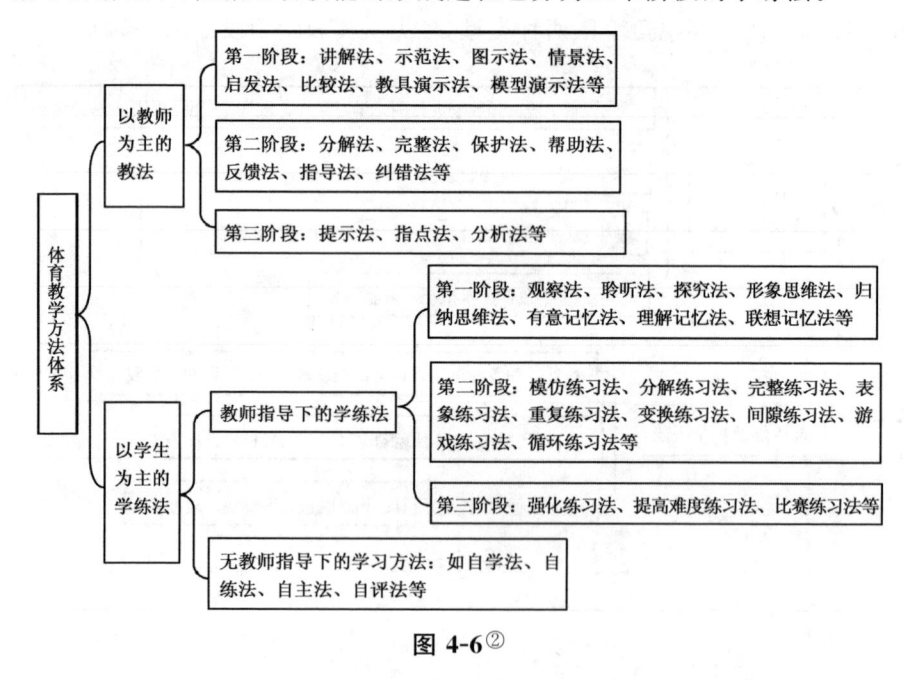

```
                    ┌─ 第一阶段:讲解法、示范法、图示法、情景法、
                    │          启发法、比较法、教具演示法、模型演示法等
         ┌─以教师───┤
         │ 为主的   ├─ 第二阶段:分解法、完整法、保护法、帮助法、
         │ 教法     │          反馈法、指导法、纠错法等
         │         │
体育教学──┤          └─ 第三阶段:提示法、指点法、分析法等
方法体系 │
         │                     ┌─ 第一阶段:观察法、聆听法、探究法、形象思维法、归
         │                     │          纳思维法、有意记忆法、理解记忆法、联想记忆法等
         │         ┌─教师指导──┤
         │         │下的学练法 ├─ 第二阶段:模仿练习法、分解练习法、完整练习法、表
         │ 以学生   │          │          象练习法、重复练习法、变换练习法、间隙练习法、游
         └─为主的──┤          │          戏练习法、循环练习法等
           学练法   │          │
                   │          └─ 第三阶段:强化练习法、提高难度练习法、比赛练习法等
                   │
                   └─ 无教师指导下的学习方法:如自学法、自
                      练法、自主法、自评法等
```

图 4-6[②]

---

① 张振华. 体育教学理论与方法[M]. 北京:北京师范大学出版社,2016.
② 李启迪,周妍. 体育教学方法与手段甄异[J]. 体育与科学,2012,33(6):113-117.

第四章 现代教育理念下体育教学体系的建设与优化

(2)根据体育教学指导思想分类

根据体育教学的指导思想,将体育教学方法分为原理性教法和操作性教法两种类型(图 4-7)。原理性体育教学方法是在新教学思想的指导下形成的,以新教学理念为依据而解决体育教学实践问题,是教学思想在体育教学实践中直接转化的结果。操作性体育教学方法是体育课堂上运用的口头讲解法、教具演示法、各种练习法等具体教法。

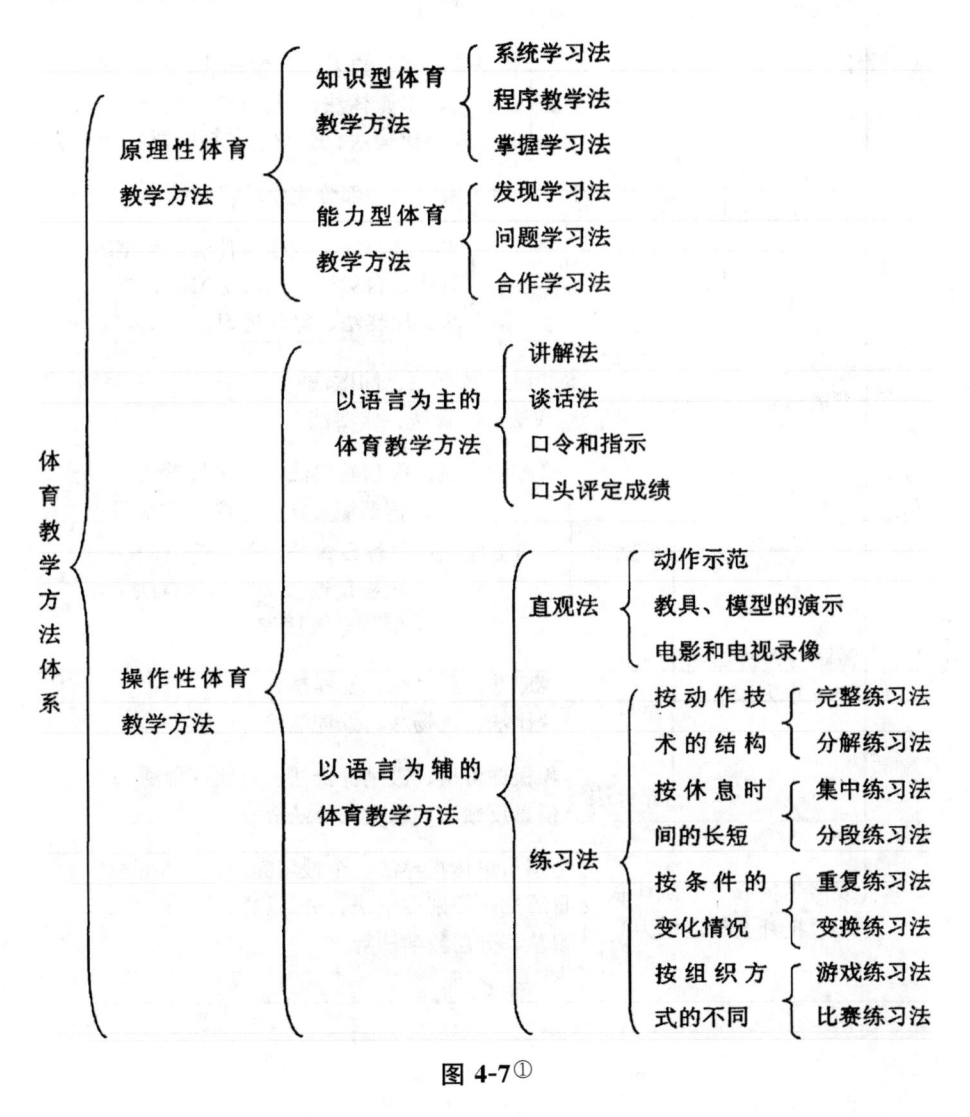

体育教学方法体系:

- 原理性体育教学方法
  - 知识型体育教学方法
    - 系统学习法
    - 程序教学法
    - 掌握学习法
  - 能力型体育教学方法
    - 发现学习法
    - 问题学习法
    - 合作学习法
- 操作性体育教学方法
  - 以语言为主的体育教学方法
    - 讲解法
    - 谈话法
    - 口令和指示
    - 口头评定成绩
  - 以语言为辅的体育教学方法
    - 直观法
      - 动作示范
      - 教具、模型的演示
      - 电影和电视录像
    - 练习法
      - 按动作技术的结构
        - 完整练习法
        - 分解练习法
      - 按休息时间的长短
        - 集中练习法
        - 分段练习法
      - 按条件的变化情况
        - 重复练习法
        - 变换练习法
      - 按组织方式的不同
        - 游戏练习法
        - 比赛练习法

图 4-7[①]

---

① 曲红军.论体育教学方法的分类与选择[D].济南:山东师范大学,2003.

(3)根据体育与健康课程标准目标分类

依据体育与健康课程标准,结合教学方法的基本原理,可以将体育教学方法分为如图4-8所示的几种类型。体育教师可根据不同的教学目标选用相应的教学方法,使教学方法发挥作用,为教学目标服务。

体育教学方法体系
- 体育健康知识和运动技术理论教学方法体系：讲解法、谈话法、问答法、讨论法、比较法、归纳法等
- 运动技术教学方法体系
  - 泛化阶段教学法：情景置疑法、启发法、发现法、直观法、示范法、多媒体法、模拟法、辅助练习法、暗示法、比较法、分解法、预防错误动作法
  - 提高阶段教学法：纠正错误法、部分完整练习法等
  - 技能巩固阶段教学法：重复练习法、变换条件法、完整练习法、自然法、过渡练习法、强化法、比赛法、循环练习法等
- 发展学生体能方法体系：负重法、持续法、间歇法、游戏法、综合法、比赛法
- 激励与评价运动参与方法体系
  - 激励法
    - 兴趣激励法：成功教学法、愉快教学法、需要满足法、教学引趣法等
    - 动机激励法：目标设置法、创新情境法、积极反馈法、归因教育法、价值寻求法等
  - 教育法：说服法、鼓励法、榜样法、评比法、表扬法、批评法等
  - 评价法：积极评价法、鼓励评价法、对比评价法、信息反馈法、自我评价法等
- 发展学生心理方法体系（包括社会适应能力）：个别与集体指导法、个性培养法、自学法、自练法、差别教学法、分组轮换法、合作法习法、分层教学法等

图 4-8[①]

---

① 李启迪,邵德伟. 体育教学基本理论研究[M]. 北京:北京师范大学出版社,2014.

二、常见体育教学手段与方法

(一)常见体育教学手段

1. 场馆、器材

体育教学活动的开展离不开必要的体育场地和器材,这是体育教学中最基本的教学设施,如果没有体育场地或器材,体育教学活动难以顺利开展。体育教学可以在正规的体育场馆或户外体育场上开展,也可以利用其他非正式的场地或设施,如走廊、楼梯等。因此,要充分开发与利用学校物质资源,为体育教学提供丰富的资源,避免资源浪费。

2. 图片

图片是体育课上常见的一种教学手段,这一手段非常直观,学生通过观看图片能够快速对所要学习的动作产生直观的印象。有些学校也会将直观的体育图片挂在校园体育馆内,便于学生在体育馆上课或锻炼时学习或观赏。

3. 教学用具

体育教学中经常使用的教学用具主要是运动器材或设备,如跳绳运动所用的绳子,毽球运动所用的毽子,球类运动中所用的各种球以及田径运动中所用的秒表、单双杠、撑杆等。作为常见的辅助性教学器材,教学用具在促进体育教学效果和质量提高方面起到至关重要的作用。

4. 多媒体

在信息时代,多媒体技术越来越先进,人们获取信息已经离不开对多媒体手段的依赖了,借助这一手段获取信息既快捷又丰富,将多媒体手段运用于体育教学中能够吸引学生的注意力,激发学生的热情,也为教师传授体育知识与技能提供了很大的便利。

5. 标志物

在学校体育教学中,有时为了提醒学生或警示学生注意一些事物时会用到各种各样的"标志物"。这类教学手段在体育教学中是不可或缺的。活动区域边界标志或安全提示牌等都属于标志物教学手段。

6. 自制器材

体育教学中使用的器材既包括像足球、篮球、球拍这样的正式器材,也包括一些非正式的器材,如桶形标志物、沙包,这些器材一般由教师或学生自己制作。在体育教学中,体育教师要根据教学需要灵活选用器材,如果已有器材不能满足教学需要,有必要和学生一起动手制作一些简易器材,这样也能培养学生的创造力和动手能力,同时也增加了教学的乐趣,提高了学生学习的积极性。

(二)常见体育教学方法

1. 语言教学法

语言教学法指的是体育教师在体育教学中对学生进行语言指导,从而达到预期教学效果的教学方法。语言教学法的运用方式有讲解、口令与指示、口头评价与口头汇报等。

2. 直观教学法

在体育教学中,教师采用直观的方式作用于学生的感觉器官,引起学生相应的感知,从而实现预期体育教学目的的教学方法就是直观教学法。常用的直观教学方式有动作示范、直观教具与模型演示、多媒体、定向与领先等。

3. 预防与纠正错误法

在体育练习中,学生很容易因为各种原因而出现错误,体育教师为防止学生出现错误或纠正学生已经出现的错误而采用的方法就是预防与纠正错误法。预防与纠正错误法的应用形式有强化概念法、信号提示法、降低难度法、转移法、外力帮助法等。

三、体育教学手段的合理选择

随着教学手段的不断发展,人们总结了教学中经常使用的三类教学工具,第一类是教师的身体部位,如面部器官、肢体等,第二类是图片、录音、视频等,这是第一类教学手段的延长,最后一类是多媒体,这是人类大

第四章　现代教育理念下体育教学体系的建设与优化

脑的延伸。[①] 体育教学和其他学科最大的不同在于其以身体活动为主要内容，因此，在教学中教师会用身体部位来示范动作，也会用面部器官来讲解、提示等。在这个过程中，教师的身体部位就成了引导学生学习的重要辅助性工具，这类教学手段有很高的使用率，有极强的针对性，有多种使用方式，而且往往能够取得良好的使用效果。在具体运用过程中，体育教师要基于对学生实际情况、教学内容及教学需要的考虑而灵活使用身体部位或面部器官来讲课、示范动作、观察学生或提醒学生。

体育教学中各种球、球拍、毽子是比较常见的教学工具，这些工具在学校基本都是必备教具。有时当现有教学工具不能满足教学需要时，需要自制教学工具，这也是培养学生创造力的有效方式。体育教学手段非常丰富，随着体育教学的不断发展和现代教育技术在学校教学中的广泛应用，现代化教学手段在体育教学中运用得越来越多，如微格教学、微课教学等，将现代化多媒体教学设备引入体育课堂中，能够活跃课堂氛围，提高教学的直观性，提高教学效率，提升学生学习的积极性和教学效果。

体育教学手段丰富多样，体育教师要依据教学需要和教学实际而灵活选用适宜的教学手段，同时也要学会因地制宜，充分利用教学资源。

四、运动技能形成过程中体育教学方法的正确选用

（一）认知掌握阶段的教学方法

在体育教学的认知掌握阶段，学生的身体活动并不多，主要是运用大脑思维掌握运动知识，这个阶段学生以观察教师的示范和听教师的讲解为主，所以主要使用视听觉进行学习，通过观察和听讲对动作技能的基本结构及外在信息加以获取，但接收信息不是很准确，注意范围比较窄且不易集中。掌握基本外在信息后，学生练习时身体动作比较僵硬，肌肉不能收缩自如，所以影响了动作的准确性。而且学生在运动技能学习的初始阶段心理较为紧张，因此，严重制约了对动作的准确掌握，影响了学习能力。学生对自己的错误动作不自知，自主性差，对正确动作不敏感，只是比较浅显地知道动作的基本结构，了解简单的动作环节，根据初始印象来进行简单练习。

以上是学生在认知掌握阶段的主要学习特点，根据上述分析，建议该阶段选择的教学方法是讲授法和演示法。

[①] 李向峰. 体育教学手段分类与应用的重新认识[J]. 运动，2011(7)：108-109.

1. 讲授法

不管在什么学科的教学方法体系中,讲授法都是处于核心地位,采用讲授法可以对大量丰富的知识进行传授。教师采用讲授法,用简单易懂的语言向学生传递主要教学内容信息,包括运动技能的基本知识、结构、特征、注意事项等。学生听讲后,大脑中会形成关于运动技能的一个基本构架,然后在之后的练习中不断补充与完善该构架。另外,体育教师也采用讲授法向学生提出问题,使学生自主思考,激发学生的探索兴趣。

2. 演示法

体育教学是以身体活动为主的教学活动,因此,只讲授是无法使学生对运动技能真正掌握的,在讲授的基础上还要采用演示法,也就是直观的示范方法。教师通过正确的动作演示,使学生观察、感知,自主参与,积极练习,并摸索技巧,以提高学习效率。教师通过示范所要达到的目的是使学生对正确的技术动作有清晰的认识与直观的把握,从而能够进行正确的练习,为了达到这个目的,教师应该将讲授法和演示法结合起来使用,演示的过程中讲解重点和细节,这样学生会产生更深刻的印象。在学生基本掌握动作技能后,教师也可以故意示范错误动作,看学生通过观察能否迅速发现错误。

(二)联结提高阶段的教学方法

联结提高阶段是学生学习与掌握运动技能的第二个阶段,该阶段学生基本熟练了所学技能,可以大致完成动作,而且在完成过程中不会有明显的迟疑或拖沓。此外,这一阶段学生也基本理解了动作技能的相关理论知识。这一阶段体育教学要遵循精讲多练的教学原则,学生不断重复练习和教师不断强调正确的动作方法及重难点非常重要。学生只要不断练习,肌肉记忆才会越来越深刻。学生在这一阶段的学习主要还是依赖视觉与听觉,同时也依赖运动感知觉,学生接收信息的效率提升,而且能够整合运动技能的相关外部信息或内在信息,可以集中注意力处理信息。此时学生在练习时肢体不再那么僵硬,肌肉有控制地收缩,动作基本准确,出错减少。不仅如此,这一阶段学生的心理素质也提升了,紧张情绪减少,更加自信、从容。

学生在运动技能形成的第二阶段经过不断的练习其技能动作基本完整,对错误动作有所感知,并能在自主判断和思考后改进动作。学生在大量反复练习中将一个个单独的动作环节连接成完整的动作,以完整练习为主。但在练习中偶尔还是有错误的动作,或者是不必要的多余动作,学生认识到动作准确与连贯协调的重要性,因此会自觉改正错误。而且学生在这一阶

第四章　现代教育理念下体育教学体系的建设与优化

段的学练中已经不满足于只接收与处理语言信息了,同时通过肌肉的分析判断而获得更深刻的体验与感受。从这一阶段学生的学习特征和学习需要出发,适合采用的教学方法是掌握动作技能法及练习法。

1.掌握动作技能法

这是一类宏观的教学方法,包括多种具体的教学方式,如讲解和示范、预防与纠正等,采用这一练习方法时要注意结合学生在运动技能形成的第二阶段的学习特征进行灵活教学,遵循运动技能形成的规律,注重对动作细节的解剖与提示,示范过程中提出明确的要求,使学生按要求规范练习,提高动作质量。由于该阶段学生在练习中还是会出现一些错误,因此,有必要将预防与纠正错误教学法运用到该阶段的教学中,教师可以安排学生对镜练习,使学生直观看到自己的问题,并自主纠正。教师可以总结学生的常见问题及产生原因,使学生在练习时有意识地避免出现同样的错误,从而起到预防的作用。采用掌握运动技能教学法要注意因人而异,分析学生的个体差异,适当改变这些教学方法的运用方式,以适应不同个体的特征,满足不同学生的需要。

2.练习法

这一阶段适合采用的练习法是分解和完整练习以及重复练习。通过分解练习,掌握每个动作环节和细节,熟练各个部分的动作后,将它们串联起来完整演示,并反复练习,这样既能起到对教学过程的简化作用,又能使学生对动作细节有更清晰和熟练地掌握。需要注意的是,分解练习时间不宜过长,长期进行分解练习容易使学生把握不住完整动作的节奏,而且也会影响整个动作的完成速度,影响动作的连贯性与整体性,因此,要特别重视从分解练习向完整练习的过渡。重复练习也是重复进行完整练习,以加深肌肉记忆,提高动作的熟练度。

(三)自动化阶段的教学方法

自动化阶段学生已经对运动技能掌握成熟,对动作有了肌肉记忆,上手就能立刻做出动作,并熟悉该运动理论并有自己的看法。这时候,学生捕获信息主要依赖于神经肌肉运动及各关节活动提供的内部信息,思想注意力和对信息的接收及处理主要来自外界环境的判断;动作技能稳定、有一定的耐受力、动作准确性进一步提升;心理相对来说更加放松。这一阶段的学生在劳累时还是会出现技术偏差,但影响动作技能的主要因素除了自我因素外,也包括场馆、器材、天气等外界因素。①

从终身体育理念考虑,在自动化阶段教师应使学生从简单的身体练习转变为感受运动的乐趣、享受运动,从而使课程结束后学生也可以自觉参与到运动中。在终身体育理念下,自动化阶段可以采用的教学方法是比赛法、游戏法以及发展个性、品德教育方法。

1. 比赛法和游戏法

在运动技能形成的最后一个阶段,学生基本能自动化地完成技术动作,这一阶段适合采用比赛教学法和游戏教学法。教师要创建良好的比赛环境,提出严格的比赛规则和统一的比赛要求,使学生在比赛中完成较大强度的练习。比赛教学法有很强的操作性,学生在比赛中能够将个人主体性充分发挥出来,并展示自己的技能,将自己的风格发挥得淋漓尽致,同时也能使自己的技术特征得到进一步的强化。比赛教学法主要用于集体性项目的教学中,如集体球类项目,而在个人项目上的运用相对受限。

游戏法则可以弥补比赛法不适合用于个人项目的这一缺点,游戏教学法相对轻松一些,而且适用于各种运动项目。有些青少年学生好胜心强,在比赛中如果没有取得好成绩就会失落,失去自信,甚至失去学习的兴趣与动力,可见比赛给这些学生带来的心理压力是很大的,而轻松愉悦的游戏法作为一种常见的趣味性教学方法,能够被学生普遍接受。

总的来说,采用游戏法和比赛法的目的相同,都是为了使学生对体育课产生浓厚的兴趣,提升学生参与的积极性,培养学生的体育精神,并巩固与强化其所掌握的运动技能。

2. 发展个性品德教育方法

比赛法和游戏法有助于培养学生的团队合作精神和持之以恒的毅力,最终能够促进学生思想道德素质的提升。但是采用游戏或比赛法也可能产生不好的结果,如学生因表现不好而懊恼、自责,或埋怨同伴,或失去信心,在一些同场对抗性比赛中也可能因为相互碰撞而产生摩擦,导致学生关系紧张,面对这些情况,体育教师不仅要及时解决矛盾,处理问题,还要借机让学生明白团结协作的重要性,使学生了解比赛难免会失败,要以正确的态度面对失败,同时要让学生认识到良好的道德素质在比赛中的重要性,注重提升学生的道德品质。

随着体育教学的深入改革,对学生的全面发展提出了新的要求,在体育

---

① 江珊. 不同的体育教学方法在技能形成阶段的选择及运用[J]. 体育世界(学术版),2017(9):139-140.

教学中不仅要关注学生的身心健康和运动技能水平,还要对其情绪、情感予以关注,发挥体育教学的情感功能,培养学生良好的道德素质,健全学生的人格,使学生树立正确的价值观。

在发展个性方面,教师应分析学生的不同个性特征,客观看待学生的个体差异,从不同学生的个性特征出发进行因材施教,尊重学生的个性,鼓励每个学生发挥自己的特长,真正贯彻"以人为本""个性化教学"的教学理念,为学生的全面发展打好基础。

第三节 设计多样化的体育教学模式

一、体育教学模式概述

(一)体育教学模式的概念

教学模式是指反映特定教学理论逻辑轮廓,为实现某种教学任务的相对稳定而建立的具体的教学活动结构。体育教学模式是在体育教学思想或教学理论的指导下,按照体育认知规律和技能形成规律的要求,在体育教学环境下为提高体育教学效益而建立起来的较为稳定的、多维指向的体育教学实践系统。①

(二)体育教学模式的分类

1. 依据体育教学的本质特征进行分类

"运动技术学练"是现代体育教学的本质特征,依据这一本质特征,并结合"二分法"原理,可以将体育教学模式划分为运动技能类教学模式与非运动技能类教学模式两种类型(图4-9),这种分类方法将运动技能类教学模式单独划分出来作为体育教学模式的一个大类。

2. 依据体育教学目标进行分类

随着新课程标准的深入改革,体育教学目标越来越多元化、具体化,基本可以概括为身体健康、心理健康、社会适应能力、运动参与以及运动技能五个领域的目标。基于目标领域的划分,可以将体育教学模式划分为运动技能教学模式、身体素质教学模式和心理发展类教学模式三种类型(图4-10)。

---

① 邵伟德.体育教学模式论[M].北京:北京体育大学出版社,2005.

现代教育理念视域下体育教学与训练体系的优化

体育教学模式的分类
- 运动技能类教学模式
  - 传统运动技能教学模式：运动技术程序式教学模式
  - 启发式体育教学模式：在学习运动技术前置疑问，产生有意义学习
  - 领会式教学模式：先尝试比赛，体会学习运动技术的意义后进行运动技术学习
  - 选择性式教学模式：让学生参与运动技术的选择和深入学习
  - 小群体教学模式：利用集体中学生间的互动更好地学习技术
  - 成功体育教学模式：设置不同的技术难度要求，使学生有针对性地选择运动技术
- 非运动技能类教学模式（介绍或尝试类教学模式）
  - 快乐体育教学模式
  - 体育锻炼类教学模式
  - 情景式教学模式
  - 发展学生主动性教学模式
  - 在运动技能要求较低的情况下初步尝试与体验运动情感

图 4-9①

划分类型	具体模式	模式目标侧重点
1.运动技能教学类模式	——	侧重掌握运动技能
2.心理发展类模式 — 个体发展类模式	情景教学模式；启发式教学模式；发展主动性教学模式；发现式教学模式；领会式教学模式；快乐体育教学模式；成功体育教学模式	侧重发展智力与情感、促进个性发展
2.心理发展类模式 — 社会适应能力发展类模式	{小群体教学模式}	侧重学生合作能力、社会适应能力发展
3.体育训练模式	〔身体素质教学模式〕	侧重提高学生身体素质、发展体能

体育教学模式划分总目标：运动参与、运动技能学习、身心健康、提高社会适应能力

图 4-10②

---

① 邵伟德. 体育教学模式论[M]. 北京：北京体育大学出版社，2005.
② 同上。

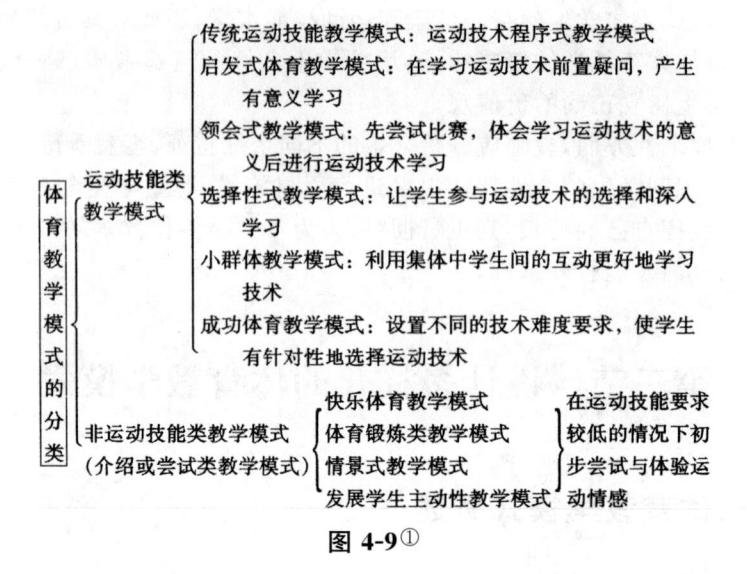

第四章　现代教育理念下体育教学体系的建设与优化

3. 依据体育教学要素进行分类

体育教学包括体育课程、体育教学思想理论、教学目标、教学方法、教学组织形式等要素，从这些要素出发可将体育教学模式划分为多种不同的类型，如图 4-11 所示。

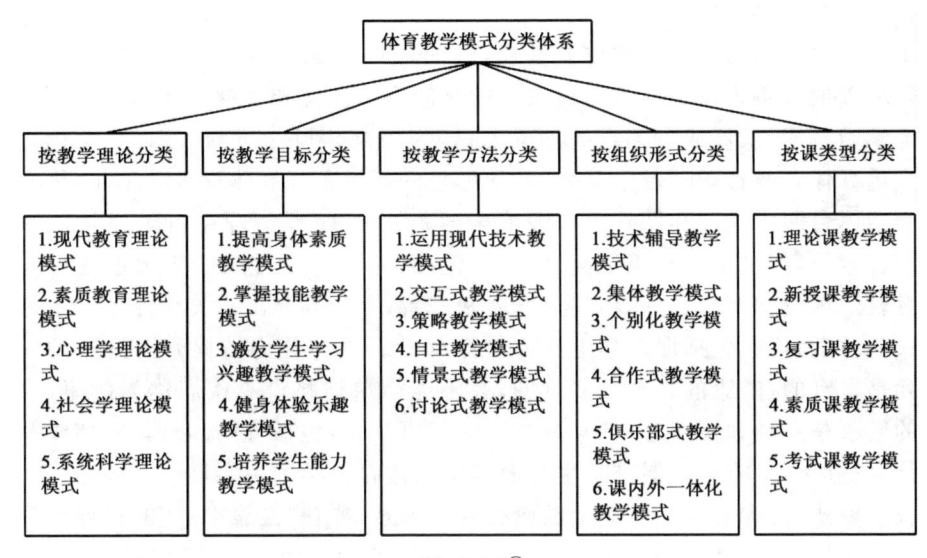

```
                        体育教学模式分类体系
    ┌──────────┬──────────┬──────────┬──────────┬──────────┐
  按教学理论分类  按教学目标分类  按教学方法分类  按组织形式分类  按课类型分类
  1.现代教育理论  1.提高身体素质  1.运用现代技术  1.技术辅导教学  1.理论课教学
    模式          教学模式        教学模式        模式            模式
  2.素质教育理论  2.掌握技能教学  2.交互式教学    2.集体教学模式  2.新授课教学
    模式          模式            模式            3.个别化教学    模式
  3.心理学理论    3.激发学生学习  3.策略教学模式    模式          3.复习课教学
    模式          兴趣教学模式    4.自主教学模式  4.合作式教学    模式
  4.社会学理论    4.健身体验乐趣  5.情景式教学      模式          4.素质课教学
    模式          教学模式        模式            5.俱乐部式教学  模式
  5.系统科学理论  5.培养学生能力  6.讨论式教学      模式          5.考试课教学
    模式          教学模式        模式            6.课内外一体化  模式
                                                  教学模式
```

图 4-11[①]

二、体育教学模式设计的原理

(一)教学理论基础提供科学依据

体育教学理论是对体育教学的本质及机制进行探究的一套具有科学性、系统性的理论。设计体育教学模式是要创造良好的体育教学环境，从学生的需要出发制订切合实际的教学方案。教学理论是教学模式设计的主要依据，其为构建教学模式提供了坚实的理论基础。

体育教学过程也就是解决体育教学问题的过程，在解决问题的过程中对教学的一般规律进行研究与总结，从而形成具有科学性、规律性的教学系统。设计体育教学模式也是发现体育教学问题并分析与解决问题的过程，因此，体育教学理论是体育教学模式设计的重要理论前提。现阶段，我国和

[①] 葛冰. 体育教学模式的整体优化研究[D]. 长春：东北师范大学，2007.

国外的体育教学理论都趋于成熟,在成熟的理论依据下能够为设计科学、多元的体育教学模式提供极大的便利。

(二)"健康第一"指导思想提供现实依据

我国体育教学倡导"健康第一"的教学理念,要求对学生的体质健康进行时刻关注,要以学生健康发展为中心,对学生的主体性予以充分的尊重与重视。学校是培养人才的重要基地,国家未来发展所需的人才主要源于学校培养的后备力量。后备力量只有拥有健康的体魄和强健的体质才能更好地学习技能,发展成为国家的栋梁之材,为祖国建设作贡献。因此,学校必须重视体育教育,在"健康第一"教学思想的指导下开展体育教学工作,将学生的体育课堂学习和课外体育锻炼全面重视起来,培养学生的健康体质和综合素质,促进学生健康全面发展。"健康第一"教学理论的提出也使得体育教学理论和实践进一步丰富、发展和完善,并明确提出了关于促进学生健康的教学目标,包括促进学生身心健康和社会适应能力的提升。健康的内涵是丰富的,健康的表现是多维的,并不能简单地将没有疾病称为健康,人的健康是一种和谐状态,是一种全面的健康状态,包括身体、心理、精神以及社会适应等多方面。促进学生全面健康是体育教学的主要目标。设计体育教学模式,首先要考虑对学生健康有利的因素,要在"健康第一"的指导思想下进行设计,该理念为模式设计提供了重要的现实依据。体育教师首先要对"健康第一"理念的内涵有深刻的理解与把握,然后基于对体育教学规律、本质特征的深刻认识而进行体育教学模式设计,以提高体育教学模式的科学性、实效性,充分发挥体育教学模式实施过程中的健康价值。

(三)系统论提供理论基础

系统论指出,所有系统的构成都包含若干要素,系统内各组成要素相互联系,相互作用,相互影响,各要素的和谐组合与连接有助于使系统的整体功能得到提升。任何事物都是一个由若干要素构成的有机整体,或者都是一个完整的系统,它们的生存与发展离不开与周围环境的相互联系与相互作用,系统时刻都在与环境发生多元素的交换,包括物质交换、信息交换以及能量交换,正因如此,系统才能保持相对的稳定状态。系统在与周围环境相互联系、发生交换的过程中又会形成新的系统。

体育教学模式作为一个系统同样由多元素构成,各组成要素之间是否和谐组合与连接直接影响教学模式的整体功效。体育教学系统本身也包含了丰富的要素,各组成要素相互影响,共同作用,如此才使得体育教学系统稳定运行。体育教学系统处于一定的环境中,可以说,教学环境是一个包含

第四章　现代教育理念下体育教学体系的建设与优化

体育教学系统的大系统,在这个大的系统中,体育教学系统是一个重要分支。为了促进这个分支系统的正常运行,取得理想的体育教学效果,必须在科学理论的指导下控制体育教学实践,尤其要优化整合体育教学模式内各组成要素,并加强各模式之间的相互联系,这些都会对整体的体育教学质量产生重要影响。总之,要根据系统论原理来设计体育教学模式,制订体育教学计划,实施体育教学的整体评价,以促进体育教学系统的全面优化与完善。

不管从宏观视角看,还是从微观视角分析,教学模式的构成因素都是多层次的。如图 4-12 所示,宏观视角下教学模式由教师、学生、场地、教材组成,师生在一定的教学场地环境下依赖教材而展开教学活动。师生充分发挥主导性与主体性,体育教学场地设施完善,教材科学规范,能够大大提高教学模式的整体功能,提高教学效果。如图 4-13 所示,教学模式中教师的教法与学生的学法是有差异的,但都是为了实现一定的教学目的。采用自评与他评的方式评价师生教学结果,根据评价结果确立新的教学目标,从而向新的学习阶段迈进。

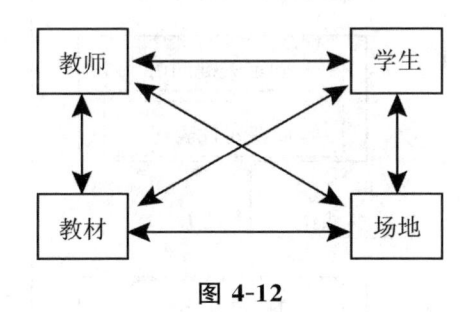

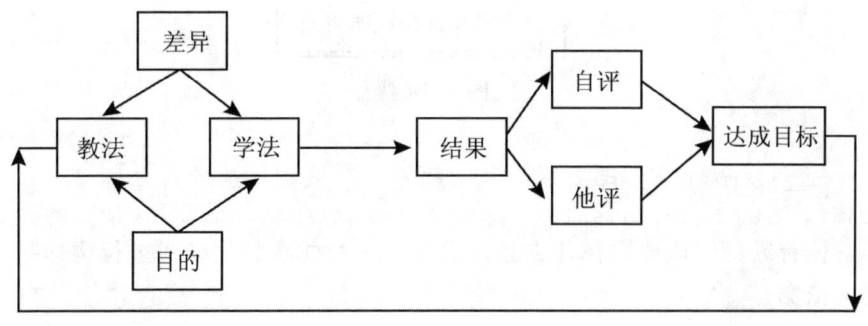

图 4-12

图 4-13[①]

---

① 王沂,李尚滨.略论体育教学模式设计的依据[J].教学与管理,2007(6):135-136.

三、体育教学模式的设计程序

体育教学模式的建构分为八个小步骤进行,其基本程序如图 4-14 所示。

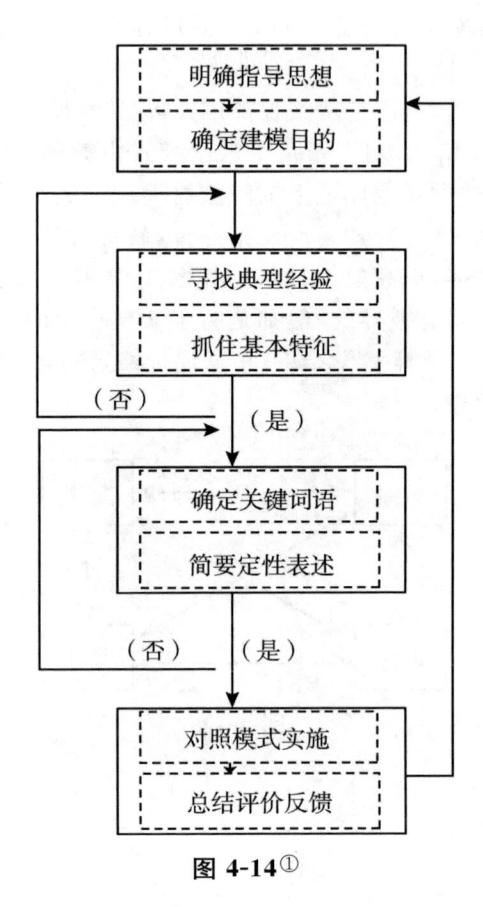

```
明确指导思想
确定建模目的
   ↓
寻找典型经验
抓住基本特征
   ↓
确定关键词语
简要定性表述
   ↓
对照模式实施
总结评价反馈
```

图 4-14[①]

(一)明确指导思想

体育教师明确要选择什么教学思想作为对体育教学模式进行构建与设计的依据。

---

① 张振华.体育教学理论与方法[M].北京:北京师范大学出版社,2016.

(二)确定建模目的

在明确指导思想的基础上,要清晰地知道建构体育教学模式要达到什么样的教学目的。

(三)寻找典型经验

在完成第一步的基础上,通过调查研究,寻找与建模思想、建模目的相符合的较好的典型经验(原型)作为案例。

(四)抓住基本特征

运用模式方法对案例(原型)进行分析,概括模式的基本特征和模式运行基本过程。

(五)确定关键词语

确定表述体育教学模式的关键词,选择关键词语一定要谨慎,不能随便,所选关键词语要有高度的代表性。

(六)简要定性表述

对体育教学模式简要进行定性表述。

(七)对照模式实施

对照体育教学模式进行具体的实践教学,在实践教学中运用模式来检验模式的科学性、可行性及实际效果。

(八)总结评价反馈

对实践检验的结果进行归纳总结,评价体育教学模式的设计是否成功,以便改进。

四、多元体育教学模式的科学设计

(一)自主—合作体育教学模式的设计

1. 指导思想

人本主义教育思想是构建与实施自主—合作体育教学模式的主要指导

思想,在该模式的构建过程中,要坚持以人为本的理念,以学生的学作为中心,鼓励学生自主学习,合理安排学习小组进行合作学习,丰富学生学习中的情感体验。自主—合作体育教学模式与传统体育教学中以教师的教为中心的教学模式是截然不同的,学生不再被动学习,而是主动学习与探索,并与小组同学共同努力,合作完成小组学习任务。在该模式的设计与运行中,教师要扮演好引导者的角色,激发学生自主探究的意识,并传播合作共赢的理念,使学生认识到合作的重要性。

2. 教学目标

传统体育教学模式下,体育教师和学生对教学目标的关注大都集中在运动参与目标和运动技能达成目标两方面,忽视了学生在情感体验、心理健康、社会适应等方面的目标,不注重培养学生的自主学习意识和合作学习思维,对学生创新思维及创造力的培养也严重不足。学生作为独立个体,在特定的群体和社会环境中生活,因此,要具备社会适应能力,自主—合作能力就是社会适应能力的一种表现。因此,在自主—合作教学模式的设计中要强调社会适应领域的目标,对学生的社会适应能力要重点培养。社会适应教学目标的达成程度可通过观察学生在该模式下的学习态度、情感体验以及行为表现来进行评价。

3. 教材内容

选择的教材内容要对激发学生的自主探究热情、培养学生的合作学习意识有帮助,同时还要有利于培养学生的创新能力,如此才有助于达到预期的教学目标。在教材内容的选择中要以教学目标为依据,即教学目标统领教材内容,同时还要考虑学生和学校的实际情况。

4. 教学过程

自主—合作教学模式打破了传统体育教学中严格的整齐划一的组织模式,在组织形式上更为开放与自由,模式框架如图 4-15 所示。该模式将体育教学过程分为目标定向、自主—合作学习、评价反思三个基本层次,同时涵盖了学生的学与教师的教两大活动。

(二)"知学练馈"四位一体体育教学模式设计

"知学练馈"中知、学、练、馈分别指的是元认知和认知、领会和习得、练习和强化以及反馈。学生在体育教学中学习体育知识和技能是一个循序渐进的过程,这个过程可以用"知学练馈"来概括,如图 4-16 所示。

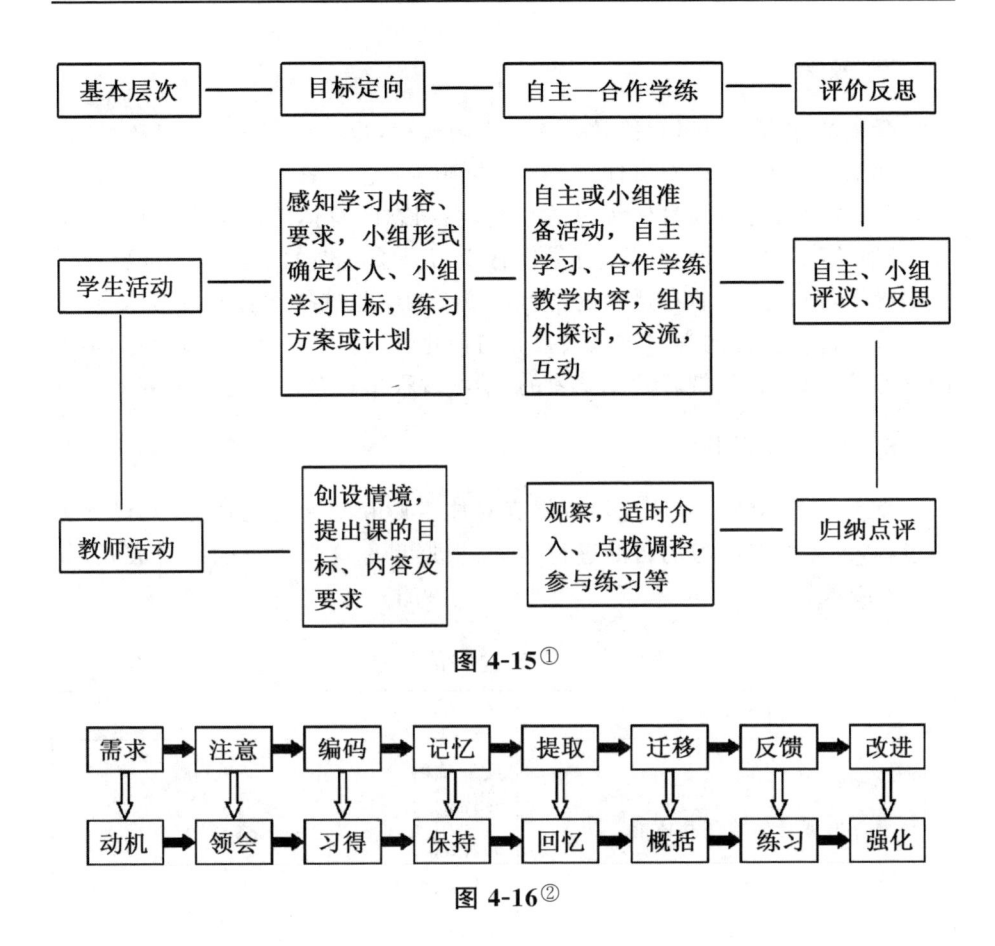

第四章 现代教育理念下体育教学体系的建设与优化

基本层次	目标定向	自主—合作学练	评价反思
学生活动	感知学习内容、要求，小组形式确定个人、小组学习目标，练习方案或计划	自主或小组准备活动，自主学习、合作学练教学内容，组内外探讨，交流，互动	自主、小组评议、反思
教师活动	创设情境，提出课的目标、内容及要求	观察，适时介入、点拨调控，参与练习等	归纳点评

图 4-15①

需求 → 注意 → 编码 → 记忆 → 提取 → 迁移 → 反馈 → 改进
↓   ↓   ↓   ↓   ↓   ↓   ↓   ↓
动机 → 领会 → 习得 → 保持 → 回忆 → 概括 → 练习 → 强化

图 4-16②

1. 元认知与认知

在"知学练馈"四位一体体育教学模式的设计中，首先要让学生感知与理解所学运动项目的功能价值，并思考运动项目对促进人体身心健康及社会适应性的重要意义，同时还要使学生学会判断什么样的运动项目适合自己。经过认知、理解、思考及判断后，学生的体育学习兴趣能够得到提升，学习的积极性也会增加。这一阶段的教学设计中适宜采用的教学方法是启发探究式教学法。

---

① 张强，蒋宁，陈诗强. 浅析自主—合作体育俱乐部教学模式的教学设计[J]. 玉林师范学院学报，2015，36(5)：75-79+84.

② 苏家福，周红萍，程云. 大学体育"知学练馈"四位一体教学模式设计[J]. 湖北文理学院学报，2016，37(5)：75-77+88.

2. 领会与习得

学生的体育学习过程既符合一般学习规律，也有体育学科的特殊性，即除了感知与思维外，还有身体练习，身体练习与思维紧密结合，二者不可分割，而且要保持思维与身体练习的平衡，在动态的身体练习中不断思考、动脑，既能练脑，又能锻炼身体，可见体育学习是综合性的活动。教师要让学生明确学习目标，然后在适当的学习情境下为学生选择适宜的学习内容，使学生采用适合自己的学习方法去接收与消化学习内容，在这个过程中，学生的学习是主动的，是带着问题学习的，学习过程中包含了思考与探究。

3. 练习与强化

学生是在不断的身体练习中提高身体素质和掌握运动技能的，设计练习过程，首先要对练习的目的进行考虑，根据目标选择适宜的练习方式，如表4-1所示。

表 4-1　练习过程的设计[①]

练习目标	练习方式
发展身体素质和体能	反复练习 变换练习 循环练习 分组练习等
掌握运动技能	重复练习 变换练习 发现式练习 探究式练习 个体练习与展示 分组练习与展示等
提高心理素质、培养社会适应能力	情境练习 游戏练习 比赛练习

---

① 苏家福，周红萍，程云．大学体育"知学练馈"四位一体教学模式设计[J]．湖北文理学院学报，2016，37(5)：75-77＋88．

第四章 现代教育理念下体育教学体系的建设与优化

4. 反馈与评价

体育教师在评价中获得反馈,发现教学问题,及时纠偏、纠错,改进与完善教学。学生也要学会自我反馈与自我评价,了解自己的学习能力和学习水平,提高自我认识,提升自己的认知水平,根据自身情况制订学习计划,并通过自我监控来完成学习计划,在学习过程中也要学会自我调控,将思、学、练充分结合起来,提高自己的元认知水平、思维能力以及学习技能。

体育教学中的反馈控制过程应从两个方面来设计,第一方面是从教师角度出发进行教学反馈,采取的方式有检查、提问、测试等,第二方面是从学生角度出发进行学习反馈,以学生自我反馈为主,主要方式有对镜练习、自我检测等。

(三)"线上+线下"混合式体育教学模式设计

混合式体育教学模式是指根据体育专业特色,整合各种教学模式的优势,借助网络平台进行"线上+线下"教学的一种模式。在体育教学中可采用该模式对学生的教学和学习能力进行培养,该模式流程图如图4-17所示。

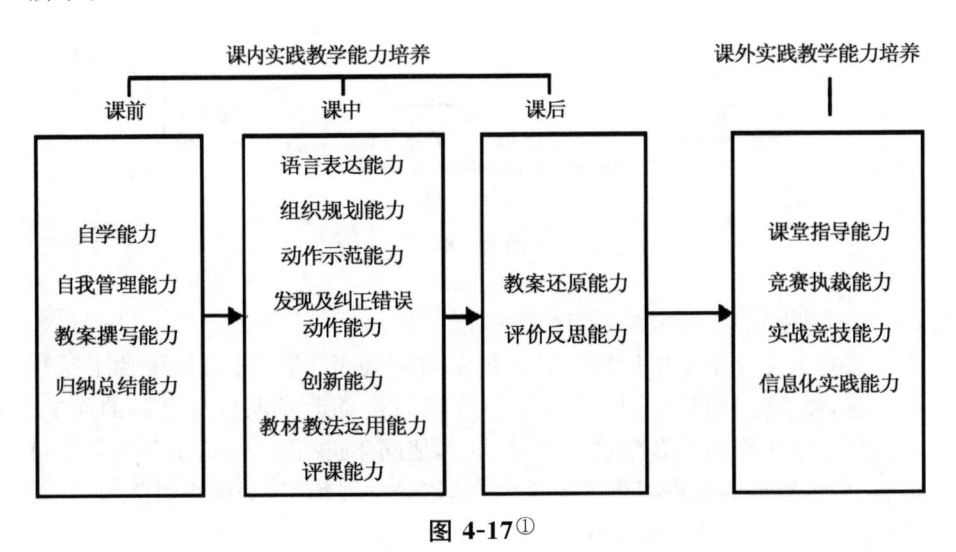

图 4-17[①]

---

① 苏家福,周红萍,程云. 大学体育"知学练馈"四位一体教学模式设计[J]. 湖北文理学院学报,2016,37(5):75-77+88.

1. 课内教学设计

(1)课前"任务导向型"自学模式

体育教师提前将下节课的教学内容发布在线上网络教学平台,布置学习任务,要求学生在正式上课前借助线上的教学资源进行自学,完成自学任务,并对重点学习内容进行整理,以"知识卡片"的形式记录重点内容,留在正式上课时向教师与同学讲解展示知识卡片的内容。教师在课前要备课,学生在课前也要做好相关学习准备,这样才能提高课堂教学效率。课前"任务导向型"自学模式如图4-18所示。

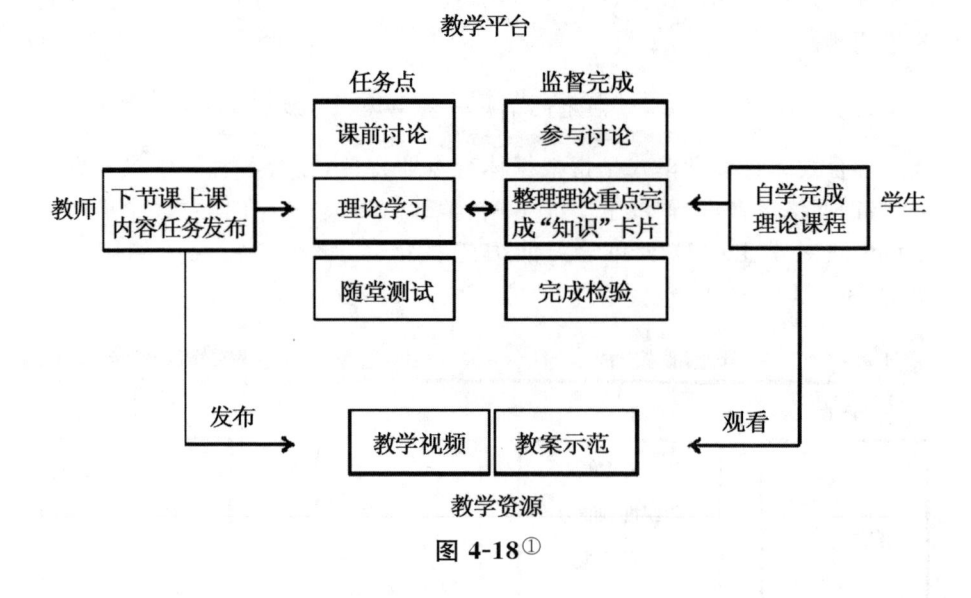

图 4-18[①]

(2)课中"引导探究型"授课模式

课堂上先让学生用短暂的时间展示自制知识卡片,并讲解卡片上整理的内容,使学生对自己在课前自学中整理的重点学习内容有更深的印象。然后指定学生组织准备活动,由教师和其他同学进行评价,这是锻炼学生讲解能力、示范能力的好机会。接着,教师划分学习小组,安排小组练习,并指导错误。之后,教师录制学生练习实况,将录制视频发布到平台上,进行线上纠错,这能使学生直观地看到自己的问题并及时解决问题。"引导探究型"授课流程如图4-19所示。

---

① 邢欣,王彤."混合式教学"模式下的体育课程设计与实践[J].辽宁体育科技,2020,42(2):120-125.

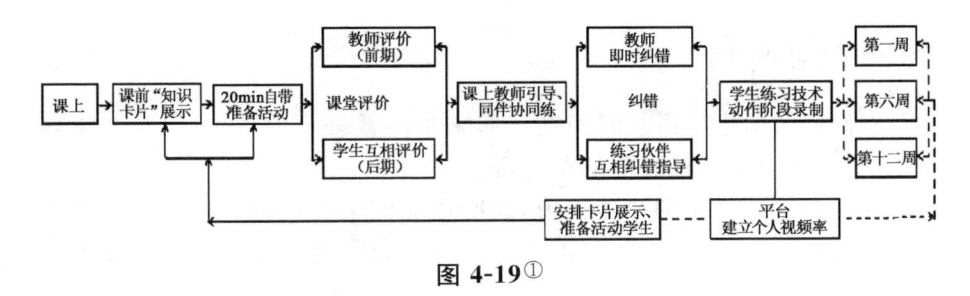

第四章　现代教育理念下体育教学体系的建设与优化

图 4-19①

(3) 课后"监督反馈型"检验模式

课后利用线上线下教学资源进行严格的监督、反馈及评价，引导学生反思与自评，纠正错误，改进学习，并为新一阶段的学习做准备。课后监督反馈检验流程如图 4-20 所示。

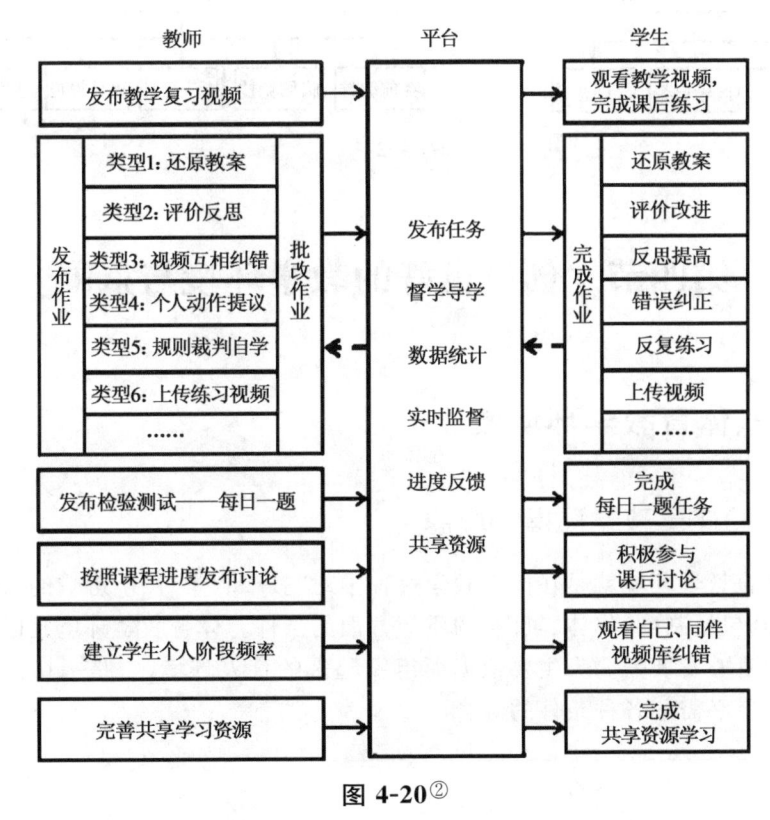

图 4-20②

---

① 邢欣,王彤."混合式教学"模式下的体育课程设计与实践[J].辽宁体育科技,2020,42(2):120-125.

② 同上。

2. 课外教学设计

专修班的学生将课余时间利用起来指导普修班的学生,以技术指导为主,专修班学生扮演教师的角色,在实践中锻炼教学能力。也可以通过组织比赛来培养学生的执裁能力,同时也能使学生在参赛中更加熟练技战术,提高技能水平。课外培养学生实践能力的教学设计模式如图4-21所示。

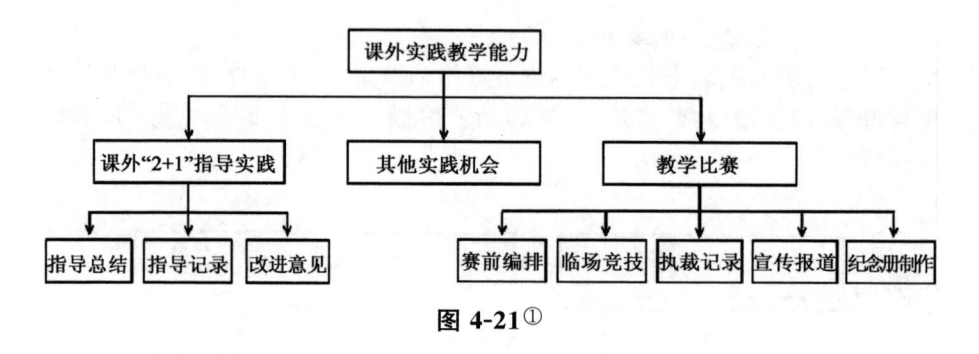

图 4-21[①]

第四节 创设良好的教学环境与氛围

一、体育教学环境概述

(一)体育教学环境的概念

体育教学环境就是在体育教学过程中对"教"和"学"产生影响的条件的总和,其包括制度、集体、氛围、物质等方面的条件。体育教学环境是以满足学生的身心发展需要为主要依据而组织起来的育人环境,它是一切体育教学活动所必需的各种条件的综合。

---

① 邢欣,王彤."混合式教学"模式下的体育课程设计与实践[J].辽宁体育科技,2020,42(2):120-125.

(二)体育教学环境的功能

1. 健康功能

体育教学环境是教书育人的主要环境,是师生教与学及相互交流互动的场所,环境的好坏直接影响教学效果。

2. 指导功能

体育教学环境的指导功能主要体现在通过各种环境因素集中一致的作用,积极引导学生接受与消化科学价值观和行为准则,使学生的发展方向与社会需要保持一致。

3. 激励功能

良好的体育教学环境有利于激发师生的教学热情,提高师生的积极性,这对于体育教学的顺利开展及教学质量的提高具有重要意义。

4. 陶冶功能

体育教学环境的陶冶功能体现在陶冶学生情操,净化学生心灵,帮助学生形成高尚的道德品质和良好的行为习惯。[1]

二、体育教学环境与氛围的创建与优化

(一)营造良好的校园体育文化氛围

营造良好的校园体育文化氛围对优化学校体育教学环境具有重要促进作用。因此,要重视校园体育文化建设,重视营造浓郁的体育文化氛围。学校应多组织丰富多彩的课外体育活动,鼓励学生积极参与,使学生在参与过程中相互学习,取长补短,促进学生体质的增强和文化素质的提升,最终对综合发展与全面进步的高素质人才进行培育。学校应每年定期举办运动会,开设形式多样的比赛,让学生产生良好的参与动机,调动学生的热情。学校要营造良好的校园体育文化氛围,还应将校园媒介资源充分利用起来,如校刊、校园网、校园广播、校园宣传栏等,利用各种平台对体育文化、健康知识进行宣传,使学生对体育锻炼的重要性有深刻的了解。学校体育社团、

---

[1] 毛振明. 体育教学论(第2版)[M]. 北京:高等教育出版社,2011.

体育俱乐部也是营造校园体育文化氛围的重要组织,学校应大力支持体育社团和俱乐部的活动,提供各方面的支持,对更多学生的运动潜力进行挖掘,使学生在自由开放的环境与良好的氛围中发挥自己的体育特长,培养自己的体育兴趣。

此外,学校还要充分重视培养专业的体育教师,提高体育教师的专业素养,充分发挥体育教师在创建体育环境和营造体育氛围方面的作用,并在教师群体中营造浓郁的体育氛围,如组织召开体育知识讲座、体育教学研讨会、运动会筹备会议等,使体育教师聚在一起相互交流,共同商讨优化体育教学环境与氛围的有效路径。

(二)完善体育教学设施

体育教学物质设施是体育教学物质环境的一部分,因此,也是体育教学环境的重要组成部分。体育教学活动能否顺利开展,直接受这一教学环境资源的影响。数量充足且质量好的教学设施是顺利开展体育教学活动及提高体育教学水平的重要基础条件。当前,因为学校体育教学经费的短缺或思想意识上的疏忽而造成了体育教学设施条件差的现状,严重制约了体育教学活动的顺利开展,也影响了学生对课外体育活动的积极参与。对此,学校要注重改善体育教学物质环境,对体育教学设施加以改进与完善,为体育教学工作的开展提供物质保障,并满足学生参与课余体育锻炼的需要。在完善体育教学物质设施环境方面主要从以下几方面努力。

第一,有关部门提供政策支持、资金支持及物力支持,学校在获得支持的情况下出台计划,完善物质教学环境,使教学硬件设施条件满足教学需要,满足体育爱好者的锻炼需要。

第二,学校面向社会企事业单位寻求赞助或与之合作,在社会力量的参与下改善体育教学场地设施现状,并面向社会诚聘专业的体育环境美化人员,定期更换陈旧的体育器材设备,维修硬件设施,以提高设施的使用寿命和使用率。

第三,教育学生爱护学校体育场地设施,不要破坏运动场地、器材和设备,使用运动器材与设备后要及时归还或保持原状,培养学生的责任感和集体意识,使学生养成良好的习惯。

(三)以学生为主体,以健康环境促进教育

体育运动有一定的挑战性和风险性,但这又是参与性很强的一项运动,有些学生因为内心恐惧而不敢参与其中,对此体育教师要学会正确引导与教育,要给学生留出时间来自主接受与消化,先吸引学生的注意力,激发学

生的好奇心,使学生产生一定的动机与兴趣,然后产生强烈的参与意识。为了循序渐进地引导学生接受体育运动,学校可以多宣传体育运动的重要性,在体育课上播放精彩的运动比赛视频,教师用图片、多媒体等教学手段来吸引学生将注意力集中到体育运动上,使学生发挥主观能动性,自觉主动地学习运动技能与体育知识。在体育课堂教学中,教师要重视学生的主体地位,多与学生交流沟通,渲染气氛,并给学生留下独立思考与练习的时间,这些正面积极的教育与引导方式都有利于为学生提供有意义的教学环境。

第五节 综合运用多种体育教学评价手段

一、体育教学评价概述

(一)体育教学评价的概念

体育教学评价是指依据体育教学目标与原则,制定科学标准,运用有效的技术手段测定与衡量体育教学活动的过程及结果,并进行价值判断的过程。[1]

(二)体育教学评价的视角

体育教学评价视角指的是从什么角度展开体育教学评价,基于多个视角进行体育教学评价,能提高评价的准确性,以获得更多的反馈信息来完善体育教学(图 4-22)。

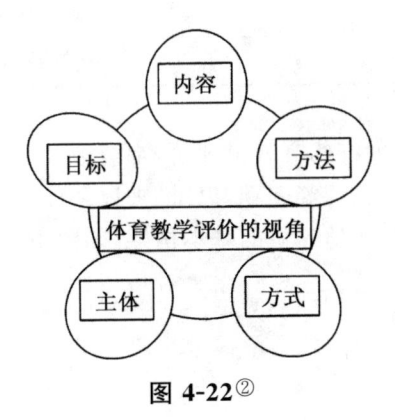

图 4-22[2]

---

[1] 毛振明,于素梅. 体育教学评价技巧与案例[M]. 北京:北京师范大学出版社,2009.
[2] 毛振明. 体育教学论(第 2 版)[M]. 北京:高等教育出版社,2011.

体育教学评价的多元视角方式具体见表 4-2。

表 4-2　体育教学评价的多元视角[①]

评价视角	
评价目标	身体健康评价
	运动技能评价
	运动参与评价
	心理健康评价
	社会适应评价
评价主体	教师评价学生
	教师互评
	教师自评
	学生评价教师
	学生互评
	学生自评
评价内容	教师教学评价
	学生学习评价
评价方式	定性评价、定量评价
	过程评价、结果评价
评价方法	书面检查、测验
	运动成绩测试
	运动技能评定等

不管从哪个视角进行体育教学评价，都会涉及"谁来评""为何评""何时评""评什么"以及"怎么评"等问题，以"谁来评""评什么"作为象限的横轴和纵轴，可以构建出体育教学评价的基本构架，如图 4-23 所示。

[①] 毛振明. 体育教学论(第 2 版)[M]. 北京：高等教育出版社，2011.

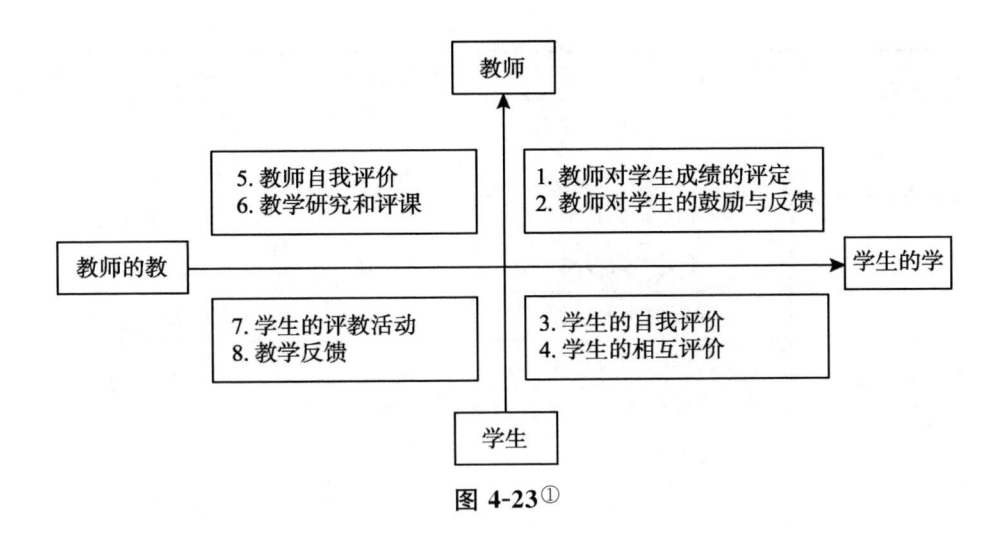

第四章　现代教育理念下体育教学体系的建设与优化

图 4-23[①]

二、多种体育教学评价方法与手段的应用

(一)常规评价方法与手段

体育教学评价中针对不同评价内容所选的主要评价方法与手段是有差异的,见表 4-3。

表 4-3　体育教学评价的内容、方法及手段[②]

	评价内容	评价方法	评价手段
教师对学生的激励性评价	学生的学习目标	批评	口头指示
	学生的参与程度	表扬	眼神
	学生的拼搏精神	激发	手势
	学生的学习效果	抑制	技能小测验
			问卷调查等

---

① 毛振明,于素梅.体育教学评价技巧与案例[M].北京:北京师范大学出版社,2009.
② 同上。

续表

	评价内容	评价方法	评价手段
学生自我评价	个人学习目标	自评	学习卡片
	个人参与程度	自省	回顾目标
	个人拼搏精神	自我暗示	对比前后成绩
	个人学习效果	自我反馈	行为检点
学生互评	同学的学习目标	互评	观察
	同学的参与程度	互议	课中讨论
	同学的拼搏精神		学习卡片互动
	同学的学习效果		
学生对教学过程的评价	教学内容	反馈	学习卡片对话
	教学过程的设计	评课	课中提问和反馈
	教学方法	要求	意见表
	教师的教学态度	建议	
教师自我评价	个人教学思想	自评	回顾目标
	教材化	自我总结	阅览学习卡片
	个人个性化教学	自省	学生前后变化对比
	个人教学方法		听取学生意见
	个人教学效果		
教师互评	同事的教学思想	互评	日常教学观摩
	教材化	互议	评优活动
	同事的个性化教学		教研活动
	同事的教学方法		说课活动
	同事的教学效果		评议
			教学总结

(二)个性化评价方法与手段

1. 个性分析法

在正式开始进行体育教学前,让学生自评,然后教师综合考察学生,根

第四章 现代教育理念下体育教学体系的建设与优化

据学生的学习能力与起点确定适宜的评价方法。采用个性分析法时，一般用文字描述学生的学习起点。体育教师通过个性分析，可以对学生的个性特征及个体差异有清楚的了解，从而进行个性化教学，使学生在原有的起点基础上明确努力的方向，通过有针对性的学习而取得进步。

2. 档案评价法

教师详细记录学生的初始情况、学习过程，并定期评价与反馈，然后根据评价结果对教学计划与进度进行调整。

3. 契约评价法

体育教师将确定学生学习内容与任务的机会留给学生，使学生自主选择和确定，学生学习一段时间后，教师根据约定评价学生学习情况和任务完成进度。这种评价方法能够使学生发挥自主性，提高学生学习的信心，也能使学生获得成功的体验。

4. 成果展示法

学生对运动技能的掌握情况直接反映了体育教学的成果。因此，可以让学生展示自己的运动技能，从而进行成果评价，以了解学生的运动技能水平，如让学生演练完整的健美操套路动作或武术套路动作，通过组织简易比赛活动来考察学生的技能水平，等等。成果展示评价方法有助于提高学生学习的积极性，也能增强学生的自信心。

(三)价值增值评价方法

价值增长评价就是统计分析学生每学期或每学年关于体育学习成绩的重要数据。这些数据是学生在一学期或一学年学会了什么的重要反映，也是了解教学效果的重要参考。这种评价方法侧重于对学生学业成就的评价，而且其中包含内部对比的方式，也就是对比学生原来的水平和现在的水平，了解学生是否取得了进步以及进步的幅度。

采用价值增长评价方法，要求定期组织体育测试，获得客观、真实的分数，测试的信度与效度都应该比较高，除了记录测试分数外，还要收集其他学习相关的信息，如出勤、学习态度、健康状态等，这样才能进行更加客观、准确与全面的评价。

第五章 现代教育理念下体育训练体系的建设与优化

在体育教育事业中,与体育教学相辅相成的众多因素中,体育训练是非常重要的因素之一,两者相互结合,能达到学训结合、教学相长的成效,这对于最终的教育结果是非常有帮助的。因此,建立完善的体育训练体系是非常重要且必要的,尤其是在现代教育理念的背景下,做好体育训练体系的建设与优化工作至关重要,这关系到体育训练的实际成效,同时也对体育教学的效果产生一定影响。本章通过对体育运动训练理念的把握、对于运动训练原则的遵循、对运动训练方法的掌握、对运动训练计划的参照以及对学校高水平运动队训练与管理的加强等方面着手,来积极有效地建设和优化体育训练体系,为整个体育教育事业的发展创造有利条件。

第一节 把握科学的体育运动训练理念

一、训练负荷原理

所谓的运动负荷,可以简单理解为是加载于机体上的各种外部物理"功"的总称,也可以将其进一步理解为借助于身体练习的基本手段,来对运动员有机体施加的训练刺激。

运动负荷在体育运动训练过程中是适中存在的,其主要由两方面组成,一个是运动量,即负荷对机体刺激的量的大小的反映,一个是运动强度,即负荷对机体刺激的深度的反映。在体育运动训练过程中,一定要对运动训练的时间、运动强度、运动量等几方面的选择与安排加以注意,从而保证训练负荷的合理性,也保证训练效果的理想化。

第五章 现代教育理念下体育训练体系的建设与优化

(一)负荷组成

对于运动负荷的刺激,人体是会有所反应表现出来的,这在生理和心理两方面都有所体现。人的生理活动与心理活动之间的关系是非常密切的,需要特别注意的是,生理负荷是可以通过一定的指标来进行定量测量的,因而在体育运动训练中,通常会借助数量和强度指标来有效评价训练负荷。

在体育运动训练负荷中,运动数量和运动强度是非常重要的两个基本因素。其中,运动数量指的是全部训练时间内做经历的距离或者次数,由此,能够在一定程度上体现出机体承受刺激的数量特征;运动强度则可以将刺激的深度反映出来,这一要素能够有效影响到运动训练效果(图5-1)。

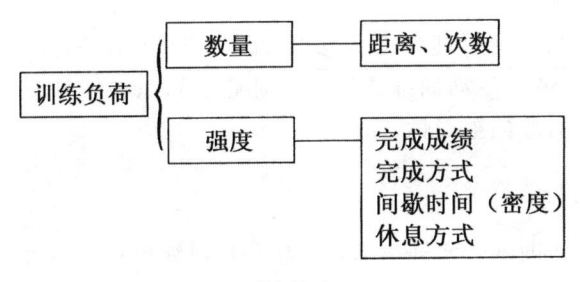

```
                ┌─ 数量 ── 距离、次数
   训练负荷 ┤
                │              完成成绩
                └─ 强度 ── 完成方式
                              间歇时间(密度)
                              休息方式
```

图 5-1

(二)科学负荷

关于体育运动训练的科学负荷,主要是通过在体育运动训练过程中一些训练控制手段的应用来实现的。常见的有以下几种。

1. 最佳化训练控制

最佳化训练控制,就是在整个体育运动训练的过程中,根据现实的实际条件情况,以所能达到的最高水平为目标,借助于最符合客观实际的、最适宜的科学训练方法,来采取定量、定时、低耗、高效的训练控制过程。

这里有一点要强调,最佳化训练控制的标准是会随着相关条件的变化而发生相应变化的,并不具有绝对性特点。

2. 立体化训练控制

在整个体育运动训练的过程中,参照体育运动训练系统的综合性和系统性特征,并且与系统的功能放大原理相结合,从整体上出发,来对训练系统进行科学调控,这种调控具有综合性和系统性的显著特点,这个体育运动训练的控制过程,就是所谓的立体化训练控制。

通过立体化训练控制,能够在一定程度上将体育运动训练系统的整体功能结构反映出来。另外,该原理在体育运动训练系统功能结构的整体性放大效益方面的重视程度是比较高的。通常,综合性训练控制和系统化训练控制都属于立体化训练控制原理的范畴。

3. 信息化训练控制

在体育运动训练的整个过程中,时刻跟随信息观的发展与指引,确保信息的充足性这一重要前提条件,并且充分考虑信息控制的基本规律,在此基础上,建立完善的信息系统,由此所实施开展的训练控制过程,就是所谓的信息化训练控制。

信息化训练控制原理将知识信息的重要性作为关注和强调的重点所在,并且提出了体育运动训练效果主要是通过知识和信息所获得的主张,由此可以反映出信息的重要性。

(三)评价强度

在体育运动训练的实践过程中,为了对训练负荷的科学性和合理性有一定的了解与掌握,需要借助于一些科学化、可操作化较强的方法来对训练负荷强度进行评定,其中,常用的有以下几种。

1. 以最好成绩百分比进行评定

这一评价方式的计算公式:

$$X=Y+Y(100\%-Z)$$

其中,X 为成绩要求;Y 为最好成绩;Z 为要求不同强度百分比。

2. 以运动员感觉的"用力程度"评定

在体育运动训练过程中,通常会将基础界定为运动员全力参与训练作为 100% 强度,然后以此为标准来对用多少百分比力量训练,即多少强度进行相应的评价。

3. 按照心率评定强度

借助于心率来对体育运动训练负荷强度进行评定的方法,具有非常广泛的应用意义,同时,其具有显著的简单、实用等特点。但是,最高心率的限制就在一定程度上限制了体育运动训练负荷的评定的开展。从整体上来说,用心率来对有氧训练进行评定的准确性相对还是比较高的,具有较强的

第五章 现代教育理念下体育训练体系的建设与优化

可操作性。

为了对按照心率来评定体育运动训练强度的方法有更加详细的了解和掌握,需要对其中所涉及相关内容,即心率的相关知识加以分析和阐述。

(1)最高心率

最高心率,即人在运动时心脏能达到的极限心率。最高心率的先天性决定因素较为显著,因此,这就赋予了其显著的个体差异性特点。另外,最高心率也会受到年龄的影响,具体来说,其会随着年龄的不断增加而呈现出逐渐下降的趋势(表 5-1)。

表 5-1 高心率(普通人) （单位:次/分钟）

年龄	男	女
10～11 岁	211	209
12～13 岁	205	207
14～15 岁	203	206
16～18 岁	202	202

(2)基础心率

基础心率,为清晨起床前的空腹心率,其与最高心率和恢复心率之间都有着非常密切的关系。

(3)恢复心率

人的心率从工作心率恢复到安静心率的过程,就是所谓的心率恢复。心率恢复的速度一定程度上反映出了训练负荷的状况。具体来说,心率恢复快,则说明负荷强度小或机能状态好。通常,会通过将 10 秒钟、30～40 秒钟、60～70 秒钟三次心率相加所得出的结果进行评定,一般的,次数少,则说明负荷量小、机能状态好。

(4)利用心率为训练强度分级

这主要是在体育运动训练后即刻实施的。以游泳运动为例,具体的参照标准为:

大强度　30 次以上/10 秒钟

中强度　25 次/10 秒钟

小强度　20～21 次/10 秒钟

4. 以血乳酸评定训练强度

运动后,测量血乳酸值,能够对游泳运动员的负荷强度进行评定。比如,游泳 50 米到 200 米项目,通常运动后 3～5 分钟达到高峰。距离加长,乳酸峰值出现较早。血乳酸值低意味着强度较低,运动员主要以有氧供能方式完成运动。反之,血乳酸值高,则说明他的运动强度高。

(四)运动负荷价值阈规律

运动负荷的价值阈,就是人体的体育运动训练所能承受的适宜的,对人体产生良好训练效果的负荷强度的一个范围,并且能够在一定的心率区间内将其运动负荷确定下来所采用的计量标准。[①]

对于大部分的正常人来说,他们之间的差异性并不显著,但是,体育运动训练的参照标准是多元化的,因此,针对不同个体来安排相应的运动负荷时,要参照不同个体的具体特点来进行,从而保证运动负荷的科学性与合理性。由此可见,对于大多数的正常人来说,运动负荷价值阈的意义还是较为显著的(图 5-2)。

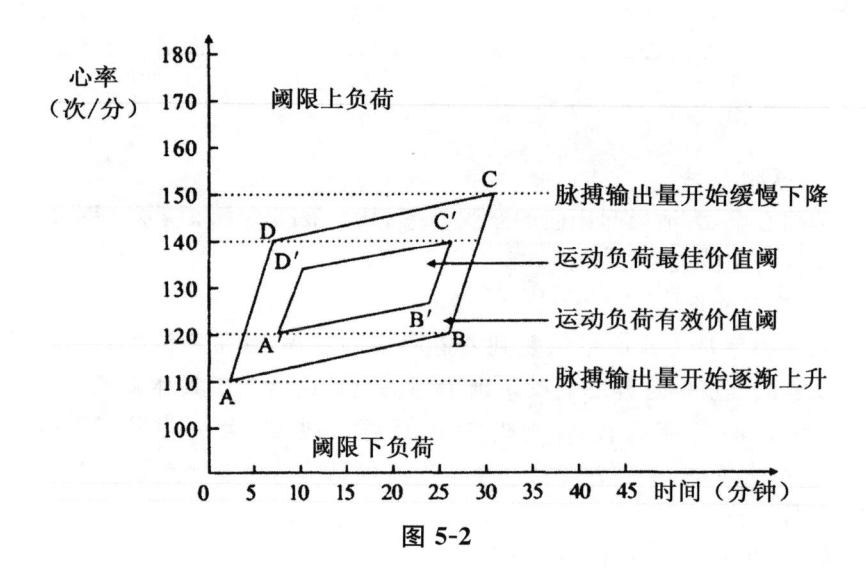

图 5-2

二、恢复与超量恢复原理

在体育运动训练中,恢复与超量恢复是必然存在的,因为,只有经历恢复与超量恢复,体育运动训练的效果才能显现出来,训练效果的提升与优化才能得以实现。可以说,这一原理意义重大。

[①] 刘胜,张先松,贾鹏. 健身原理与方法[M]. 武汉:中国地质大学出版社,2010.

第五章　现代教育理念下体育训练体系的建设与优化

(一)恢复原理

人体经过一定负荷的运动锻炼后,其机能和能源物质方面会呈现出下降和减少,这种状态是暂时性的,其会逐渐回到负荷前水平,甚至超过之前的水平,这一过程就是所谓的恢复。

在恢复中,那些人体机能和能源物质在短暂性下降之后又逐渐超过之前水平的过程,就是所谓的超量恢复。在这样的情形下,如果不继续给予一定的新的负荷,那么,超量恢复在持续一段时间后就会重新回到原来的水平,超量恢复便消失了(图5-3)。

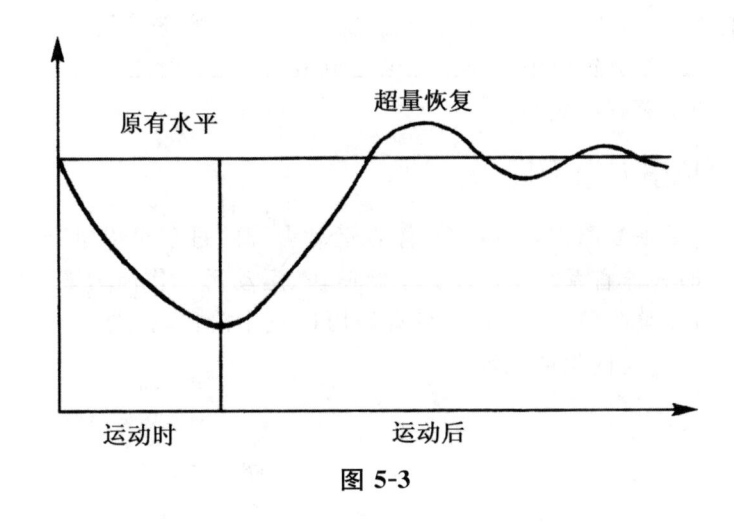

图 5-3

关于恢复,可以从其表现出的动态曲线以及过程的异时性特点方面入手来加以理解。

1. 恢复动态曲线

恢复过程的众多相关因素中,时间是关系密切的因素之一,但恢复速度与时间之间的关系并非正比关系。研究发现,在恢复期前1/3时间,恢复通常会达到70%左右的程度,随之恢复速度大大减慢,2/3时间再恢复20%,随之恢复的速度进一步减缓,后1/3段的恢复程度只有10%。由此可见,在最佳负荷范围之内,运动员的体能恢复(90%)通常只在恢复期的前2/3时间内就能实现。这也一定程度上反映出了最初的恢复手段与措施的重要性。

2. 恢复过程的异时性

一般的,运动员所参与的体育运动训练的激烈程度也会对其能量消耗以及恢复产生一定影响。比如,运动员参与激烈的体育运动训练,人体机能就会处于高度紧张状态,其所发挥出的运动训练水平就非常高,心率往往能够达到 220 次/分钟,同时,能量物质的消耗程度也非常高。在体育运动训练结束之后,人体的功能水平逐渐复原,在运动结束后的恢复期,就需要按照运动员的消耗情况,来做好能量物质补充、再生等工作,一般的,能够保证良好的功能水平恢复。具体来说,在激烈的体育运动训练后 20~60 分钟,运动员的心率、血压通常就能够恢复到安静水平,血乳酸等代谢产物清除速度稍慢,需要 60 分钟以上才能逐渐恢复到安静水平,而能量物质恢复的异时性特点的显著程度更高。

(二)超量恢复原理

参照超量恢复原理,人体参与体育运动训练的过程可以进行阶段性划分,即运动时各器官系统工作能力下降阶段、运动后工作能力复原阶段、工作能力超量恢复阶段(图 5-4)。只有经历这三个阶段,体育运动训练的效果才能实现,进而优化训练效果。

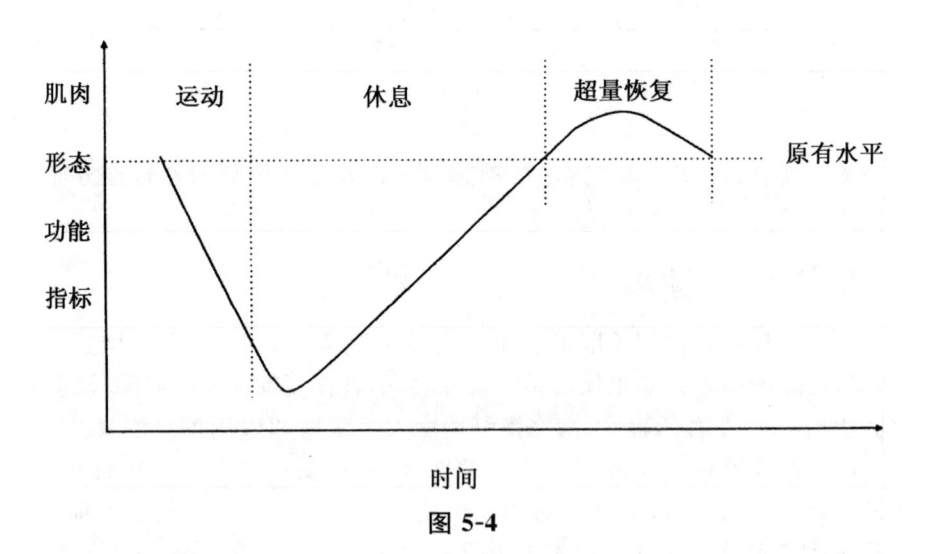

图 5-4

超量恢复,通常也被称为"超量代偿",是运动生理学中非常重要的概念之一。超量恢复原理是人体机能在体育运动训练过程中不断得到提高所参照的重要理论依据。

第五章 现代教育理念下体育训练体系的建设与优化

超量恢复的强弱与运动量大小之间有着非常密切的联系。在一定范围内,运动量越大,机体机能的动员充分程度就越高,能量物质消耗就更多,超量恢复的显著程度也就越高。但是,并不是运动量越大越高,因为过大的运动量,会使人体无法正常接受,从而导致恢复过程延长,严重者还会导致过度疲劳的产生,进而对运动员的身体健康造成不利影响;而如果运动量过小,运动员的身体就得不到有效训练,疲劳的程度减小,那么,超量恢复的显著程度也会有所降低,甚至不会出现,这对于最终的体育运动训练效果的取得也是不利的。

超量恢复的效果与机体的承受负荷量与负荷强度刺激有关,负荷量较小,强度较大的训练往往会取得较好的恢复效果。除此之外,超量恢复出现的早晚,与运动量大小,疲劳程度以及营养供给也有一定的相关性。

超量恢复发机制和原理,奠定了训练学的基本规律之一。

(三)恢复与超量恢复的实施

1. 恢复方式

在体育运动训练过程中,采用的恢复方式主要有以下两种,每一种都有其各自的特点。

(1)自然性恢复

所谓的自然性恢复,就是指在体育运动训练或比赛的过程中或之后,机体按日常作息或处于静止状态获得恢复的方式。这种恢复方式是"无所作为"、顺其自然的。这种恢复方式通常用于运动负荷较小且训练时间较短的体育运动训练。

(2)积极性恢复

所谓的积极性恢复,就是指在体育运动训练或比赛过程中或结束后所进行的强度较小或其他形式练习的恢复方式。通过这种方式的恢复,能使机体在体育运动训练后仍保持较高的代谢水平,使恢复的速度加快。这种恢复方式对于高强度、长时间的体育运动训练是非常适用的。

2. 恢复手段

体育运动训练过程中所能用到的恢复手段有很多种,具体要根据实际情况和需要可进行选用,通常会选择其中的几种进行综合运用,所取得的恢复效果最为理想。这里主要介绍以下两种。

(1)自然恢复

自然恢复,是一种具有显著的直接性和有效性的恢复手段,对于运动员来说,要想在体育运动训练中充分利用好这一恢复手段,主要要使运动员形成良好的训练、生活、卫生和睡眠习惯。

(2)肌肉牵拉放松

肌肉牵拉放松,实际上就是所谓的拉伸放松,具体来说,就是通过对运动肌肉群的主动或被动的牵拉,来使这部分肌纤维酶的活性得到有效改善,使运动员的新陈代谢水平有所提升,使体育运动训练后延迟性肌肉酸痛和肌肉僵硬的情况得到有效缓解,从而达到放松肌肉的目的。与此同时,肌肉牵拉放松还能使运动员骨骼肌蛋白质的合成过程得到进一步强化,这对于肌肉的恢复与放松也是非常有意义的。因此可以说,这种牵拉放松的方式对局部疲劳的肌肉群的恢复效果较为理想,是体育运动训练结束后常用的恢复手段。

一般的,肌肉牵拉放松手段应用的持续时间以一分钟作为为好,重复3~4次,间歇一分钟,这样所取得的放松效果最为理想。具体的持续时间、重复组数要按照训练肌肉的状态情况来进行适当调整。

3. 恢复的注意事项

在体育运动训练过程中,不仅要采用科学合理的恢复方式和手段,还要对一些事项加以注意,从而保证最为理想的恢复效果。

(1)要对间歇时间有科学的把控

间歇时间长短的合理性会在很大程度上影响肌肉恢复效果,即要求间歇时间要适宜,不能过长或者过短。一般通过测定心率的方法来进行控制,如运动后的心率达到140~170次/分钟,待心率恢复到100~120次/分钟时,再进行下一次的体育运动训练是比较合理的。

(2)要保证休息充分

在众多的恢复手段中,睡眠是最有效手段,其不仅能使运动员的睡眠质量得到保证,还能有效促进训练疲劳的消除以及体能恢复的速度,尤其在提升运动员适应能力和抗干扰能力方面,有着显著效果。

(3)所采用的训练手段要与训练内容相适应

体育运动训练效果,不仅与训练方法、手段的转换有关,也与训练内容相关,同时,这两者之间相适应的程度也会产生一定的影响,因此,需要对此进行精心搭配,这对于运动员局部疲劳的减缓是有一定效果的。

三、训练适应与过度训练原理

(一)训练适应原理

关于体育运动训练,从其整体上来看,就是运动员在训练过程中逐渐适应的一个过程,这也是体育运动训练的本质所在。

运动员在经过科学合理的体育运动训练之后,在保证理想的运动基础的同时,也能有效提升其专项运动能力和专项运动水平,这就与体育运动训练的训练适应原理有着密切关系。训练适应原理,主要是指运动员每次受到训练的刺激,机体都会产生一定的急性适应,某种意义上来说,这种训练适应效应积累是一种长期性的训练适应,并且其与专项需要是相符的,可以说,这是运动员取得理想运动成绩的重要物质基础,缺少这一基础,就无法实现运动员理想运动成绩取得这一目标。

通过对训练适应原理的进一步分析,可以得知,其专项性和方向性特点显著,这些显著特征并不是绝对不变的,而是呈现出一定的动态变化的,这与体育运动训练的负荷大小及其产生的作用有着密切的联系。

在既定的科学的体育运动训练计划的指引下,运动员开始逐渐向既定的专项目标发展和努力,从而能够实现取得优异运动成绩的目标。其中,对其起到决定性影响的因素有两个:一个是负荷的作用方向,一个是动态变化的趋势。可以说,没有专项化的训练适应,就不可能使专项运动成绩达到较高的水平。

同时,训练适应的实现还是需要具备适宜负荷这一重要的前提条件,不能忽视,只有具有最佳负荷和科学、合理的负荷动态变化设计,才能使训练适应的顺利实现得到保证。

(二)训练过度原理

在体育运动训练中,通常都会强调训练的科学性与合理性,但是,也存在着不科学、不合理的训练,训练过度就是主要表现形式之一。一般的,导致运动员训练过度的主要原因是运动负荷的过度。当前,体育运动水平逐渐提升,运动员的运动负荷的提升程度已经不断接近于其极限水平,为了实现这一目标,运动员过度训练的几率就大大增加,因此,这就需要加强训练过程的恢复、监督和合理安排负荷,从而使训练过度的情况尽可能得到避免。

从严格意义上来说,负荷过度和最佳负荷之间只有一个临界值,其影响因素具有多样性特点,其中,较为主要的有运动员身体机能、训练水平、承受负荷能力等,特别是承受负荷时身体状况,其对完成负荷所产生的影响是非常大的。

另外,还有一点要注意,即一次负荷的大小影响并不能确定训练过度,参照的标准主要为负荷后作用的累加效应。

第二节 遵循体育运动训练的原则

体育运动训练的开展,不仅要遵循相关科学理念的导向性,还要遵循其重要原则,这也是保证其科学性与合理性的重要条件。

一、系统性原则

系统性原则,主要强调在运动员从开始训练到取得一定的训练成效所经历的整个过程中,所涉及的训练因素之间都是前后连贯、紧密相关且不中断的关系。实践证明,运动员理想成绩的取得,与多年系统的训练有着不可分割的密切联系。优秀运动员都是必须经历长期系统的训练,即便是先天条件再好的运动员,只进行短期、零碎、彼此脱节的训练也无法成为一名优秀的运动员,这就充分体现了体育运动训练系统性原则的重要性。

体育运动训练可以分为不同的训练阶段,所安排的训练内容也是各不相同的,但是有一点是确定的,即这些因素之间都有着密切的联系,它们之间彼此相关、相互影响、相互促进。从本质上来说,学习和掌握运动技能是建立运动条件反射。如果体育运动训练过程中出现间断情况,则往往会使已建立起来的条件反射消退。因此,这就要求必须经过长期不断的系统训练,才能起到有效巩固已获得的条件反射的作用。

在体育运动训练过程中遵循和系统性原则时,为确保训练效果,需要对以下几点事项加以注意。

(1)体育运动训练要尽可能保证从小就开始训练,并且要保证训练课的长期性和系统性。一般来说,对于一名优秀的运动员来说,其在成绩上的崭露头角,需要经历的训练时间不会少于8~10年。通常这个长期的训练过程是可以根据运动员的实际情况来进行不同训练阶段的划分的,并且使每个训练阶段紧密相连成为一个统一的整体。

(2)在体育运动训练的具体训练过程中,要做好训练周期、训练周、训练课等的不同划分,在此基础上,还要将课与课、周与周、周期与周期以及各训

第五章　现代教育理念下体育训练体系的建设与优化

练阶段之间有机连接起来，同时，还要科学安排相应的训练内容、重点、方法和运动负荷，使上一次训练成为下一次训练的准备，下一次训练则成为上次训练的继续和提高。总的来说，就是要求每次的体育运动训练所取得的训练效果都是理想的。

二、区别对待原则

在体育运动训练过程中，不同运动员具有自身的个性化特点，不仅表现在先天性的性别、年龄、身体条件等方面，在一些后天因素方面也有所差别，比如，承担负荷的能力、技术水平和心理品质、文化程度等，因此，为了保证运动员训练的科学性和有效性，需要对运动员进行针对性训练，相应的，训练任务的确定、训练方法、手段的选择以及运动负荷的安排也都要有针对性，这就是所谓的区别对待原则。

对于运动员来说，他们的个体差异性是必然存在的，正因为如此，在体育运动训练过程中，即便采用同样的训练方法，运动员的适应程度也不一样，所取得的训练效果也就各不相同。有的运动员适合该训练方法，那么取得的训练效果就会较为理想；而不适应该训练方法的运动员，不仅不会取得理想的训练效果，还可能产生其他消极影响。因此，这就要求以运动员的年龄、性别、健康状况、兴趣爱好、生活水平等因素来决定运动训练内容、训练方法和运动负荷。

在体育运动训练过程中，随着训练过程的不断推进，其整个训练也是呈现出不断发展变化的动态趋势的。对于不同的运动员来说，他们的训练效果所表现出的时间是有所差别的，有的运动员在训练初期就会有突飞猛进的进展；有的运动员在训练初期进展不大，但是到了某一阶段，发展速度就较快；有的运动员在这一运动素质上的训练效果理想，在其他运动素质上的训练效果就差强人意；而有些运动员则在其他运动素质上有特殊的发挥；也有些运动员适应的运动负荷比较大，而有的运动员则不能适应；等等。因此，这就要求在体育运动训练过程中必须做到区别对待，从而保证所取得的训练效果是事半功倍的。

在体育运动训练过程中贯彻实施区别对待原则，需要对以下两方面事项加以注意。

（1）对于教练员来说，其作为体育运动训练的指导者，要对运动员的实际情况有全面而具体的了解，并对其总体情况进行深入分析，然后以此为依据，针对性地采取相应的训练措施。与此同时，还要与运动员的一些特殊情况加以了解，在训练过程中要充分考虑的这些特殊情况。

(2)在体育运动训练开展之前,需要将科学、可行的训练计划制定出来,这时候,就需要首先对运动员的具体情况进行深入了解,然后对全训练队的特点和运动员个人的特点都有充分的了解,在满足全队要求和个人要求的同时进行相应的体育运动训练。

三、适宜负荷原则

体育运动训练离不开一定的运动负荷,因此,遵循适宜负荷原则是非常重要且有必要的。在体育运动训练过程中,要以所确定的训练任务为依据,结合运动员的个体条件和专项水平,逐步地有节奏地加大运动负荷,直至最大限度,这就是所谓的适宜负荷原则。

体育运动训练的主要目标就是取得理想的训练效果,而这主要取决于运动刺激的强度,即要采用适宜的训练强度,才能保证所取得的刺激效果是有效的,从而保证理想的训练效果。如果刺激较弱,是不能引起肌体功能的变化的;而如果刺激过强,则可能会对运动员的身体造成损伤,这对于其本身集体能量消耗的恢复和超量补偿也都是不利的。

在体育运动训练过程中,要严格遵循适宜负荷原则,加大运动负荷,直至最大限度,从而保证理想的训练效果,具体可以从以下两方面着手。

(1)在开展体育运动训练活动之前,首先要明确训练任务,并做好运动员身体状况、机能能力和训练水平的了解工作,在安排运动负荷时,一定要保证其合理性。只有根据训练的不同任务和运动员的训练水平安排运动负荷,才是合理的。

(2)在体育运动训练过程中,运动负荷并不是一成不变的,而是循序渐进地不断增加的。运动负荷的增加必须达到极限。因为只有极限负荷的刺激,才能将运动员机体的机能潜力充分挖掘出来,运动员的成绩才可能是优秀的。

四、积极主动性原则

在任何活动中,都要遵循积极主动的原则,在体育运动训练过程中也不例外。运动员在参与体育运动训练之前,首先要将其目标明确下来,然后以此为方向,来提高运动训练的积极主动性,而积极性和自觉性对于是否能长期坚持进行运动训练是非常重要的。某种意义上来说,运动员参加体育运动训练的积极性需要在一个明确目的的指引下才能实现。

在体育运动训练过程中遵循积极主动性原则,可以从以下两方面来着

第五章　现代教育理念下体育训练体系的建设与优化

手进行。

（一）目的明确，动机端正

运动员参与到体育运动训练中的原因，可能是因为兴趣，但主要是为了取得理想的运动成绩，这是绝大部分运动员普遍的目的，这一点是非常明确的。在此基础上，运动员还要在动机上端正，这一点也至关重要，关系到体育运动训练效果的好坏。

（二）增加趣味性，充分调动训练积极性

运动员在进行体育运动训练时，由于需要持续数年甚至十几年的训练周期，这就需要运动员在训练过程中，尽可能增加训练的趣味性，这样，能够将他们训练的积极性和主动性充分调动起来，从而使长期的运动训练得到有效保持，为理想运动成绩的取得创造良好条件。

五、"三从一大"原则

这里所说的"三从一大"原则，其中的"三从"，是指"从严、从难、从实战需要出发"，而"一大"，则是指"大运动量的训练"。实际上，"三从一大"原则是对训练的要求。

（一）训练的"三从"原则

1. "从严"训练

"从严"，就是要对训练进行严格要求，这不仅涉及运动员的专项技术、战术，还涉及其他的相关因素，比如体能、心理、作风训练和生活管理等方面。

2. "从难"训练

"从难"，就是要在训练时在难度上逐渐进行合理增加，以此来使运动员在专项技术和战术上有进一步的突破，同时也使其体能和心理承受能力得到锻炼和提升，保证运动员的全面发展与提升。

3. "从实战需要出发"训练

"从实战需要出发"，就是要求训练活动的开展要以满足实战需要为目的，这就需要首先遵循体育运动发展以及人体生长发育的基本规律，然后结

合运动员的实际特点和条件,根据本队在比赛中所反映的优缺点进行最有效的训练。除此之外,"从实战需要出发"还强调了要对正式比赛过程中可能出现的各种情况进行预估和提前训练,涉及观众、裁判、场地、时差等方面,从而使运动员能够在生理和心理上都有充分的准备,以在正式比赛中更好地适应比赛,为理想运动成绩的取得奠定基础。

(二)训练的"一大"原则

进行大运动量的训练,指的是进行有效的大负荷训练,是科学训练发展的方向,是提高运动成绩的重要因素。需要注意的是,大负荷训练不仅要有足够的时间,而且还应有足够的量与强度,同时,大负荷训练必须在科学监控下进行。

六、一般训练与专项训练相结合原则

一般训练,就是指借助于一般性的训练方式和手段来提升运动员的一般身体素质和身体机能水平的训练。

专项训练,就是指借助于专项性和比赛性的训练方式和手段来提高运动员的专项身体素质、运动水平以及专项技战术的训练。

而将上述两种训练结合起来,就是一般训练和专项训练相结合原则,具体来说,就是在体育运动训练过程中,要以所从事的体育运动的专项特点为依据,充分结合运动员的训练水平和不同训练时期、阶段的任务,从而对一般训练和专项训练的训练比重进行科学合理的安排。由此可见,体育运动训练过程中一般训练和专项训练的比重分配至关重要。可以从不同的方面出发来进行不同标准的安排。比如,从运动员的自身特点和训练水平上来说,如果运动员具有年龄小、训练水平低的特点,那么,就需要安排较大比重的一般训练,专项训练要少一些;如果运动员具有年龄大、训练水平高的显著特点,那么专项训练的比重就要大一些,而适当减少一般训练的比重。再如,从运动员从事的体育运动项目及专项特点出发,如果运动员从事的是对机能与运动素质要求高、能量消耗大的体能类项目,那么就需要安排较大比重的一般训练,而如果运动员从事的是对那些基本技术多而复杂的项目,那么专项训练的比重就要适当增加。在多年训练的基础训练和专项提高阶段,在训练大周期的准备期的第一阶段和过渡期、恢复调整的小周期,一般训练比重大些,比赛阶段的安排则要以专项训练为主。

一般训练是专项训练的基础,如果没有经过一般训练就进行专项训练,无异于空中楼阁,没有坚实的训练基础,是不可能在专项上有所成就的。专项训练是一般训练的进一步发展和提升,运动员要想在比赛中取得理想的成绩,就必须进行专项训练。专项训练在一定程度上也会对身体的全面发展起到促进作用,它和一般训练密切相连和互相促进,在体育运动训练中要将二者科学地结合起来。

七、训练与比赛相结合原则

体育运动的发展,并不是一蹴而就的,其需要经历很长的时间才会逐渐实现。通常,为了便于理解和训练活动的开展,通常会将体育运动训练周期根据训练任务的不同分为不同的训练阶段,同时,这也要充分考虑比赛次数和层次等方面的要求,确保赛和练安排得当。

通常,体育运动训练与比赛,两者是相辅相成、密切相关的。根据不同运动员的运动水平的差异性,对于初学者和技术水平不高的运动队,所安排的比赛次数不能太多,而对于较高水平的运动队,比赛可以适当多安排一些,通过比赛发现问题,并进行针对性训练,从而达到以赛促练的效果。

八、不间断性与周期性原则

对于体育运动来说,要想熟练掌握运动技能,不管是什么样的运动项目,都必须通过多次重复训练才能实现,之后还要不断进行训练,以达到巩固的作用,对于运动员的身体素质来说,也必须通过多次重复训练才能逐步发展,运动成绩必须通过多次重复训练,才能有所提高。因此,这就要求必须按照既定的训练计划进行系统的、持续不断的体育运动训练。同时,为了使体育运动训练能够不间断地进行,必须将各级训练组织形式衔接起来,坚持全年训练有足够的训练日和训练次数,并在训练过程中采取有效措施,防止伤病发生。

通常,体育运动训练会根据训练任务和目标,来进行不同的周期性划分。比如,多年训练是以年度训练为基本周期,年度训练又可以进一步分为三个训练时期,每个训练时期又以周为小的循环周期。在年度训练周期中,经过各个阶段的周期循环,又由下一周期重新开始训练。多年训练是靠年复一年地训练完成的。这就要求训练内容、比重和要求要不断调整,逐渐提高。此外,运动员必须坚持长期进行系统的、持续不断的周期性训练,其运动成绩才能得到逐步平稳地提升,才能取得理想的运动成绩。

九、全面性原则

全面性原则,就是要求运动员在进行体育运动训练时,一定要保证其训练的全面性,从而使运动员自身的身体机能、各种身体素质和活动能力得到全面提升,身心得到和谐发展。

运动员的体育运动训练,不仅要包括不同身体部位的活动,更重要的是应该包括多种项目和不同性质的活动,保证训练的全面性。人体各系统之间并不是绝对独立的,而是相互联系、相互制约的,身体某一方面的发展一定会对其他方面的发展产生或大或小的影响,而全面发展,就能相互促进,共同提高。因此,体育运动训练过程中一定要严格贯彻落实全面性原则。

第三节　掌握科学体育运动训练的方法

体育运动训练的开展,不仅要遵循科学的训练理念和训练原则,采取科学、合理的训练方法也至关重要。不同的体育运动训练方法自身的特点、适用范围、作用等都是不同的,为了保证理想的训练效果,通常会将其中的几种综合起来加以运用。

一、重复训练法

重复训练法,就是按照要求,在保证运动员原本的动作结构和运动负荷量的基础上,通过反复多次训练,从而建立、巩固条件反射,进而达到运动技术形成牢固的定型的训练方法。

重复训练法在体育运动训练中是最常用的一种训练方法,在发展身体素质,掌握与提高技术、战术,在培养意志品质等方面都是非常适用的,且在保证训练科学性和合理性的基础上,所取得的训练效果也是非常理想的。

需要强调的是,运动员在采用重复训练法进行体育运动训练时,要掌握重复次数的不同会在很大程度上决定着其在运动员身体上产生的作用。一般的,重复次数越多,身体对运动反应的负荷量就会越大。如果重复次数不断地继续增加,可能会使身体承受的负荷达到极点,甚至会对有机体的正常状态产生一定的破坏作用,从而导致身体受到一定的伤害。

在体育运动训练过程中运用重复训练法,要对其强调的关键点加以关注,即要掌握好负荷的有效价值范围,并以此为依据来对重复次数进行适当

第五章 现代教育理念下体育训练体系的建设与优化

调整。在重复训练过程中,还要根据体育运动训练的实际情况来有效控制运动负荷。

在体育运动训练过程中,要严格贯彻实施重复训练法,为保证效果,具体要对以下几点加以注意。

(1)针对体育运动中的同一个动作进行反复多次训练,往往就会使运动员产生单调乏味的情绪,注意力集中的程度也会逐渐降低,这对于理想训练效果的取得是不利的,因此,这就要求在重复训练过程中,应灵活地结合一些比赛或游戏活动,使重复训练的趣味性有所提升,激发出运动员参与体育运动训练的兴趣和积极性。

(2)体育运动训练包含的内容非常多,技术训练是其中之一。如果在技术训练中运用重复训练法,一方面,要严格按照技术规范进行训练,负荷强度要求不能过高,但是在重复训练的次数上要有所保证,这样才能掌握和巩固正确动作。需要强调的是,一旦运动员连续出现错误动作,就应该停止训练,从而有效避免错误动力定型的形成和巩固;另一方面,在保证重复训练次数的基础上,也要逐渐做到训练量和负荷强度方面的逐渐提升,使运动员在较困难的条件下保证技术的正确性、熟练性。

(3)在身体素质训练中运用重复训练法时,所采用的训练手段应该尽可能是简单而有实效的、已基本掌握的,要根据运动员自身的实际情况来确定训练数量、负荷强度、重复次数。

二、间歇训练法

间歇训练法,就是按照既定的要求进行一定的训练之后,再按照既定的时间和休息方式进行适当休息,然后再继续进行下一次训练的训练方法。

间歇训练法是在运动员的机体未能完全恢复时就进行下一次的训练,因此,通过这一训练方法,能有效地提高呼吸和心血管系统的机能。

重复训练法的间歇时间是在运动员机体机能基本恢复的情况下,才进行下一次的训练。相较于重复训练法来说,间歇训练法每次训练的间歇时间有严格规定,要在运动员机体机能未完全恢复的情况下就开始下一次训练。这也是两者的主要区别所在。

一般的,根据训练强度的不同,可以将间歇训练法分为两种类型,即小强度间歇训练法和大强度间歇训练法。

在体育运动训练过程中贯彻实施间歇训练法,为保证训练效果,需要对以下几点加以注意。

（1）要根据训练任务来制定出间歇训练的科学方案。

（2）在确定下来某一间歇训练方案后，首先要让运动员进行一段时间的尝试训练，运动员在有了良好的适应和提高后，再根据训练任务和具体情况，来适当调整训练的相关情况。

（3）在体育运动训练中采用间歇训练法，要参照的重要依据就是运动员的具体情况，以此来对他们每次训练的负荷强度及间歇时间进行科学合理的安排。

三、循环训练法

循环训练法，就是以所制定的训练具体目标为依据，适当设立一些训练站（点），从而使运动员按照既定的顺序、路线，依次完成每站（点）的训练，周而复始地进行训练的一种方法。具体来说，运动员采用循环训练法进行体育运动训练，要求其必须按要求在各个训练点完成既定的训练，当一个训练点上的训练结束后，就迅速移到下一个训练点继续进行训练，运动员在完成各个训练点上的训练后，就相当于完成了一次训练的循环。另外，还需要强调的是，采用循环训练法进行体育运动训练时，一定要保证各个训练点的训练内容搭配合理，保证训练的全面性，采用的动作要尽可能是那些简单易行且自己能够熟练掌握的，同时，还要在训练的具体次数、规格和要求方面有明确的规定，从而保证运动员通过全面的训练取得理想的训练效果。

循环训练法有其独特之处，即系统地、有顺序地进行两臂、两腿、腹部、背部肌肉的训练，由此可见，这种训练方法的适用范围比较广泛，不管是发展一般素质还是专项素质的身体训练，还是技术和战术训练，都可以采用循环训练法。由于循环训练法每站都有先确定的训练内容、要求和负荷参数，并能结合其他训练方法形成不同的循环训练方案，因此，以此为依据，可以将循环训练法的训练形式大致分为耐力循环、力量循环、速度循环、速度力量循环、协调循环等这几种。

在体育运动训练过程中严格贯彻实施循环训练法，为保证训练效果，需要对以下几点加以关注。

（1）以所制定的训练目标为依据，来将各站的内容和站的数量确定下来。循环训练的连续进行的，因此，这就要求所安排的训练内容应该是运动员已经掌握的，并且重点突出，运动员能够自动化地作出的动作。在内容顺序方面，则要以训练对各器官系统和肌肉部位的不同要求为依据来进行交替安排，并注意与发展不同身体素质训练的相互交替。通常情况下，一个循环训练中往往会有7~10个站。

第五章　现代教育理念下体育训练体系的建设与优化

（2）针对特点，因人而异地确定负荷。练习负荷的安排要从每站练习的数量、强度、间歇时间、循环次数等全面考虑。

（3）对循环训练的形式进行重新组合和变换。在体育运动训练过程中，由于运动员之间的特点和具体情况存在着一定的差异性，在安排循环训练时，也要有所差别，这主要表现在形式上。训练形式有很多种，可以进行适当选用。常见的有流水式（一站连一站的训练）、轮换式（将全队成员分成若干组，各组在同一时间内训练同一内容，按规定时间一组一组的轮换）、分配式（设立很多个训练站，可多达十几个，然后按运动员具体情况分配每个运动员训练某项内容以及训练的次数）等这些。

四、变换训练法

变换训练法，就是为了提升运动员参与运动训练的兴趣和积极性，借助于调整体育运动训练中的运动负荷、训练内容、训练形式以及训练条件等因素多采用的一种训练方法。

在体育运动训练中运用变换训练法，能使运动员机体在参与比赛的适应能力得到有效提升，使其在技术和战术方面的水平得到提升，运动员自身的综合身体素质也有所改善，这些都为运动员运动感觉的培养和优化创造了有利条件。除此之外，变换训练法的运用，还能为体育运动训练增添一些趣味性因素，从而帮助运动员有效克服训练时所产生的单调枯燥感，提高运动员对训练的兴趣和积极性，对推迟疲劳的出现也有着积极的意义。

通常，变换训练法的常见形式主要有改变负荷变换法、改变动作组合变换法、改变练习环境和条件的变换法。不同形式的侧重点不同，所起到的作用也会有所差别。

但是，不管采用哪种形式的变换训练法，在体育运动训练过程中，都要对以下几点加以注意。

（1）要按照明确的目标来在体育运动训练中采用这一训练方法，即要求变换训练法的运用要有目的性。

（2）要按照所制定的训练计划来采用条件变换的形式，同时，也要保证条件变换的灵活性。

（3）在技术训练中运用变换训练法时，不仅要注意训练过程，还要注意及时恢复到正常情况下的训练。要对训练过程中出现的错误动作进行及时、有效的纠正，从而使由于变换条件训练形成的、与比赛的正式要求不相适应的动力定型尽可能地避免，在训练的重复次数与调整间歇的时间方面进行适当调整。

(4)随着运动员训练水平的逐渐提高,训练的数量、每次训练的强度等都要随之有适当的增加,从而保证运动员训练水平的进一步提升。

五、持续训练法

持续训练法,就是在保证运动员一定的运动负荷强度和较长的负荷时间的前提下,所进行的无间断地连续训练所采用的一种训练方法。

在体育运动训练过程中运用持续训练法时,运动员的平均心率要达到130~170次/分钟。持续训练法通常会在发展一般耐力素质时应用,由此,来达到提高有氧代谢系统供能能力以及供能状态下有氧运动的强度的目的。

一般的,以训练时间的长短为依据,可以将持续训练法大致分短时训练法、中时训练法、长时训练法三种具体形式。

在体育运动训练过程中运用持续训练法,为保证训练效果,需要对以下几点加以强调。

(1)由于持续训练的时间较长,训练量较大,因此,就要求控制强度不要太大。一般情况下,将心率控制在130~170次/分钟,并保持恒定的运动强度,这种持续训练方式对于运动员一般耐力素质的发展是有帮助的;也可以通过提高强度、持续适当的时间的方式来进行持续训练,从而达到提高运动员专项耐力素质的目的。

(2)如果在训练期或休整期采用持续训练方法,则以中小强度为宜,这样对于一般耐力素质的发展或保持是有利的。

六、竞赛训练法

竞赛训练法,就是运动员在正式比赛的条件和要求下进行体育运动训练所用到的一种训练方法。

在体育运动训练中运用竞赛训练法,不仅能对平时的训练效果进行有效检验,还能使运动员创造性地运用知识、技术和战术的能力以及提高身体训练水平,除此之外,对于运动员应变能力和运动训练实战能力等的发展和提升也有着积极的影响。在竞赛的条件下,运动员的训练积极性和好胜心会被有效调动起来。

另外,运用竞赛训练法进行体育运动训练,还能使运动员在比赛中相互交流经验,对于全面提高其技战术水平有着重要意义。竞赛训练法在运动员心理承受能力的提升、坚强意志品质的培养、积极、拼搏、良好的生活态度的养成等方面有着积极影响,不可忽视。

将竞赛训练法应用于体育运动训练中,为保证训练效果,需要对以下几点加以强调。

(1)要采用适宜的运动负荷。采用竞赛训练法进行体育运动训练,通常能有效激发出运动员的训练情绪与兴趣,增大能量消耗,这在训练过程中运动负荷的调节和控制难度就会加大。因此,在采用竞赛训练法进行体育运动训练时,就要求以专项训练的需要为主要依据,来针对性地选择适合运动员特点的竞赛内容和形式,同时要注意保证竞赛负荷不要过大,这样,既定的训练目标和内容的完成才有可能实现。

(2)运用时机要合理。采用竞赛训练发进行体育运动训练时,教练员要注意对运动员进行积极的引导,使其能够将自身的长处充分发挥出来,同时,还要教育学生不要有违规行为出现,提高他们自我控制能力,培养优良体育作风。另外需要注意的是,竞赛训练法不是任何时候都适用的,比如,在运动技能尚未形成之前和疲劳时就不能采用竞赛训练法,因为这样会对刚刚形成而尚未巩固的动作技术造成不利影响,同时,也会导致一些不必要伤害事故的发生。

七、游戏训练法

游戏训练法,就是运动员主要以游戏的形式来进行体育运动训练的一种训练方法。

通过游戏训练法进行体育运动训练,能够有效提高运动员训练的兴奋性,激发运动员训练的兴趣,同时,能够营造出轻松、愉悦的训练氛围,这些对于运动员训练的开展以及理想训练效果的取得都是非常有帮助的。最后需要强调的一点是,游戏训练法在确定运动量时,切忌盲目性,一定要以运动员的自身特点和实际情况来区别分析、确定。

八、综合训练法

综合训练法,顾名思义,就是以既定的训练目的、训练任务为主要依据,综合运动上述几种训练方法,从而更灵活地调节运动负荷,取得更好训练效果所用到的训练方法。

在体育运动训练过程中运用综合训练法时,一定要以运动员的实际情况和特点为依据,结合明确的训练任务来组合运用相应的训练方法。

综合训练法变化很多,可以进行各种不同的组合,对于不同运动员的不同需求可以进行灵活选用。

第四节　依据训练计划参加运动训练

体育运动训练中,运动训练计划也是不可或缺的重要组成部分之一,其对运动员体育运动训练的开展起到积极的指导作用,某种意义上来说,运动训练计划的制定、安排等,会在一定程度上决定着训练效果的好坏。因此,这就要求运动员必须依据训练计划参加体育运动训练。

一、运动训练计划概述

所谓的运动训练计划,就是指每个准备长期从事体育运动训练的运动员,从自身身心状况和外部环境条件的实际情况出发而制定的一种定量化的周期性体育运动训练计划。其是运动员达到目标的有效途径。

(一)运动训练计划的内容

在制定运动训练计划,尤其是长期运动训练计划时,一定要综合考虑其相应的一些影响因素,主要有以下这些,这也是运动训练计划中包含的主要内容。

1. 训练目的

运动员进行体育运动训练前,都要明确自身的训练目的,这也是他们进行体育运动训练科学安排的重要参照依据。对于运动员来说,提高肌肉力量,发展肌肉块等这些提升自身运动能力和素质的目的是主要目的,因此,就要求以力量练习为主,每周训练 3 次,其余时间用于身体机能的全面发展。要想使自身的肌肉力量得到有效训练和提升,要求运动员必须有科学、现实的目标,需要注意的是,在制定目标时,一定要与实际情况相符,切忌太高,要留有余地,否则会对运动员的身体健康以及能力发展不利,对于其体育运动训练的持续性发展产生消极影响。

2. 训练季节的选择与注意事项

在不同的季节进行体育运动训练,也要充分考虑到四季的特点、要求,来适当调整训练计划中的各个要素,比如,训练时间、训练内容、训练侧重点以及相关的注意事项等。总的来说,就是要求运动员的体育运动训练要以季节气候的变化规律为依据来进行。

第五章　现代教育理念下体育训练体系的建设与优化

（1）春季训练

春季是一年的开始，在这一季节进行科学的体育运动训练，能够为整年的体育运动训练和身体健康奠定坚实的基础。运动员在春季进行体育运动训练，所起到的训练效果主要为体内的新陈代谢得到有效增强，同时，身体各方面的机能水平会有显著提升。一般的，在春季进行体育运动训练的形式有很多种，常见的有长跑、自行车、跳绳、爬山、球类等。需要注意的是，春季的体育运动训练对热身活动有较高要求，一定要做充分，使僵硬的韧带得到有效牵拉和伸展，使运动损伤的发生几率大大降低。

（2）夏季训练

夏季天气炎热，这就给体育运动训练增加了不便和困难，但是，为了保证体育运动训练的连续性，在夏季也仍然要坚持训练。因此，夏季的体育运动训练一定要对训练的强度和时间进行严格把控。在训练的内容方面，最为理想的选择是游泳，通过游泳训练，能使运动员的身体机能得到有效提升，同时也能有效避免暑热。在进行其他的运动训练时，最好在清晨和傍晚进行，室外运动要避免在中午时分进行运动训练，同时，训练过程中要做好水分的补充，从而有效防止身体脱水和中暑的发生。

（3）秋季训练

秋季的主要特点是秋高气爽，是进行体育运动训练非常舒适的季节，这也是大多数的重大国际比赛都安排在秋季的主要原因。即便是一些冬季运动项目，其准备工作也是从夏末秋初就开始了，这就给运动员的适应提供了良好的条件。由于秋季天气变化无常，早晚气温较低，在进行体育运动训练时，要求及时增减衣服。另外，秋天的天气干燥，锻炼前后要补充水，以保持黏膜的正常分泌和呼吸道的湿润。

（4）冬季训练

冬季的酷寒与夏季的炎热一样，都不利于体育运动训练的开展，同样的，冬季训练也不能停止，否则就破坏了体育运动训练的持续性。在冬季坚持参加体育运动训练，能使运动员的身体水平得到有效保持或者提升，同时，其身体对外界的抗寒能力也会有所提升，从而预防各种疾病的发生。一般的，冬季体育运动训练的内容有很多，长跑、足球、拔河等都可以，尤其在北方，冰雪项目更是受到普遍青睐。需要注意的是，在冬季，人体的生理机能惰性较大，肌肉组织容易受伤，这就要求一定要做好充分的准备活动。

3. 运动量的安排

体育运动训练的开展过程中，是一定会涉及运动量的，这是对训练效果有着重要影响的因素之一。只有采用适宜的运动量进行训练,才能取得理想的训练效果。运动量过小,无法产生理想的训练效果;但是运动量太大,也会对身体机能产生不利影响。运动员要想取得理想的训练效果和成绩,就必须不断增加运动量,使自身身体机能逐渐提升。如果运动员的活动量只是停留在初始的水平,那么,他们所从事的运动训练就只能保持身体机能不下降而无法有效地提高身体机能,更无法实现取得理想成绩的目的。

4. 疲劳恢复计划

在经过一段时间的体育运动训练之后,运动员的身体会疲劳,这是一种必然的现象。疲劳是一种生理现象,体育运动训练过程中产生疲劳是有着重要意义的,因为,超量恢复就是在机体产生疲劳后经过积极的恢复所形成的,由此,身体机能才能得到有效提升。但是要注意的是,疲劳的程度要控制好,不可过度疲劳,否则,对机体健康会产生不利影响。一定要适当调整训练的强度,从而保证训练效果。

(二)运动训练计划的分类

关于运动训练计划的类型划分,通常会以运动训练时间跨度的长短为依据来进行,即可以将其分为多年训练计划、年度训练计划、阶段训练计划、周训练计划及课训练计划等(表5-5)。不同类型的运动训练计划在功能、结构特点等方面都有所差别。

表 5-5 运动训练计划的类型及其功能结构特点

计划特点	计划类型	计划的功能	计划的时间组成
远景的 框架的	多年训练计划	长期宏观规划	2~20 年
	年度训练计划	中期定向控制	1~3 个大周期
	阶段训练计划	承上启下调控计划偏差	0.5~6 个月 或 2~25 周
	周训练计划	短期训练安排	7±3 天或 4~20 次课
现实的 具体的	课训练计划	训练实施及宏观各种计划的基础	0.5~4 小时

(三)运动训练计划的结构

对于不同类型的运动训练计划来说,其不仅在功能、特点等方面有多差别,内容上也都是有各自不同的侧重点的,并且据此提出了相应的特殊要求。

即便如此,在整个运动计划的基本结构上是基本相同的,可以说,不同类型的运动计划都在此结构的基础上进行侧重点不同的内容填充,可谓"万变不离其宗"。

由此可见,不同类型的运动训练计划存在着很多共同之处,基本结构也是一致的(图5-6)。

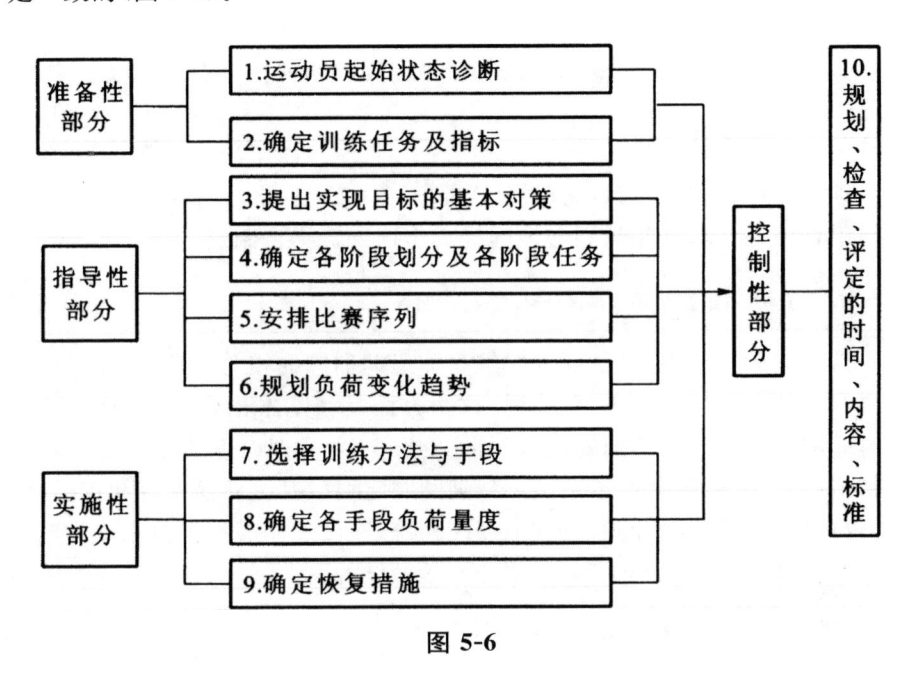

```
准备性部分 ─┬─ 1.运动员起始状态诊断
            └─ 2.确定训练任务及指标

指导性部分 ─┬─ 3.提出实现目标的基本对策
            ├─ 4.确定各阶段划分及各阶段任务      控制性部分 ─── 10.规划、检查、评定的时间、内容、标准
            ├─ 5.安排比赛序列
            └─ 6.规划负荷变化趋势

实施性部分 ─┬─ 7.选择训练方法与手段
            ├─ 8.确定各手段负荷量度
            └─ 9.确定恢复措施
```

图 5-6

二、运动训练计划的制定

(一)制定运动训练计划的重要意义

(1)运动训练计划的制定,能够对训练目标进行进一步的细分,使其分化为几个具体的训练任务,这些训练任务之间是有着密切关系的,即相互独立而又彼此联系,同时,还通过进一步的分解,使各个训练任务都有特定的训练方式和内容,以此为依据,运动员可以借助有效训练方法和手段来多次重复完成各种训练,从而使各个具体任务都能得以顺利实现,从而逐步接近,直至达到训练总目标。

(2)运动训练计划的制定,能够对运动员和教练员的运动训练活动的开展有积极的导向作用,指引他们更好地去完成训练任务、实现训练目标。

(3)运动训练计划的制定,能够在体育运动训练的开展过程中对运动员的状态和表现有客观的评价,也为后续训练计划的具体实施创造有利条件。

(二)运动训练计划制定的参照依据

在制定运动训练计划时,必须要参照充足的依据来进行,这样才有可能保证所制定出的运动训练计划是科学的、合理的、可行的,在后续的实施过程中能够顺利进行并取得理想的成效。

具体来说,制定科学的运动训练计划需要参照的依据主要有以下几点。

1. 训练目标

训练目标是在体育运动开展之初就要确定下来的,具有明确的训练方向指引作用,因此,训练计划必须围绕现实训练目标来制定。

2. 运动员的个人特点和现实状态

对于运动员来说,其之所以能够参加运动训练的相关活动,主要考量的是其个人特点和现实状态,可以说,这两方面是其基本出发点,也是通过一定时间的训练后可能达到的新水平的重要条件。因此,运动员的现实状态和特点的重要性,体现在运动训练计划的制定要以其为参照标准和依据,同时,也要保证与运动员的"最近发展区"相符,这样才能满足实施个体化训练的需求,所取得的运动训练效果才可能是最佳的。

3. 运动训练的客观规律

运动训练计划的制定必须严格遵循运动训练的相关客观规律,其中,较为主要的有:竞技状态的形成和周期性发展规律、生物和自然界的节律变化规律、竞技能力和训练内容的迁移规律、重大比赛安排的规律,以及依据人体承受负荷时的有限性和无限性规律以及各种竞技能力和能量物质在不同负荷后的异时性恢复规律等。这些都是制定运动训练计划的先决条件,关乎所制定的运动训练计划的可行性。

4. 训练和比赛条件

运动员体育运动训练活动的开展都是在一定的训练和比赛条件下进行的,作为重要的外界影响因素,这一点在制定运动训练计划时也不容忽视。一般的,即便是同一个运动员,其在不同的训练条件和比赛条件下所取得的训练和比赛效果也是会有显著差别的。

（三）运动训练计划制定的基本要求

在制定运动训练计划时，为保证其科学性，一定要做到以下几方面的基本要求。

1. 目的明确

明确的训练目的，是在制定运动训练计划和体育运动训练开始之前就要确定好的。因为，明确的目的才能起到应有的导向性作用，才会起到提高运动员训练的积极性和自觉性，从而使其自觉坚持进行运动训练，从而取得理想的训练效果。

2. 注重训练计划的连续性和系统性

从本质上来说，运动训练就是一个不断对运动员的身体机能及其适应能力产生刺激的过程，也是在这一过程中，运动员的运动能力和适应能力都会得到持续性的提升，最终，运动员的竞技能力和运动成绩也会逐渐得到强化。因此，这就要求在进行运动训练之前，一定要制定出科学合理的多年规划和全年计划，同时，还要做好计划中各个训练内容的相应配比，尤其要重视体能训练的比重。

3. 训练方法和手段要多样化

体育运动训练通常都是比较枯燥和艰苦的，通过变换训练法能增加运动训练的趣味性，因此，可以通过不断地变换训练方法和手段的方式来改善这一问题，尤其要多注入竞赛和游戏的成分，从而保证运动训练的生动活泼和趣味浓郁，从而有效地提高运动员参与运动训练的兴趣。

4. 及时调整运动负荷，保证其适宜性

运动员在运动训练过程中，是必须要在一定的运动负荷下进行训练的，并且要保证所采用的运动负荷的适宜性，才能保证理想的训练效果。具体来说，在制定运动训练计划就要以训练任务及个体情况为依据，并且结合人体机能训练适应规律，以大负荷为核心，坚持长期、系统和有节奏的安排运动负荷，在训练中确定好量与强度的最佳结合。随着训练的不断推进，运动负荷也需要进行及时调整，确保其始终都是适宜的。

5. 注重运动训练的针对性与个体性

不同运动员之间存在着一定的个性化差异，因此，在制定运动训练计划时,就需要以运动员的形态、机能、智力、心理等为依据,来比赛对手和环境条件有别,因而在制定运动训练计划时,就要针对不同运动员的个体特点,以及对手和各种比赛条件等进行针对性的个体化训练,这是毋庸置疑的。

6. 体能训练与专项技战术训练相结合

体能训练和专项技战术训练,都是运动训练计划中不可或缺的重要内容。运动员要想综合提升自身的身体素质和运动能力,就必须将这两方面有机结合起来,实现在体能训练过程中完善和检验技战术,在技战术训练中发展和巩固体能的良好训练效果。因此,体能训练应该为技战术的运用和发挥服务,与技战术训练的结合应贯穿在整个训练过程中。

7. 全面安排

运动训练计划是运动员参与体育运动训练的重要参照标准,因此,要保证运动员的全面发展和提升,就要求运动训练计划也具有全面性,这体现在训练内容上,也体现在训练方法和手段上。

三、运动训练计划的实施

(一)多年训练计划的实施

多年训练计划是运动员多年训练过程的总体规划。主要涉及逐年的奋斗目标、任务、方法、比赛安排等方面内容。通常,会以文字叙述结合表格的形式来将多年训练计划展示出来。

由于多年训练时间跨度较长,一般是两年到十几年,因此,计划是宏观的、战略性的,计划内容仅是框架式的。

在运动训练计划的实施过程中,由于运动员为了全面提升自身的综合素质和能力,需要进行一些针对性较强的训练,而较少地从事专项训练和参加比赛,所以训练中也不一定每年都规定要提高专项成绩。而要在训练目的的指导下,将每年训练的主要任务和手段确定下来,并且要求这些任务和手段要能够将训练的基本方向明确下来。在多年训练计划中,所有主要任务都必须得到保留,如培养道德意志品质,掌握与改进技术、战术,发展一般与专项素质以及学习理论与实践知识和技能。

(二)年度训练计划的实施

年度训练计划是教练员和运动员组织实施运动训练过程的最重要的文

第五章 现代教育理念下体育训练体系的建设与优化

件之一。年度训练计划是多年训练计划的细化,是一系列训练计划中最重要的计划形式之一。

1. 主要内容

(1)奋斗目标、训练指导思想和主要措施。

(2)运动员的思想、技术、战术、身体、心理等的实际状况,球队的主要优缺点等。

(3)训练的基本任务、内容、要求及手段。

(4)时期的划分,各项训练任务内容,比赛和训练负荷的安排以及训练工作的考核与总结。

2. 类型划分

目前,年度训练计划主要有以下三种类型。

单周期训练计划:全年为一个大训练周期。可以具体分为准备期、竞赛期、过渡期。

双周期训练计划:全年分为两个大训练周期。又有不同阶段的准备期和竞赛期的细分。

年训练计划:适合于身体机能和运动成绩已近极限的运动员采用。

3. 训练时期划分

对于年度训练计划,其主要分为准备期、竞赛期和过渡期三个时期。不同时期的训练任务各不相同。

准备期训练任务:保持竞技状态,是从思想、心理、身体、技战术上为参加比赛做好充分的准备。

竞赛期训练任务:进一步发展专项身体素质和培养道德与意志品质;巩固与改进专项技术;掌握战术和丰富比赛经验;保持已达到的一般身体训练与专项基础的水平,进一步改善这方面的薄弱环节以及提高理论知识水平等。

过渡期训练任务:调整训练,消除身体与心理的疲劳,为下一周期的训练做好准备。

(三)阶段训练计划的实施

阶段训练计划也称中周期训练计划,持续时间在3~8周之间。每个阶段由数个同一类型或不同类型但又很近似的小周期组成,它是训练过程中一个相对完整的阶段。

通常,体育运动训练的阶段训练计划通常包含引导阶段、一般准备阶段、专门准备阶段、赛前准备阶段和比赛阶段。不同阶段的特点和持续时间各不相同。

1. 引导阶段

主要特点:训练负荷量的上升是呈平稳和逐步态势的。
持续时间:较短,2~4周。

2. 一般准备阶段

主要特点:努力提高有机体机能的总水平,全面发展身体素质、运动技能和能力。
持续时间:4~8周。

3. 专门准备阶段

特点:提高专项训练水平和改进运动专项技术,逐渐加大比赛性练习的比重和提高课的强度。
持续时间:4~8周。

4. 赛前准备阶段

特点:一年中这种阶段可能出现数次。
持续时间:3~6周。

5. 比赛阶段

特点:是主要比赛期间的一种训练形式。
持续时间:取决于竞赛日程和规模。

(四)周训练计划的实施

周训练小周期是由数次训练课组成的,在整个训练过程中,周训练小周期是相对完整而又经常重复的单位。不同类型的训练小周期联合在一起,是组成阶段训练中周期的基础。

由于训练目的的不同,周训练小周期又可以分为训练小周期、比赛小周期和恢复小周期等。不同小周期的特点和内容各不相同。

1. 训练小周期

训练小周期主要包含以下几方面内容。
"引导性"小周期:逐渐提高量和强度。

"发展性"小周期:量大,强度中等。
"冲击性"小周期:最大强度和最大量结合。
"稳定性"小周期:训练强度较高,训练量有所下降。

2. 比赛小周期

比赛小周期主要包含以下几方面内容。
"准备性"小周期:模拟比赛条件、提高适应比赛能力。
"打基础"小周期:为直接参加比赛作准备的或在赛前进行。
"比赛"小周期:直接参加比赛。

3. 恢复小周期

通过训练与场地改变及负荷量的降低实现积极性休息。

(五)课训练计划的实施

训练课计划的实施过程中,主要呈现出以下特点。
(1)开始部分:缓慢的准备活动。
(2)课的基本部分:运动量的曲线较高。
(3)结束部分:运动量降低。

四、运动训练负荷的科学控制

一般的,在运动训练计划中,运动负荷的调控至关重要,其关系到训练效果的理想与否。对运动训练负荷程度产生影响的因素有很多,其中,起到决定性影响的因素主要有训练的周期节律、专项竞技的需要、运动员的承受能力等这几方面。这就要求一定要在这几方面加以高度关注。

另外,运动训练计划中的运动负荷适宜与否,适宜程度如何,需要借助一定的方法来加以判定,比如常见的生物学判断、教育学判断、心理学判断等,具体根据实际情况加以选用。

(一)运动训练计划中训练负荷的科学调控

训练负荷的持续提高会在很大程度上受到人体适应和恢复机制的影响,要想在训练的每一个阶段都呈直线提高是不可能的。在不同时期,训练负荷的提升具体程度不同,但是,通常都是呈各种形式的变动态势实现的。所以,运用负荷→恢复→超量恢复的生理规律,根据不同的具体条件,进行各种调控形式,逐步加大训练负荷,从而对运动员运动技能的提高和运动能力的提升起到促进作用。

在运动训练中,负荷量增长的形式主要有以下几种。

1. 阶梯式增长

增长方式:上升→保持→上升。
适用范围:比赛期前期的负荷安排。

2. 渐进式增长

增长方式:按一定的规律斜线上升。
适用范围:一个较短的训练阶段中。

3. 恒量式增长

增长方式:在一定的训练阶段中,训练量保持在一个相对稳定的水平上,变化不显著。

4. 跳跃式增长

增长方式:通过负荷的大起大落打破原有的动态平衡,并产生明显的超量恢复来加大训练量。
适用范围:高水平运动员。

5. 波浪式增长

增长方式:上升→保持→下降→再上升。
适用范围:训练的各个时期。

(二)运动训练计划中训练负荷的科学安排

运动训练计划中的训练负荷必须保证适宜性。

1. 训练量的安排要合理

合理安排训练量本身就具有显著的复杂性和科学性特点。不同训练时期、阶段的训练任务是不同的,不同运动员在训练中承担负荷的能力也大小不一,对负荷的适应过程快慢有别,对量和强度适应能力的表现也各不相同。因此,必须根据任务和对象的水平合理安排运动量。

2. 掌握好负荷与恢复的关系

运动员的体育运动训练都要保证充分的休息和恢复,在此基础上,才能进行下一次的运动训练,因此,科学安排训练课的间歇时间,并根据超量恢复的原理来掌握就显得尤为重要。

这里需要强调的是,负荷积累要控制在运动员能够承受的范围内,切忌达到过度疲劳的程度。另外,在体育运动训练中承受一定的训练负荷后,一定要保证充足的休息时间,从而保证机体达到超量恢复。课与课之间都要有间歇,课负荷的大小和间歇时间的长短呈正比关系。运动员接受负荷的能力以及恢复的机能水平,也和间歇时间呈正比关系。负荷的性质决定了所需的恢复时间的长短。

3. 灵活变更训练计划

某种意义上来说,运动训练计划是教练员与运动员为即将进行的训练过程预先提出的设计方案。但是,在实际的体育运动训练中,运动训练活动是不断变化的,这就赋予了其可变性和复杂性的显著特点,所以,预定的训练计划与训练实践总会产生差距,可谓"计划赶不上变化",因此,就需要及时变更训练计划。针对训练过程中的身体和心理状态、社会环境的干扰与意外的影响等各种动态变化的因素,随时灵活地变更训练计划,从而使训练效果更加理想。

第五节 加强学校高水平运动队的训练与管理

一、学校高水平运动队训练管理概述

(一)高水平运动队训练管理的基本内容

1. 组织人事管理

本质上而言,高水平运动队训练管理就是对运动队的人力资源进行有效整合,然后对人力进行管理。具体来说,关于学校高水平运动队的组织人事管理工作的开展,可以从以下几方面着手进行。

(1)建立科学的选拔制度和管理体系。

在高水平运动队训练管理中,首先要建立选拔制度,选拔优秀的教练员与运动员,并对其进行专业培养。

(2)采用科学的培养方法,促进人力资源素质的全面提高。

在高水平运动队训练管理中,要培养各个层次的人力资源,要在新时代背景下进行人力培养,使新时代的人才符合时代发展的要求。

2. 思想教育管理

思想教育管理在学校高水平运动队训练管理中所占据的地位是非常重要的,并且这是一项隐性的内容,是需要在长期坚持下才能出效果的重要内容。高水平运动队思想教育水平的高低,不仅关乎学校形象,更关乎国家荣誉,因此,思想教育管理必不可少。

学校对高水平运动队进行思想教育管理所涉及的内容有以下几点。

(1)爱国、爱人民的意识与观念。
(2)集体主义精神和团队精神。
(3)遵守组织纪律的习惯。
(4)坚忍不拔、顽强拼搏的意志品质。
(5)互相尊重、助人为乐的精神。

3. 训练竞赛管理

学校高水平运动队的训练竞赛管理,涉及两方面的内容,一个是训练计划管理,一个是竞赛管理。

(1)训练计划管理

关于运动训练计划,已经在上述内容中进行了探讨,这方面管理所涉及的内容主要有以下几点。

①巡逻队的训练现状分析。
②训练目标体系。
③训练的指导思想、任务、内容及方法手段。
④训练阶段的划分。
⑤训练负荷的安排。
⑥训练效果评价等。

另外,需要强调的是,训练计划制定完成后,要进行评议、检查、修订,以促进计划的不断完善,从而将其指导作用更好地发挥出来,使运动训练顺利实施,提高训练效率。

(2)参赛管理

一般来说,学校高水平运动队所参加的比赛通常具有规模大、水平高的显著特点,而且参赛数量多,因此,竞赛效益往往备受关注。同时,由于面临的任务艰巨、责任重大,所以要严格选拔参赛运动员,公开竞争、教练组指定等是选拔的主要方式。但是,这两种选拔方式都具有一定的不足,比如,公

第五章 现代教育理念下体育训练体系的建设与优化

开选拔不利于从全局来综合分析整个队伍的发展,而教练组指定方式说服力不强、主观性明显,因此,为了保证选拔的客观性和科学性,往往会将两种方式结合起来加以运用。

在比赛过程中,运动员要严格按照教练员布置好的技战术要求去执行,队员之间要互相鼓励、帮助,充分发挥团队精神。此外,在比赛的整个过程中,运动员对裁判、对手、观众都要持尊重的态度。此外,还要做好比赛前的准备工作,避免比赛中不必要的慌乱与紧张。

4. 文化学习管理

学校高水平运动队的运动员,首先是一名学生,因此,对于他们来说,文化课是他们最基础、最本职的学习内容。只有学习好文化知识,其理论基础才会比较扎实,对于体育运动训练方面的开展也更为有利。另外,运动员的竞技能力具有显著的综合性特点,其是由技战术、体能、智能、心理等因素共同组成的,其中运动智能的重要性不容忽视,这也从侧面反映出了加强运动员文化教育的重要性和必要性。

5. 财务后勤管理

在学校高水平运动队管理中,为了使运动训练和比赛的相关需要得到有效满足,需要适当安排一些专门的人员管理财务和后勤工作,要科学制定管理制度,管理人员严格按制度要求进行管理。

6. 科技服务管理

所谓的科技服务管理,就是指在高水平运动训练中,针对科研活动进行的管理。其主要包含两方面内容:一个是对科研人员的管理,一个是对科技攻关过程的管理。

在学校高水平运动队中进行科技服务管理,需要从以下几方面着手。
(1)建立科技攻关团队。
(2)注重科技服务的工作流程。
(3)建立数据库,提高训练的定量管理水平。
(4)建立运动训练科研管理制度。

(二)高水平运动队训练管理的方法

高水平运动训练管理的方法有一般方法和现代方法之分,一般方法包括行政管理法、法律管理法、经济管理法等,这里就不作赘述了;现代管理方法主要有以下几方面。

1. 数量分析方法

以定量分析为主的管理方法就是数量分析方法。

(1)数量分析方法的要素。

现在,数量分析方法包含的内容非常丰富,这些内容也形成了相对独立的分支。但不管是哪种类型的数量分析方法,其都包含理论基础、数学模型、方法步骤、管理手段四个要素。

(2)数量分析方法的应用。

常见的数量分析方法有网络计划方法、可拓工程方法、博弈论方法等。

2. 管理心理学方法

管理心理学是以管理活动中人的心理活动规律为研究对象,以提高人的积极性、激发人的潜能、提高人的工作效率和管理效率为目的的一门科学。[1] 一般的,管理心理学方法主要包括调查法、实验法、经验总结法。

在高水平运动队训练管理中采用管理心理学的一系列理论,可促进管理思想的活跃、发展,促进以人为中心的管理的加强,知人善任,合理使用人才,促进人际关系的改善和群体凝聚力与向心力的增强,促进组织的变革和发展,进而促进管理方法的丰富和管理效果的提高。[2]

二、学校高水平运动队训练管理的制度建设

(一)高水平运动队训练管理的体制

一般的,以运动训练的性质为依据,可以将运动训练管理体制大致分为以下几种类型。

1. 以专业为主的训练管理体制

这种类型运动管理体制的主要特点是,政府相关部门负责培养运动员,国家提供训练经费、场地设施,统一安排教练员等。在这一训练管理体制下,运动员要通过科学的专业训练,能够不断提高自己的专项技能。同时,在学校高水平运动队训练管理中采用这种体制,对于整合相关资源,培养高水平的运动员和优秀的后备运动人才都有着非常积极的影响。

---

[1] 刘青. 运动训练管理教程[M]. 北京:人民体育出版社,2007.
[2] 田麦久. 运动训练学[M]. 北京:高等教育出版社,2006.

第五章 现代教育理念下体育训练体系的建设与优化

2. 以职业为主的训练管理体制

这一类型训练管理体制的本质,就在于以职业为主的训练管理体制,就是依据市场经济发展规律和高水平竞技运动发展的需要来经营体育,具有显著的企业管理性质。

3. 以业余为主的训练管理体制

这一类型训练管理体制也具有显著特点,主要表现为,由个人或家庭支付训练经费,社会和政府共同提供训练所需的场地设施。在这种体制中,文化教育和运动训练都能够得到保障,对运动员的全面成长是有帮助的。

(二)高水平运动队训练管理机制的创新发展

1. 观念创新

这里所说的观念创新,实际上就是管理思维和理念的创新,这也是高水平运动队训练管理机制创新发展的首要任务。具体来说,高水平运动队训练管理观念创新可以从以下几点着手进行。

(1)"物本管理"向"人本管理"的转变。
(2)"命令管理"向"服务管理"的转变。
(3)"静态管理"向"动态管理"的转变。
(4)"封闭管理"向"开放管理"的转变。

2. 组织创新

从我国学校高水平运动队训练管理的实际出发,所采用的组织结构以金字塔结构为主,表现出的问题主要有:分工过细、结构层次重叠、管理幅度小、工作效率低、部门之间存在隔膜、工作人员的积极性和创造性不高、全社会参与度低等。这些问题对高水平运动队训练管理的质量与效率都产生了严重的制约甚至阻碍作用。这些问题要想得到妥善解决,加强运动训练管理组织创新势在必行,由此,能够有效促进运动训练相关资源的优化配置、机构的整合和各岗位人员作用的充分发挥,从而大大提升管理效率,这对于高水平运动队训练水平的综合提升也大有益处。

3. 方法创新

在高水平运动队训练管理中,科学有效的训练管理方法是不可缺少的重要因素,因为,这对于管理者管理职能的发挥以及管理工作的落实,甚至管理目标的实现都有着密切的影响。

关于学校高水平运动队训练管理的方法,首先,要保证其科学性和可操作性,加强运动训练管理方法的创新,使管理方法能够做到与时俱进,要做到这一点,就需要管理者在对各个训练管理方法有全面且深入了解的基础上,综合它们的特点和应用范围、适用对象等,根据实际需求进行针对性的整合与创新,在运动训练管理领域引入新管理方法,促进管理水平的提高。

4. 制度创新

要做好学校高水平运动队训练管理的制度创新,要选择好创新的方式,具体来说,以下两种较为适宜。

(1)推陈出新,对过去的规章制度进行深入改革,从而有效促使已有制度的进一步完善。

(2)在原有的基础上,制定新的运动训练管理制度。

三、学校高水平运动训练管理的科学评价

对学校高水平运动训练管理的评价进行研究,首先要明确其训练管理的绩效,这主要体现在运动训练管理过程和运动训练管理结果中。学校高水平运动训练管理的评价,实际上就是对绩效的评价。

学校高水平运动训练管理中对管理绩效的评价,主要涉及以下几方面的内容。

(一)条件评价

高水平运动队训练管理的条件,包含了人力、物力、财力、信息、技术等方面。要对运动训练管理的条件进行评价,就要保证评价的全面性,从而保证评价的客观性与准确性。

(二)过程评价

在对学校高水平运动队训练管理过程的评价时,要求从教学管理、训练管理、思想政治工作、生活管理、行政管理等方面入手。

(三)效益评价

在学校高水平运动队训练管理的效益评价方面,通常将上一级训练层次输送的人才数量、质量以及训练的成才率等作为主要的评价标准。

第六章　现代教育理念下体育教学与训练的科学保障体系

在现代教育理念下,任何体育教学或训练活动都要保证一定的科学性,要在一个科学的保障体系之下,才能获得理想的教学训练效果。因此,构建一个完善的体育教学与训练的保障体系是十分重要的。本章就重点研究体育教学与训练的营养保障、运动安全保障、运动康复保障等方面的内容。

第一节　体育教学与训练的科学营养保障

在平时的体育教学与训练活动中,运动者一定要注意营养,做好科学的膳食与营养补充,这样才能保证身体机能正常地参加体育活动,保证运动锻炼的安全。

一、科学膳食

(一)保持膳食平衡

1. 膳食平衡的原则

学生在参加平时的体育教学与训练活动中,一定要注意营养的补充,要保持膳食平衡,这样才能为机体提供必要的营养。膳食平衡是指人们所摄取的营养物质要丰富、比例合理,可满足机体运转所需的良好状态。对于学生而言,为保证体育活动的顺利进行,必须要使自己的膳食营养维持一个相对平衡状态,不能出现紊乱的局面。如果出现膳食不平衡的状况,学生身体各项功能的运转就会受到严重的影响,不利于身心各项素质的发展。

因此,参加体育教学与训练活动,一定要遵循膳食平衡的基本原则。这一原则主要包括以下几方面的内容。

(1)全面性原则

全面性是膳食平衡的一个非常重要的原则,这一原则要求学生在平时的饮食中一定要选择合适的食物,注意食物的全面性,不能仅仅选择一种食物,选择的食物要包含水、糖、脂肪、蛋白质、维生素和矿物质等多种营养素,要避免出现挑食、偏食等行为。以上这些营养素对于学生身体健康发展及顺利地参加运动锻炼都是十分重要的,一定要引起高度重视。

(2)平衡性原则

在日常生活及体育锻炼中,学生一定要注意保持膳食平衡,一般情况下,每日膳食要保持营养消耗量与输入量基本一致,并且营养摄入的比例要符合机体需求,营养摄入要适当,不能过多也不能过少,否则就不利于人体运动,甚至危害人体健康。学生在参加体育锻炼的过程中,如果运动强度较大,可以适当摄入高能量的食物,以满足机体所需。

(3)适当性原则

保持膳食平衡,还要遵循适当性的基本原则。适当性原则,是指摄入人体内的营养物质之间的比例要适当,不能过多或过少。对于人体来说,其对每种营养物质的需求量不同,如对水和糖的需求量就较多,而对维生素和矿物质的需求量就相当少。为此,学生在摄取食物时就要注意荤素搭配,以满足机体对各种营养素的需求。如果基于身体原因导致的机体对某些营养素的吸收有障碍,则可适当补充一些营养品,但是这些营养品不能替代日常的饮食,通常情况下还是要在平时的膳食中获取。

2. 膳食平衡注意事项

(1)保持营养素和热量的平衡

实现膳食平衡,一个非常重要的原则就是坚持全面性营养,营养素的摄入要均衡,能满足机体的各种需求。我国的营养学会还特意制定了符合我国国民习惯和特点的每日营养摄入标准。学生在参加体育教学或训练活动时,营养的摄入要充足,同时还要根据自身的具体情况合理地调整营养素的摄入,使营养的获取达到一个平衡的状态。处于青春期的学生活泼好动,在平时的学习和生活中,运动量都比较大,因此摄取充足的营养是非常重要的。在各种营养素的摄取中,糖、蛋白质、脂肪等"热量营养素"尤为重要,一定要进行合理的补充。除此之外,维生素和矿物质的补充也是不可或缺的,也要引起重视。

(2)保持酸碱的平衡

对于学生而言,受各种因素的影响,他们的身体素质都存在着一定的差异,不同人体的酸碱度是不同的,通常情况下,这些酸碱度保持在一个平衡的状态,如果膳食搭配不佳就有可能打乱这一平衡状态,导致人体酸碱失衡,这对于人体的健康是十分不利的。学生长期参加体育锻炼,身体会产生过多的酸性代谢物,这些代谢物对人体的健康有一定的危害,会给人体带来一定的疲劳感,容易致使人体出现疲劳现象,甚至可能引发运动损伤。因此,这就需要补充一定的碱性食物,这样能起到中和的效果,达到酸碱平衡,有利于机体的健康。

(二)合理的膳食营养

1. 膳食的合理构成

为帮助我国国民合理的膳食营养,中国营养学会制定了一个合理的膳食结构。这一膳食结构主要包括以下几方面的内容。

(1)日常膳食要讲究多样化,最好以谷类为主。据相关调查发现,我国国民最常摄入的食物有谷类、薯类、蔬菜水果、肉类、豆类及其制品和纯热能食物等类型。不同类型的食物都有着不同的营养成分,因此,一定要注意营养补充的全面性和多样性。

(2)学生在平时的体育教学或运动锻炼中,一定要注意保持食量与运动量的平衡,依据运动强度来决定进食的量,进食量要与运动量成正比关系。这一方面一定要高度重视。

(3)膳食营养是十分重要的,学生一定要在平时的生活和学习中多吃蔬菜、水果和薯类,构建一个合理的膳食结构。肉类食物含有众多的蛋白质与脂肪,但人体所需的众多维生素和矿物质则主要包含在蔬菜、水果和薯类食物之中,且这类食物中往往还包含大量的水,有着很高的营养价值,因此一定要注意及时合理的补充。

(4)膳食营养中,肉类的补充是十分重要的,在补充肉类食物时,要注意"白肉"与"红肉"的搭配。"白肉"主要是指鱼、鸡、鸭等各种肉类,"红肉"则指猪、牛、羊等肉类,这些肉类都能提供给人体必要的能量,满足人体参加运动的需求。

(5)乳制品、豆制品等食物中富含蛋白质和维生素,这是学生参加体育运动锻炼所必须摄取的。另外,这两类食物中还含有丰富的钙,能满足学生机体的需求。

(6)在平时的膳食中,学生最好吃清淡少盐的食物。过量的盐摄入对于人体健康是不利的,一般来说,每人每日摄入的盐应低于6克。这一点要引起重视。

2."4+1营养金字塔"

膳食平衡的"4+1营养金字塔"是一个十分重要的营养膳食理念,对于学生而言,要在平时的学习、生活和运动中充分贯彻这一理念。

(1)第一层为粮豆类食物,粮豆类作为我国民众主食的重要选择,是每日摄入最多的食物。一般情况下,青少年每日应摄入粮豆类食物400～500克,其中粮食与豆类的搭配比为10∶1。

(2)第二层为蔬菜类和水果类。蔬菜和水果的营养价值自不必多说,其所在金字塔中的位置也决定了每日摄入量仅次于粮豆类食物。青少年每日应摄入蔬菜和水果300～400克,其中蔬菜与水果的搭配比为8∶1。

(3)第三层为奶和乳制品。各种奶类以及乳制品中含有大量的优质蛋白和钙。青少年每日应摄入奶和乳制品200～300克。

(4)第四层为肉类食物。肉类中含有丰富的蛋白质、脂肪、维生素B族和多种矿物质,这些营养素都是正处于生长发育期的青少年所不能缺少的。青少年每日应摄入肉类100～200克。

(5)第五层主要为盐,对于我国民众而言,在平时的膳食中摄入的钠是比较多的,这对于身体健康不利,因此盐的补充一定要适当和合理。

综上所述,一二层的食物为人体提供了高达65%的碳水化合物;三四层的食物为人体提供了25%的脂肪和10%的蛋白质。

(三)膳食建议

1. 培养科学的饮食习惯

(1)合理安排一日三餐

①饮食时间要合理。每天保持一个相对固定的饮食时段是非常重要的,如此安排有助于消化系统的正常运转。我国居民的饮食安排一般为早、中、晚三餐,每餐之间的间隔大约为5小时。除此之外,每餐的进食时间也要合理,不能过快或太慢,要有利于人体的消化和吸收。

②热能摄入要合理。通常情况下,青少年的早餐热量应占全天总热量的30%左右,午餐热量占比为40%～45%,晚餐则为25%～30%。经常参加体育锻炼的学生每日饮食的热量可适当提高一些,要满足机体运动的需求。

(2)培养良好的个人饮食习惯

①长时间地参加体育运动锻炼,人体会消耗大量的能量,因此,学生每天摄入的能量要适当增加,其中,糖的摄入应占每日总能量摄入的60%～70%,蛋白质应占10%～15%,脂肪应占20%～25%,这些营养素的摄入要保持一个恰当的比例,这样才能保证机体正常发展。

②学生要选择在卫生的环境下进餐,避免细菌感染;同时进餐的食品不能过期,少吃一些不利于人体健康的垃圾食品。

③日常饮食要清淡,少吃过甜、过咸、油腻等食物,保证摄取的食物要新鲜。

④保持营养膳食平衡,补充营养品要谨慎。

(3)合理加餐

长期参加体育运动锻炼会消耗人体大量的能量,能量消耗后就需要进行必要的补充,因此,在平时的体育锻炼中可以考虑加餐。加餐要合理,不能影响正常的一日三餐。

2. 素食餐饮要适当

通常来说,素食品的热量都比较低,对于预防现代社会文明病具有显著的效果,但对于经常参加体育运动锻炼的学生而言,只进行素食的补充是难以满足机体所需的,因此,素食餐饮要适当,要注意各种营养素的搭配。

(1)易使身体出现营养不良

在人体所需的营养素中,蛋白质和脂肪非常重要。蛋白质是构成人体细胞的重要成分,脂肪参与维持人体的正常体温,提供人体所需的能量。这两种营养在肉类食物中含量最为丰富,因此在平时的饮食中适当地补充肉类是尤为必要的。

(2)易使身体缺乏微量元素和维生素

一般情况下,微量元素在人体中的占比是比较少的,但也不是可有可无的,也是人体所必需的营养素。如钙、铁、锌等都是人体所需的重要的微量元素。如果平日较少进食肉类,则会造成体内微量元素的缺乏,因此,素食主义者就容易导致微量元素的缺乏,注意荤素的搭配是非常重要的。

(四)运动前后的饮食要点

在运动前后,学生还要注意合理的饮食,不能忽略了这一方面。运动前后的饮食要注意以下几方面的要求。

1. 空腹时避免高强度的运动

学生在空腹参加体育运动锻炼时容易导致头昏眼花、四肢乏力、心慌心悸等症状,这是因为空腹容易导致血糖含量降低,严重的低血糖还会导致人发生昏厥。因此,一定不要空腹参加体育运动锻炼。

2. 饭后切忌大量运动

当人体在进食后,体内血液大量流向消化器官,此时运动会减少原本应流向消化器官的血液,致使机体的消化功能降低,同时还会增加胃痉挛、呕吐等症状出现的概率。因此,学生一定要制定一个合理的计划,避免在饭后立即参加运动,否则就会带来不良的后果。

3. 运动中不大量饮水

学生参加长时间的运动锻炼后,会消耗身体大量的能量,因此,补充水分是十分必要的。大学生在补水时要注意补水的量,避免一次性大量补水,过多的水存留在肠胃中会增加身体的运动负荷,影响正常呼吸,并对肠胃、心脏有害。正确的补水方法应为少量多次地进行,必要时可以补充一些运动饮料,通常能取得不错的补水效果。

4. 运动前不吃油腻或过咸食物

学生在参加体育锻炼之前,切忌进食一些油腻或过咸的食物,这些食物会在一定程度上增加人体消化的难度和复杂度,增加消化时间,不利于人体的吸收。这一方面使得长期滞留在肠胃中的食物加大了身体的运动负荷,另一方面使得过多流向肠胃的血液降低了身体的运动系统机能。除此之外,进食过多的盐分还会导致人产生口渴的感觉,给人体肾脏带来不必要的负担,对人体健康是不利的。

二、合理的营养补充

(一)营养与营养素

1. 营养

学生参加体育运动锻炼需要摄取充足的营养,营养是其顺利参加体育运动锻炼的重要保证。营养是指人们从外界摄取各种食物,然后经过

第六章 现代教育理念下体育教学与训练的科学保障体系

消化、吸收、代谢和利用食物中身体需要的物质来维持生命活动的全过程。对于经常参加体育教学或训练活动的学生而言，一定要注意营养的合理补充。

大量的实践与事实表明，营养能为人体的健康发展提供必要的保障。因此，合理地摄取与补充营养对于学生参加各种体育运动锻炼具有非常重要的意义。需要注意的是，营养的摄取与补充一定要坚持科学性的原则，营养的补充要适当，不能过多或过少。

2. 营养素

学生参加各种体育活动时一定要注意营养素的补充，如此才能保证机体正常运转，保证运动锻炼的安全。通常来说，人体所需的营养素主要有蛋白质、脂肪、糖、水、维生素、无机盐六大类。这几类营养素的补充对于人体的健康发展非常重要，一定要引起重视。

以上几种营养素对人体有着十分重要的作用，其在人体中的比例和功能见表6-1。

表6-1 各类营养素在人体内的比例及功能

营养素	体内所占比例（%）	功能		
		供给热能	构成组织	调节生理功能
糖	1～2	主要功能	次要功能	
脂肪	10～15	主要功能	主要功能	
蛋白质	15～18	次要功能	主要功能	主要功能
无机盐	4～5		主要功能	主要功能
维生素	微量		次要功能	主要功能
水	55～67		主要功能	主要功能

一般来说，绝大多数的营养素都能在日常膳食中获取，对于学生而言，日常饮食要注意多样化，因为任何一种食物都不可能包含所有的营养素，保证饮食的多样化才能摄取到多种营养素，以保证机体运动所需。

人体所需的各种营养素之间也发生着密切的联系，其表现如图6-1所示。

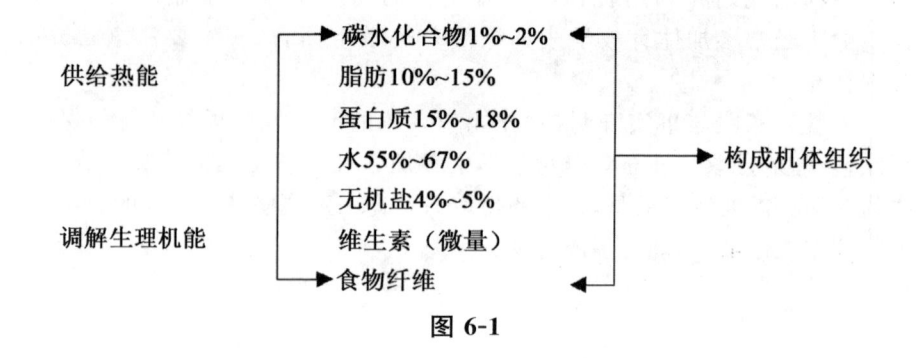

```
                    ┌──→ 碳水化合物1%~2% ←──┐
                    │    脂肪10%~15%       │
     供给热能 ──────┤    蛋白质15%~18%     │
                    │    水55%~67%         ├──→ 构成机体组织
                    │    无机盐4%~5%       │
     调解生理机能   │    维生素（微量）    │
              ──────└──→ 食物纤维 ←───────┘
```

图 6-1

(二)人体所需的营养素

人体的新陈代谢及健康成长都需要各种营养素的摄入,只有如此,人体才能得到充足的营养,保证生命活动和运动锻炼的需要。

学生在日常生活和运动锻炼中,一定要注意营养摄取的全面性,不全面的营养摄入会影响身体的健康发育,不利于运动锻炼。学生在参加体育教学活动或训练时要注意以下营养素的合理补充。

1. 水

水是生命之源,是维持人体生命活动的重要物质。在人体各种元素中,水的含量是最多的,约占人体体重的2/3,由此可见水的重要性。水的缺乏会导致人体各种生理功能受限,不利于人体的健康发展。水对于人体的主要作用在于参与人体代谢过程、促进腺体分泌正常以及调节体温,当然水还有其他方面的作用,在此就不再展开论述。

人体的水主要来自摄入的食物和饮料。对于一个正常的成年人来说,每天基本的水摄入量为2 000~2 500毫升。对于经常参加体育活动的学生而言,水的摄入量要适当多一些。

2. 糖类

糖类即"碳水化合物",其主要有单糖、双糖和多糖之分。其中,单糖主要有葡萄糖和半乳糖,双糖有乳糖、蔗糖和麦芽糖,多糖则有淀粉、糖原和果胶。

糖类具有多种功能,对人体健康发展具有十分重要的意义和作用。一般来说,糖类的功能主要体现在以下几方面。

(1)糖类是一种重要的维持机体正常运转的能量供应物质。

(2)糖类易于被人体所吸收和利用,为人体提供重要的能量。

第六章　现代教育理念下体育教学与训练的科学保障体系

(3)糖类是构成人体细胞和神经的重要物质,在人体各类营养素中占据着十分重要的地位。

人们在平时的生活中可以通过各种食物来获取糖类,如米、面、水果、牛奶等,日常的饮食一般都能满足机体对糖的需求。

3. 脂肪

脂肪是一种重要的人体所必需的营养素,这一营养素主要由碳、氢和氧等元素构成。总体而言,脂肪具有以下几个重要的功能。

(1)脂肪能帮助运动者维持正常的体温。

(2)脂肪能很好地保护人体内脏器官不受破坏。

(3)脂肪是构成人体细胞的重要成分。

一般来说,在各类食物中都存有脂肪,如肉类、蛋黄、花生等,日常的饮食一般就能满足机体对脂肪的需求。

4. 蛋白质

蛋白质也是一种非常重要的营养素,它主要由氧、碳、氢和氮等元素构成,它有完全蛋白质、不完全蛋白质和半完全蛋白质之分。

蛋白质对人体健康也具有十分重要的作用,其营养功能主要体现在以下几方面。

(1)蛋白质是构成人体细胞的重要物质。

(2)蛋白质能在一定程度上修复人体受损的细胞。

(3)蛋白质能为人体提供所必需的能量。

(4)蛋白质能产生抗体,使人体产生极大的抵抗力。

在平时的饮食中,人们可以从蛋、豆、肉等食物中获取足量的蛋白质。足量的蛋白质能保证机体参加运动锻炼,维持机体所需。

5. 矿物质

矿物质也是一种非常重要的营养素,其主要包括常量元素和微量元素两种。常量元素主要有钙、钠、磷、镁、氯、钾等,微量元素主要有铁、锌、碘、铜、硒等。虽然矿物质在人体中的含量并不高,但也是不可或缺的,人体缺少了某一种矿物质,都会影响健康发展。

总体而言,矿物质具有以下几个重要的营养功能。

(1)矿物质是构成人体组织的重要成分。

(2)矿物质能在一定程度上维持人体的酸碱平衡。

(3)矿物质是一种重要的辅助物质。

各类食物中都含有大量的矿物质,如乳制品中含有大量的钙;动物内脏中含有大量的铁和锌。一般情况下,日常饮食就能满足机体对各种矿物质的需求。

6. 维生素

维生素是维持人体正常运转所必备的一类营养物质。根据维生素的可溶性可将其分为水溶性维生素和脂溶性维生素两大类。水溶性维生素主要有维生素 C 族和维生素 B 族等,脂溶性维生素主要包括维生素 A、维生素 D、维生素 E 和维生素 K 等几类。这两种维生素对于人体都具有十分重要的营养功能,如果缺乏就容易导致机体出现各种问题。维生素主要有以下几个重要的营养功能。

(1)维生素 A:健齿、健骨、促进人体对营养物质的消化等作用。

(2)维生素 B_1:促进能量代谢及糖代谢生成 ATP 等作用。

(3)维生素 B_2:预防脚气病以及缓解口腔溃疡等作用。

(4)维生素 C:抗氧化、缓解机体疲劳等作用。

日常饮食中,蔬菜、水果等都含有大量的维生素,食用大量的蔬菜和水果通常能获得足量的维生素,以满足机体所需。

(三)营养补充的意义

对于学生而言,要想顺利地参加体育教学或训练活动,就要进行必要的营养补充,满足机体对各种营养素的需求。由此可见,营养补充具有十分重要的意义和作用。一般来说,营养补充的意义主要体现在以下几方面。

1. 增强运动能力

(1)补充能量物质

对于学生而言,在平时的教学与训练中,由于长时间参加运动练习,身体难免会出现一定的疲劳现象,导致这一现象的主要原因是水、无机盐以及矿物质等各种营养素的流失,因此及时进行营养素的补充是尤为重要的。通过补充各种营养素,人体疲劳状况才能得到缓解,人体能量得以恢复后才能更好地参加体育运动锻炼,进而提高运动锻炼的效果和质量。

(2)储备后续能量

学生在参加体育教学活动或训练的过程中,机体会消耗大量的能量,如果不及时补充就不利于运动锻炼的顺利进行,甚至还会导致运动损伤,影响人体健康。另外,通过营养的补充,还能为接下来的活动储备必要的能量,保证各项教学活动的顺利进行。

(3)提高身体免疫能力

长时间地参加体育活动,人的机体会消耗大量的营养物质,在此情况下,运动机体的免疫力就会大大降低,如果不及时地补充营养物质,机体的内分泌和免疫系统等就会受到极大的破坏,危害身体健康。进行及时的营养补充,有利于提高人体的免疫力,为体育活动的顺利进行提供良好的保障。

(4)加速恢复体能

长时间参加运动锻炼后,进行营养物质的补充是十分重要的,在这样的情况下,人体中的有机物质就可以快速合成,满足身体需要,恢复体能。在体能得到恢复后,学生就可以以更好的状态投入到运动锻炼之中。

2. 补充营养损失

长时间的参加运动锻炼,人体的新陈代谢速度会进一步加快,营养物质也会被消耗殆尽,及时地补充流失的营养物质对于人体的健康发展是十分重要的。

营养物质的补充要讲究合理性,在各种营养素中,维生素的补充至关重要,维生素的供应量要维持在一个合理的范围,既不能过量也不能过少,如此才能保证机体各项活动的正常运转,同时还能有效预防运动伤病。

(四)体育教学或训练活动中的营养补充

1. 水

学生参加长时间的体育活动会消耗机体大量的水分,因此及时进行水分的补充是尤为必要的。水的补充方面人们普遍存在一个误区,即认为只有当感到口渴的时候才认为需要补水。实际上,一旦人体感到口渴的时候,就代表其身体已经丢失了3‰的水,此时的机体就处于轻度脱水的状态之中。身体脱水会给人带来很多生理上的阻碍,不仅如此还会严重影响人体的运动能力。由此可见,运动中及时补充水分非常重要。

水分的补充有一定的讲究,一般来说,活动前、中、后三个阶段都要进行合理的补水,如此才能保证机体的健康。

(1)运动前补水

运动前补水的主要目的在于预防青少年在运动中出现脱水的现象。一般来说,运动前的补水应以少量多次为原则,在运动开始前2小时补充0.4~0.6升的水,运动型的功能饮料也可以作为补水的方式。

(2)运动中补水

人体在运动之中,尤其是长时间或大负荷的运动会大量的排汗,导致水分大量丢失,此时补水能维持体内水的含量,保证机体所需。一般情况下,运动中的补水量以排汗量为依据确定,一般情况下,运动中补水的总量要占失水量的 50%～70%,所补充的水以含电解质和糖的运动型功能饮料为宜。

(3)运动后补水

相关研究表明,只在运动中补水还是不够的,运动后的补水也是尤为必要的。运动后补水这一形式能在一定程度上补充身体欠缺的那部分的水,从而使运动机体获得充足的能量。运动后所补的水应是有一定含糖量的饮料,这能有效地恢复运动机体的血容量,同时要尽可能地避免补充碳酸饮料。需要注意的是,运动后补水并不是越多越好,如果补充的水分过多则有可能导致丢失更多的电解质,给人的肾脏带来极大的负担。

2. 能量

学生在参加体育活动的过程中会消耗机体内大量的能量,如果不能及时地补充丢失的能量,就难以保证运动锻炼的顺利进行,甚至还有可能危害人体健康。因此说,补充能量也是非常重要的,要引起重视。

在体育教学中,学生的耐力和力量锻炼非常重要,这是学生参加体育活动的重要基础。学生从事任何体育项目的学习和练习都需要具备良好的耐力与力量素质。在耐力与力量素质训练中,会消耗机体大量的能量,因此,在运动中适当增加能量是十分必要的。一般来说,可以多补充糖和脂肪含量较多的食物,通常都能满足机体参加运动的需要。

需要注意的是,脂肪的补充不要过量,否则就会影响学生机体对蛋白质和铁等营养的吸收,且脂肪在摄入后会相对更长时间停留在胃中,造成对运动的负担,因此,脂肪的补充一定要适宜。

学生在平时的体育教学或训练活动中,一定要注意及时补充糖类。这是因为如果运动机体中的肌糖原水平较低,就会影响学生正常的参加运动,并且容易在运动中发生疲劳现象且不易恢复。一般来说,补糖的方式要根据运动程度而定,如果进行的是短时间运动,则不需要额外补糖;如果是大强度的运动训练,则需要额外补糖。补糖要分为运动前、中、后三个阶段。运动前补糖要在开始前 2 小时以及 15 分钟时分别进行;运动中补糖可在轮换休息或暂停时进行,以此保证机体在运动中的能量供应;运动后补糖应在运动后立即进行,此后每 1 小时补充一次,这样才能维持人体良好的状态,保证体育教学或训练活动的顺利进行。

3. 蛋白质

蛋白质这一营养素的补充也十分重要。一般情况下，在补充蛋白质时需要注意以下几方面的要求。

（1）在参加比赛的开始阶段，要适当地增加蛋白质。这是因为此阶段中运动机体会出现更多细胞损伤的情况，此时补充蛋白质有助于对受损细胞的快速修复。

（2）学生在参加运动锻炼的过程中，要依据运动的强度和频率适当的补充蛋白质。学生体力活动中不同的运动强度和运动频率对体内的蛋白质消耗程度不同，此时对蛋白质的补充要与运动强度和频率成正比。

（3）当不能及时补充热量以及糖原储备不足时，应当增加蛋白质的补充量。

需要注意的是，学生补充蛋白质要维持体内蛋白质的"正平衡"状态，即补充的蛋白质量多于消耗的蛋白质量。除此之外，蛋白质的补充量还要以体力活动的强度为依据进行适量增减。例如，当进行力量、耐力等强度较大的锻炼时，对其蛋白质的补充应达到每日总能量摄入的15%～18%，如果是强度稍小的其他形式的训练，则补充量应达到每日总能量摄入的14%～16%。总之，蛋白质的补充要根据运动者的自身情况而定，要有针对性，不能盲目进行。

4. 维生素

经常参加体育活动还要补充必要的维生素，这也是非常重要的一点。人体内所需的维生素需要通过食物摄入。经常参加体育活动的学生更加需要补充维生素，维生素的补充要及时、全面、适量，有利于机体顺利参加运动。

第二节 体育教学与训练的运动安全保障

学生参加各种形式的体育活动时要注意运动中的安全，因此，构建一个运动安全保障体系是十分重要的。这一安全保障体系应该包括做好准备活动、确定合理的运动负荷、促进运动疲劳恢复、养成良好的卫生习惯等多方面的内容。

一、做好充分的准备活动

(一)准备活动的作用

学生在参加体育活动之前一定要做好充分的准备活动,准备活动具有以下几方面的重要作用。

1. 有效调动大脑的兴奋性,使其处于适宜状态

人体的躯干运动是在大脑皮质的调节下,实现肌肉的运动功能,并且实现更准确的技术动作。通过准备活动,可以调动大脑的兴奋性,提高信号传导的速度,进而使机体动员起来,为完成训练而做好充分的准备。

2. 克服内脏器官的惰性,更快进入工作状态

准备活动可以说是必不可少的,因为充分的准备活动能有效调高呼吸系统和心血管系统的机能水平,增加人体的肺通气量和心输出量,促使机体的毛细血管扩张,从而克服内脏器官的惰性,使人以积极饱满的精神投入到运动之中。

3. 降低肌肉的黏带性,提高肌肉收缩的速度

学生在进行必要的准备活动后,体温能够得到极大的升高,同时肌肉的黏带性也能大大降低,在这样的情况下就减少了肌肉收缩时的阻力,从而提高肌肉收缩的速度,同时也动员更多的肌肉纤维投入工作,增大了肌肉收缩的力量与长时间工作的能力。

(二)准备活动的类型

学生在上体育课前做好充分的准备活动是十分重要的,准备活动也可以说是体育课的重要内容和组成部分。需要注意的是,准备活动的安排并不是盲目的,而是要以体育课的教学内容为主要依据选择准备活动。通常情况下,准备活动的时间为25～30分钟,在冬季室外教学时,准备活动的时间可以适当延长一些。

一般来说,准备活动主要有以下两种类型,其活动内容有着一定的差异。

1. 一般性准备活动

一般性准备活动的内容主要是慢跑及牵拉韧带、活动全身关节。首先，为了达到热身的效果，可以先进行 2~3 分钟的慢跑，使身体的温度和心率有所提高，然后，针对那些在运动中需要经常用到的全身主要肌肉和关节进行适当的活动。

2. 专门性准备活动

专门性准备活动的主要目的在于为学生身体素质与技战术素质的提高奠定良好的基础。这一方面的准备活动要以本次课的教学内容为主要依据，要注意活动安排的趣味性，以激发学生学习与锻炼的兴趣。

(三)准备活动的要求

准备活动的安排并不是盲目的，而是要讲究科学性和合理性，准备活动的安排主要有以下要求。

1. 保证多样化

准备活动的安排要遵循多样化的基本原则，多种多样的准备活动能有效帮助学生激发参与活动的趣味性，从而提高教学的效果。

2. 确保游戏性

在准备活动时期，可以加入一些游戏化的内容，活跃教学课的气氛，提高学生参与的积极性，从而更好地完成准备活动。

3. 强度要适宜

准备活动不是盲目进行的，还要把握好准备活动的强度，如果强度过大就容易出现肌肉拉伤、扭伤等症状，不利于体育活动的顺利进行。

二、确定合理的运动负荷

学生在参加体育教学或训练活动时，一定要注意确定合理的运动负荷，这样才能保证运动的安全性，保证机体不受损害。

(一)正确处理负荷量与负荷强度之间的关系

运动负荷主要包括负荷量和负荷强度两方面，这两方面主要呈现出对立统一的关系,相互影响和制约。一般来说,运动者参加运动锻炼,负荷强度大,负荷量就小;负荷量大,负荷强度就小,这就是所谓的对立的关系。学生在参加运动训练的过程中,负荷量和负荷强度最好不要同时增加,否则就有可能给机体带来不必要的损伤。总体而言,二者是此消彼长的关系。

对于一般的健身者而言,受训练时间有限的影响,其锻炼主要以负荷强度为主。对于学生而言,运动负荷不宜过大,要先增加运动负荷的量再提高运动强度,这是一个应该遵循的基本原则。为保证取得理想的训练效果,可以事先制定一个合理的运动负荷计划,当然这一计划要具有可调整的余地,要有利于运动者根据自身的具体实际合理的调整,如此才能取得理想的锻炼效果。

(二)适宜负荷量的原则与要求

适宜负荷就是指根据运动者的身体状况及发展规律,给予相应量度的负荷,这一负荷要与运动者的运动水平和显示状况相适应,以取得理想的训练效果。这一原则对于学生参加体育教学或训练具有重要的意义。

在体育教学或训练活动中,学生要充分了解适宜负荷的基本理论及知识,同时需要注意以下方面的要求。

第一,要学习和掌握运动负荷的基本概念与内涵。

第二,在运动锻炼中要渐进式地增加运动负荷量,不能急于求成。

第三,要正确处理好运动负荷与疲劳恢复之间的关系。

第四,要构建一个科学合理的诊断系统,为运动负荷的确定提供良好的保障。在具体的教学和训练活动中,构建一个科学的诊断系统,还要根据实际情况选取可靠的指标,对运动负荷情况做出准确的诊断。

第五,要科学地探求负荷量度的临界值。据研究发现,具有一定训练水平的人,其负荷量度的临界值在本人最大负荷的 70%~75%。学生在进行运动锻炼时要注意这一点,避免发生过量运动的情况。

(三)安排递增式的运动负荷

学生在参加运动锻炼时,运动负荷的安排要循序渐进,呈现递增渐进的形式,只有如此才能获得理想的训练效果。一般来说,递增式的运动负荷主要有以下五种,每一种形式都有自身的特点和优势,学生要依据自身的实际情况合理的选择。

1. 直线式

直线式的运动负荷增加方式适用于初学者。通常来说，这一方式下的运动负荷强度变化不是很明显。运动负荷的上升主要是基于练习的次数、时间、距离及重量的不断增加(图6-2)。

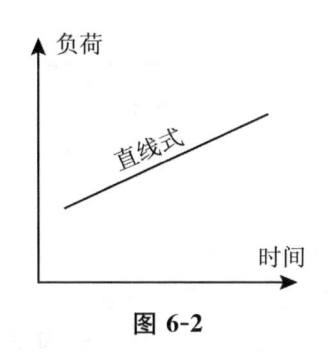

图 6-2

2. 波浪式

波浪式的运动负荷主要是指按照一定的节奏规律(上升—保持—下降—再上升)安排运动负荷的形式。在这一形式之下，运动负荷主要随时间序列呈现波浪式的变化，其这一种方式适用于大多数学生或健身者(图6-3)。

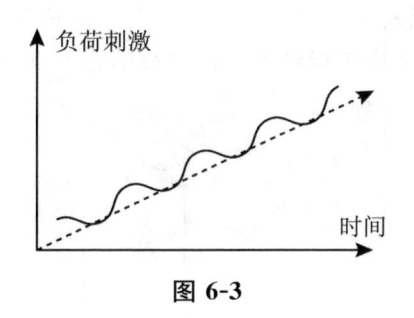

图 6-3

3. 阶梯式

阶梯式也是一种常用的运动负荷增加的方式，这一方式主要是练习一段，保持一段，每增加一次负荷，要保持一周左右的时间训练。在这一方式之下，运动负荷的增加主要呈现出斜线上升的趋势。这种增加负荷的方式也适用于大多数人，长期坚持参加运动锻炼能取得不错的训练效果。阶梯式的组合形式可以说是多种多样的，图6-4为其中的形式之一。

图 6-4

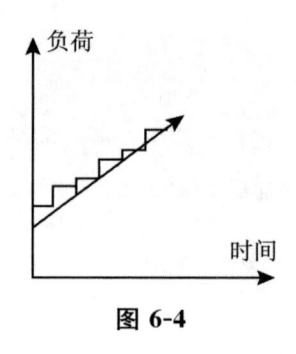

4. 跳跃式

跳跃式也是一种重要的负荷安排方式,但是这一方式只在特殊情况下使用,适用于运动水平较高的运动者。跳跃式的运动负荷方式主要是打破有机体的原有平衡状态,使之在一个特定的时间里造成机体内物质能量消耗到逼近生理保护线,以便使机体产生反应,使运动者承受负荷的能力产生突破性的提高。这一负荷方式主要适用于高水平的运动员,其负荷增加方式如图 6-5 所示。

5. 综合式

综合式主要是指将以上几种类型结合起来的负荷安排方式。这一方式具有综合性的特点,适合于运动者不同阶段的运动训练的需要,图 6-6 是综合式负荷安排的其中一种方式。

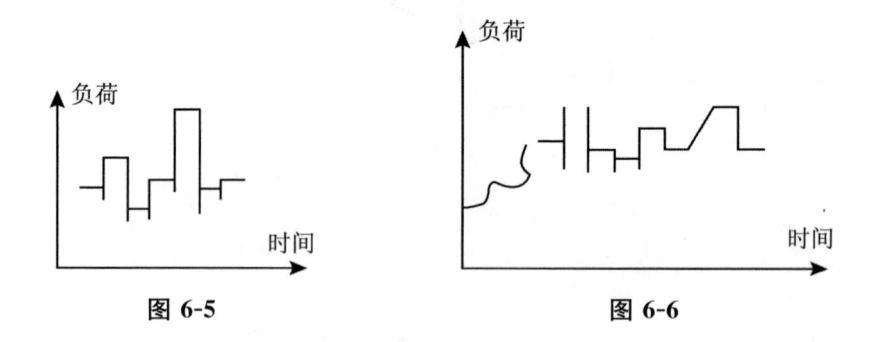

图 6-5   图 6-6

三、促进运动疲劳恢复

学生长时间参加体育运动可能会发生一定的运动疲劳现象,在发生运

第六章　现代教育理念下体育教学与训练的科学保障体系

动疲劳时,学生一定要掌握缓解疲劳,促进疲劳恢复的手段与方法,以促进机体的尽快恢复。

(一)运动疲劳产生的机制

学生参加体育运动锻炼,发生疲劳现象是非常正常的。在发生运动疲劳现象时,我们要学会如何处理疲劳,促进身体机能的尽快恢复。运动疲劳产生的过程非常复杂,其中受多种因素的影响,一般表现为以下不同的类型(表6-6)。

表6-6　运动疲劳的分类

分类标准	疲劳类型
疲劳产生的运动方式	快速疲劳、耐力疲劳
疲劳产生的部位	中枢疲劳、内脏疲劳、外周疲劳、肌肉疲劳
疲劳消除的快慢	急性疲劳、慢性疲劳
疲劳的性质	生理性疲劳、心理性疲劳、病理性疲劳
疲劳的范围	全身性疲劳、区域性疲劳、局部性疲劳
疲劳的器官	骨骼肌疲劳、心血管疲劳、呼吸系统疲劳
疲劳的生理学与心理学机制	脑力性疲劳、体力性疲劳、情绪性疲劳、感觉性疲劳

1. 能源耗竭

人体参加各种各样的运动锻炼,机体内的能源物质代谢分解为人体提供所需的能量,如果人体长期参加运动锻炼,这一过程期间没有饮食,会导致体内所储备的营养物质的消耗,如果体内的营养物质消耗达到一定的程度,机体就会启动自我保护机制,如果再持续运动可能导致体内能源物质的耗竭从而有生命危险,因此机体会有疲劳的感觉,这时进行合理的营养补充是尤为必要的。

2. 内环境失调

学生长时间地参加体育运动锻炼,体内的能源物质消耗就会增大、变快,HL升高,血pH下降,体内的无机盐、水分减少,维生素含量不断下降,这就会导致机体的内环境发生变化,影响机体的正常活动,运动能力也会随之下降,还有可能导致运动损伤。

3. 代谢物堆积

人体在运动的过程中,随着运动负荷的增加,机体内大量分解并消耗肌糖原,ATP 和 CP 大量消耗,并在肌肉中堆积了大量的乳酸,乳酸大量堆积会影响体内的正常代谢,会出现失代偿性酸中毒,致使 ATP 合成量减少,使肌肉有酸痛感、运动能力下降。如果继续参加运动,就容易导致运动疲劳,因此一定要引起重视。

4. 心理因素

由于每一名学生的具体情况都是不同的,因此,其在运动的过程中发生运动疲劳的早晚、程度也是不同的。

下面重点分析心理因素对学生运动疲劳的影响。

(1)个性

如果学生选择了与自我个性不符的运动内容,就容易引发运动疲劳,因此在体育教学中,体育教师一定要采取必要的手段和措施激发学生学习的兴趣,促使其积极主动地去学习和锻炼。

(2)情绪

当学生在情绪低落,情绪不稳定时参加运动锻炼,就容易导致动作僵硬和不连贯,久而久之就容易发生心理疲劳的现象。因此,教师一定要采取各种手段与方法刺激学生积极的情绪。

(3)注意力

当学生在参加健身舞的过程中,如果注意力不集中或注意力稳定性较差,也容易导致心理疲劳的发生。因此,学生在参加运动锻炼的过程中一定要保持高度的注意力。

(二)运动机体能源储备的恢复

在参加体育运动的过程中,学生还在一定程度上受运动强度、运动时间以及运动量等各因素的影响,受此影响,学生能源物质的恢复的时间和速度也存在一定的差异。这主要表现在以下几方面。

1. 氧合肌红蛋白的恢复

氧合肌红蛋白存在于人体的肌肉之中,当肌肉收缩时,肌肉中的氧合肌红蛋白能迅速解离释放氧并被利用,而运动后被分解掉的氧合肌红蛋白在几秒钟内即可得到完全恢复。

第六章 现代教育理念下体育教学与训练的科学保障体系

2. 磷酸原的恢复

磷酸原的恢复速度非常快,一般情况下,学生在运动锻炼后被消耗的磷酸原在 20~30 分钟内便可以合成一半。而有研究表明,在力竭性运动后 30 分钟,磷酸原恢复约为 70%。这意味着在 10 分钟以全力运动的过程中,二次运动的间歇时间不能少于 30 分钟。

3. 肌糖原储备的恢复

肌糖原能为肌肉收缩提供其所需要的能量,为有氧氧化系统和乳酸能系统供能。学生在参加体育运动锻炼的过程中,运动强度和持续时间上的差异性,会导致肌糖原的恢复时间也存在一定的差异。但不论如何,学生在参加运动锻炼后,一定要注意肌糖原的完全恢复都需要 24 小时,这需要引起高度重视。

4. 乳酸的清除

学生长期参加体育运动锻炼,机体会发生糖酵解现象,而糖酵解则会产生一定的乳酸。乳酸绝大部分主要用于肝糖原合成被再利用,而一部分乳酸经血液循环,主要到达心肌、肝和肾脏作为糖异生作用的底物。在训练后恢复期,休息方式会在很大程度上影响乳酸的清除速度。经常参加体育活动锻炼,乳酸的清除速度会更快一些。机体在参加运动的过程中能促使血液循环加快,输送至肌肉中的氧比静止时多,肌肉的代谢水平也高一些,更加有利于乳酸的清除,减轻肌肉的酸痛,从而促使机体疲劳得到尽快的恢复。

(三)运动性疲劳的延缓与恢复

1. 延缓运动性疲劳的途径

学生长时间地参加体育锻炼难免会发生一定的运动疲劳现象,而运动疲劳的发生要越晚越好,而要想延缓疲劳的发生就需要采取针对性的手段与措施。

(1)长期坚持运动锻炼

学生要养成长期坚持参加运动锻炼的好习惯,运动锻炼要保持经常性和长久性,这样才能促使身体素质得到明显的改善,从而延缓运动疲劳发生的时间。

(2)选择适宜的内容

学生要依据自己的爱好和实际选择适合自己的运动项目及内容,这样能有效避免各种原因所导致的身体疲劳。

(3)使发展的供能能力与运动项目相适应

不同的运动项目的供能系统存在着一定的区别,学生要充分了解不同运动项目的特点,并与自己的锻炼需求相结合,从而延缓运动性疲劳的时间。

(4)保证饮食的全面性和合理性

在运动锻炼的过程中,学生要尤为重视饮食营养的合理安排,并维持良好的体能状态,这样能有效延缓运动疲劳发生的时间。

(5)加强意志品质锻炼,提高心理素质水平

学生在参加体育教学或训练时,难免会面临一些困难,或运动基础较差,或技术动作不规范,当出现这一情况时,意志品质就会在其中起到重要的作用,具备良好的精神意志品质对于延缓疲劳的发生具有重要的作用。因此,在平时要加强学生意志品质的锻炼,提高学生的心理承受水平。

2. 运动疲劳恢复的方法

(1)劳逸结合

根据运动疲劳的机制和原理,学生参加体育运动锻炼一定要注意劳逸结合,大量的实践与事实表明,劳逸结合的锻炼方式能有效消除运动中的运动性疲劳,对于运动疲劳的恢复具有重要的帮助。

①通过增加睡眠时间。提高睡眠质量来消除运动性疲劳。

②运动前做好充分的准备活动,运动后做好整理活动,这样能有效预防和消除运动疲劳。

③学生在结束运动锻炼后,不要立刻静止不动,要采用积极休息的方法逐渐从运动状态过渡到静止状态,可以采用放松走、变换活动部位等方式进行。这一积极休息的方式对于缓解运动疲劳,促进体能恢复具有重要的意义。

(2)心理调节

相关运动心理学研究表明,通过一定的心理干预可对大脑皮层调节和消除机体疲劳。心理调节可在宜人的环境中进行,要注意室内或室外的温度、光线、声音、空间、空气等应令人舒适,可以采用以下手段。

①进行充分的表象和冥想,树立参加运动锻炼的自信心。

②自我积极暗示,语言暗示与鼓励的方式能提升人的自信心。

(3)音乐疗法

音乐疗法是通过音乐作用于个体心理进而引起生理上的变化来消除个体运动健身疲劳的方法,是一种有效的心理干预方法。

四、养成良好的运动卫生习惯

(一)良好的个人卫生习惯

1. 合理的生活制度

对于学生而言,养成良好的个人卫生习惯是非常重要的,养成良好的卫生习惯的一个重要前提就是建立一个合理的生活制度。生活制度会在很大程度上影响人体各器官、系统的机能变化。在这样的情况下,人体的呼吸、心率、血压等也会发生相应的变化。如果生活制度没有条理性,以上系统的平衡性就会被打破,出现紊乱的情况,因而人体的抵抗力就会大大降低,不利于人体健康的发展。因此,制定一个科学合理的生活制度并在日常生活中加以贯彻与落实是十分重要的。

2. 早锻炼

在学校教育中,进行早锻炼主要指的就是早操。早操是促进学生身体素质发展的重要手段和途径。通过早操,学生的抑制状态能够得到有效的改善,人体各个系统的机能也能得到有效的改善,从而为一天的学习和活动奠定良好的基础。除了早操之外,还有其他的锻炼形式,学生要依据自身的实际情况合理地选择运动项目和运动负荷,从而取得理想的锻炼效果。

3. 健康饮食

人类生命活动和健康的维持,离不开食物的摄入。只有合理的膳食才能满足人体在特定的生活、学习、工作和体育锻炼等条件下的需要;否则,人体的需要和供给平衡就会被打破,久而久之,人体的健康情况就会受到影响。因此,保持合理的膳食习惯是非常重要的,这样才能够维持正常生理功能、促进生长发育、增进健康、提高抵抗疾病能力。

4. 充足的睡眠

学生要想促进自身素质的发展,养成良好的睡眠习惯也是非常重要的。睡眠实际上是一种生命活动的自然休息,属于一种保护性抑制。在睡眠充足的情况下,人体大脑皮层的细胞衰竭就会大大降低,有利于大脑功能的恢复,反之则不利于大脑的发展。由此可见,学生必须要养成良好的睡眠习惯。

(二)良好的心理卫生

大量的研究与实践表明,人的心理活动也会对其身体健康情况产生重要的影响。我们经常所说的"笑一笑十年少,愁一愁白了头"就是其中一个非常鲜明的例子。人们在心情愉悦的情况下,机体的新陈代谢、心脏功能、肺功能等都会得到有效的改善,对于人体健康是十分有利的。因此,养成良好的心理卫生也是十分重要的。

(三)良好的环境卫生

环境有自然环境和社会环境之分,环境的好坏会对人们的日常生活产生非常重要的影响。发展至今,环境问题可以说是一个全世界人类都面临的共同问题。以自然环境为例,如果自然环境发生了某种变化,而这种变化又超出了人们的适应范围,就容易使得人体某些结构发生一定的变异,对于健康发展是十分不利的。因此,营造一个良好的自然环境是非常重要的。

(四)女子经期的运动卫生

1. 月经和月经周期

月经可以说是女性生理上的循环周期。通常情况下,经期时间为 2～7 天。在此期间,女性的下腹部及乳房会出现一些腰酸和胀感等现象,同时还可能会伴有一定的情绪波动等情况,这是非常正常的,只要不影响正常的生活,就不用紧张。

一般情况下,女子第一次来月经通常在 12～15 岁之间。第一次月经也叫月经初潮,通过月经初潮我们可以判断女子的发育情况,这可以为运动员的选材提供一定的依据。一般情况下,女子月经周期为 28 天左右,不同的人可能略微有所差异,但差别不是很大,只要保持在七天前后都可以说是正常的。

2. 运动对月经初潮和月经周期的影响

(1)运动对月经初潮的影响

女子初潮的年龄因人而异,受到各方面因素的影响,如周边环境、营养情况、运动情况等都会对女子的月经初潮产生重要的影响。据调查研究发现,女子运动员的月经初潮要比普通人晚一些,其影响因素可以概括为激素分泌,营养及体脂率,环境和健康状况等。这几方面的因素都会对其月经初潮时间产生重要的影响。

(2)运动对月经周期的影响

大量的实践表明,不当的运动会在一定程度上破坏女性月经周期的稳定性,造成月经周期的紊乱,严重情况下还可能会发生闭经现象。另外,女性在运动锻炼前,如果出现焦虑和精神紧张等情况也容易导致月经紊乱。因此,在参加运动训练或比赛时,运动员一定要做好充分的心理准备。在发生闭经的情况下,也不必惊慌,只有采取科学合理的恢复手段就会回到正常的月经周期。

第三节 体育教学与训练的运动康复保障

学生参加体育教学或训练活动,还需要建立一定的运动康复保障机制,在相应的康复保障机制下参加运动才能有效避免运动损伤,或者在发生运动损伤后能够及时有效地处理,将运动伤害程度降到最低。

一、运动损伤的防治

(一)运动损伤的预防

1. 预防运动损伤的意义

在体育教学或训练活动中,受学生运动基础较差、准备活动不足以及周围环境等因素的影响,可能会发生一定的运动损伤,这是正常的,因为任何运动都会存在一定的风险性,要想完全避免是不可能的。但需要注意的是,我们可以通过各种手段和措施预防运动损伤,将运动损伤发生的几率降到最低。如果不事先采取积极的预防措施,就容易导致运动损伤。由此可见,加强运动损伤的预防是十分重要的。

在平时的学习和生活中,要时刻加强学生的运动安全教育,让学生充分认识到预防运动损伤的重要性。这对于学生运动素质的提高具有十分重要的意义。

2. 运动损伤预防的原则

(1)提升指导者意识原则

学生在参加体育活动时需要教师及专业人士的指导,这样才能保证运动锻炼的科学性和合理性。学生在参加运动时要时刻提升自己的预防运动损伤的意识。在平时的教学活动中,要加强学生预防运动损伤的教育工作,让学生充分意识到预防运动损伤的重要性。除此之外,还要加强学生体育防护技能的培养,提高学生的运动防护技能水平。

(2)合理负荷原则

学生参加体育教学或训练活动还要确定适宜的运动负荷,如果运动负荷不当就容易导致运动损伤。一个合理的运动负荷能极大地降低运动损伤发生的几率,确保学生运动中的安全。但是,学生要想更好地提升自身的运动技能水平,适当地增加运动负荷还是有必要的,只不过是运动负荷的增加要适当,要与自身身体状况与技能水平相符合。

(3)全面加强原则

全面加强主要是指促进学生身体素质的发展。要想获得理想的运动水平,学生就需要具备良好的身体素质,良好的身体素质是学生提高运动技能,杜绝运动损伤的重要基础和保障。因此,在平时的教学与训练中还要重视学生全面身体素质的发展。

(4)严格医务监督原则

为有效预防运动损伤,还需要加强医务监督。必要的医务监督有助学生及时发现身体不适等状况,实现早发现、早处理的目的。除此之外,还要定期或不定期的检查各种体育硬件设施,杜绝安全隐患。

(5)自我保护原则

学生在参加体育锻炼时还要注意自我保护,严格遵循自我保护的基本原则,努力提升自我保护意识,做好必要的自我保护动作,提升自我防护能力。

3. 运动损伤预防的措施

学生参加体育运动通常都带有一定的风险性,因此采取必要的预防措施是非常重要的,这样能有效降低运动损伤发生的几率。

具体而言,学生在参加体育活动时可以采取以下预防损伤的措施和手段。

(1)加强力量素质的锻炼

力量素质在人体各项体能素质中占据着十分重要的地位。因为力量是

第六章　现代教育理念下体育教学与训练的科学保障体系

其他各项素质的重要基础。学生在参加体育活动的过程中就能展现出强大的爆发力与协调力,这对于运动损伤的预防具有非常大的帮助。如身体对抗中的两名学生,身体力量占优的一方发生损伤的几率要相对低一些。由此可见,加强力量素质的锻炼非常有助于预防运动损伤。

(2)加强体格检查

在平时的教学活动或训练活动中还要加强学生的体格检查,这有助于教师和学生充分了解身体发展状况,从而制定出科学合理的活动方案,这对于预防运动损伤也具有重要的意义。

(3)加强自我保护

在体育教学中,不同的运动项目,其保护和预防方法都有所不同,学生要根据这些运动项目的特点学会自我保护的方法,在运动过程中加强自我保护,这样能有效预防运动损伤。

(4)维护良好的运动环境

学生要想安全地参加体育运动,还需要在一个良好的场地环境下进行,这对于学生预防运动损伤也具有重要的意义。因此,在平时的体育教学中,还要密切关注体育场馆和设备的卫生及其他环境问题,加强运动器材的维护和整修,为学生创造一个良好的运动环境。

(二)常见运动损伤的治疗

1. 擦伤

擦伤,可以说是一种常见的表皮损伤,擦伤后,多可表现为皮肤表皮剥脱,可伴有渗液、出血。

通常来说,学生在发生擦伤时,可以按照以下方法进行处理。

(1)较轻擦伤,生理盐水冲洗,涂抹红药水或紫药水或0.1%新洁尔溶液。

(2)大伤口擦伤:生理盐水刷洗、清理创面异物,碘酒或酒精消毒,涂云南白药,纱布包扎。

(3)关节擦伤,清洗、消毒,涂抹医用止血止痛药,如青霉素软膏。

2. 挫伤

挫伤,是一种受钝性外力作用产生的伤口闭合性损伤,与擦伤相比,挫伤的损伤程度要更深,伤后可伴有肿胀、疼痛、出血等现象的发生。

学生在参加体育活动时,发生挫伤时,可以采取以下方法处理。

(1)伤后即刻局部冷敷、外敷新伤药。

(2)四肢挫伤:包扎固定,及时送医。

(3)头部、躯干部严重挫伤：观察伤者是否受伤有休克、大出血现象，如有应先进行休克处理，尽快止血，及时送医。

(4)手指挫伤：冷水冲淋、按压止血，包扎。

(5)面部挫伤：冷敷，24小时后热敷。

(6)伤情严重者及时送往医院处理。

3. 拉伤

拉伤一般情况下是人体肌肉过度收缩或拉长导致，学生在参加体力活动过程中，常因准备活动不充分、动作用力过猛等而出现肌肉或韧带拉伤的情况。

学生在发生拉伤现象时可以采取以下处理方法。

(1)轻度拉伤：冷敷，局部加压包扎，抬高患肢。

(2)严重拉伤：简单急救后，立即送医。

4. 扭伤

扭伤是肌肉、韧带、关节超过自身活动范围的扭动所致损伤，活动不充分；动作幅度过大、运动方向不当均可致伤，伤后可有疼痛、肿胀感，严重者有运动障碍。

学生在发生扭伤现象时可以采取以下处理方法。

(1)指关节扭伤：冷敷，牵引放松，固定伤部。

(2)肩关节扭伤：冷敷和加压包扎。24小时后可按摩、理疗或针灸。

(3)腰部扭伤：平卧休息，伤部冷敷。

(4)膝关节扭伤：压迫痛点止血，抬高伤肢，加压包扎。及时就医。

(5)踝关节扭伤：压迫痛点，包扎固定；韧带断裂应压迫包扎并及时就医。

5. 关节脱位

关节脱位，指关节离开关节应在位置，关节脱位后关节及其周围肌肉有明显疼痛、肿胀，撕裂感，关节功能丧失。

学生在发生关节脱位时可以采取以下处理方法。

(1)如有经验，可以及时复位。

(2)如无复位经验，及时送往医院救治。

6. 肩袖损伤

肩袖损伤主要是由肩关节超常范围急剧转动、劳损、牵拉、摩擦等引起。学生在参加体育活动时，发生肩袖损伤，肩外展会感到一定的疼痛，肩外展或内旋疼痛会加重。

学生发生肩袖损伤时可以采取以下处理方法。

(1)急性发作期间,暂停健身,肩关节制动,上臂外展 30°固定,以减小有关肌肉张力而减轻疼痛症状表现。

(2)进行必要的休息、调整后,可理疗、按摩和针灸。

(3)伴有肌腱断裂并发症时,立即送往医院救治。

7. 腰肌劳损

腰肌损伤是指学生在运动时腰部长期保持同一个状态或腰部动作过多,腰部肌肉运动幅度过大,长时间疲劳没有恢复的情况下持续运动可导致腰肌劳损。腰肌劳损的症状一般为酸痛,具有刺痛感。

学生在发生腰肌劳损时可以采取以下处理方法。

(1)可以采用理疗、按摩、针灸等治疗手段。

(2)可以口服针对性药物。

(3)用保护带及加强背肌练习进行运动康复。

(4)顽固病例应进行手术治疗。

8. 髌骨劳损

髌骨劳损是髌骨的关节软骨面和髌骨因缘股四头肌张腱膜的附着部分的慢性损伤,发病时,有膝软与膝痛现象。

学生在发生髌骨劳损时可以采取以下处理方法。

(1)根据自身实际情况适当地调整运动量的大小。

(2)注意受伤部位的积极性休息。

(3)可以采取按摩、理疗等手段进行治疗。

9. 韧带损伤

学生在参加体育活动的过程中,操作不当可导致机体在做大幅度动作时拉伤韧带,这一情况多见于足球等身体对抗比较强烈的运动之中。

学生在发生韧带损伤时可以采取以下处理方法。

(1)弹力绷带做 8 字形(内侧交叉)压迫包扎,冷敷。

(2)棉花夹板固定,加压包扎、制动,减少出血、止痛。

(3)韧带完全断裂者及时送医处理。

(4)伤后 24 小时左右可中药外敷或内服、按摩、理疗。

(5)韧带完全断裂应及时送医进行手术缝合。

10. 出血

(1)止血

①指压止血

掌指出血:按压桡动脉及尺动脉。

下肢出血:两手拇指重叠,在腹股沟中点稍下方,将股动脉用力压在耻骨上支上。

足部出血:压迫足背及内踝后方胫动脉和胫后动脉。

②止血带止血

用气止血带(或皮管、皮带)缚在出血部近端,上肢每半小时、下肢每1小时放松一次,以免肢体麻痹或坏死。

(2)包扎

用绷带和三角巾(或布条)包扎出血部位或肢体,结合不同伤部选用环形包扎(图 6-7)、扇形包扎(图 6-8)等不同包扎方法。

(3)大出血

出血不止或出血致休克者,应及时输血或手术治疗。

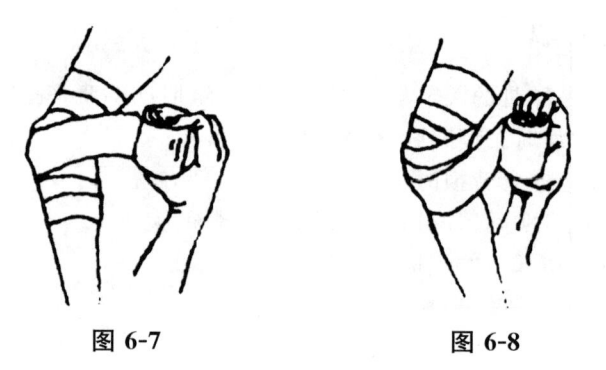

图 6-7   图 6-8

11. 骨折

骨的完整性遭到破坏的损伤称为骨折,运动健身时,机体遭到被动冲撞、挤压较容易导致骨折。骨折后,骨断裂,有强烈疼痛感,伤部骨骼扭曲,有开放性伤口且严重者可见骨骼。

学生在发生骨折时可以采取以下处理方法。

(1)不要随意移动受到肢体,固定伤肢。

(2)出现休克现象时,先对进行人工呼吸。

(3)伤口出血不止,应及时采取止血措施,并送医治疗。

第六章 现代教育理念下体育教学与训练的科学保障体系

在发生骨折现象后,应尽量保持患者伤部固定不动,采取以下几种包扎固定的方法。

(1)锁骨骨折:包扎固定,可采用横 8 字形绷带法锁(图 6-9)、双圈固定法(图 6-10)、胶布条固定法(图 6-11)。

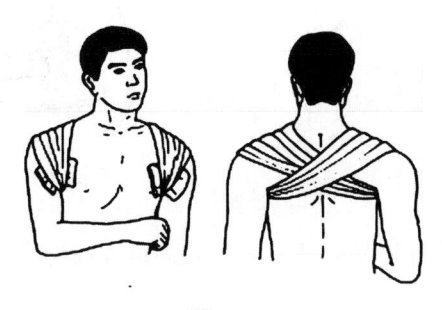

图 6-9

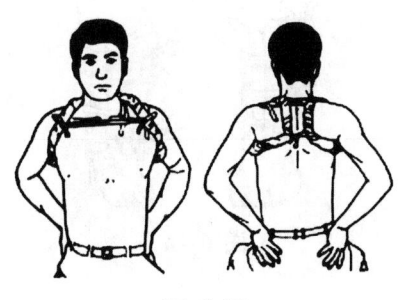

图 6-10

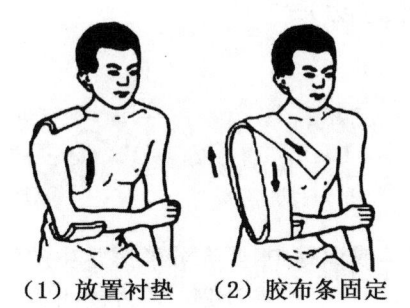

(1)放置衬垫　(2)胶布条固定

图 6-11

(2)尺桡骨干骨折:复位后,应用夹板固定(图 6-12),或石膏固定。

(3)肋骨骨折:可用胶布固定法,如患者对胶带过敏,可用宽绷带固定(图 6-13)。

图 6-12　　　　　　图 6-13

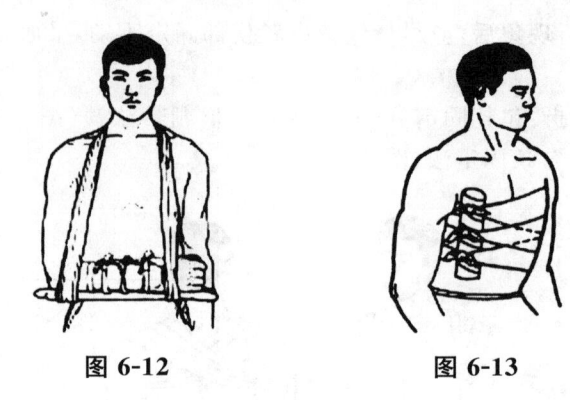

（4）小腿骨折：骨折位置不同，注意包扎固定方法与位置的差异（图 6-14）。

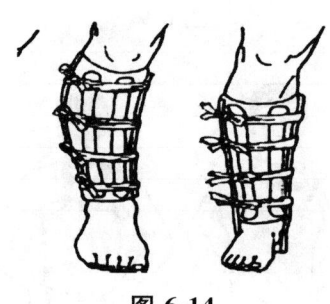

图 6-14

二、运动疾病的防治

(一)运动疾病的预防

1. 制定科学的训练计划

在具体的体育教学或训练中，要充分考虑学生的性别、年龄和身体功能水平，制定出一个科学合理的锻炼计划。在举办相关的比赛或活动时也要依据学生的身体实际进行，科学地安排活动或比赛。这对于预防运动疾病具有重要的意义和作用。

2. 遵守运动训练的基本原则

学生在参加体育教学或训练活动时要严格遵守全面发展、区别对待、安全锻炼等基本原则。在锻炼的过程中，学生要尤其注意循序渐进地增加运

第六章 现代教育理念下体育教学与训练的科学保障体系

动量,不能急于求成,否则就容易导致运动疾病。

3. 避免疲劳积累

长时间参加体育运动,身体难免会发生一定的疲劳现象。这就需要通过各种手段和方法来消除疲劳。这对于运动疾病的预防具有重要的意义。

保证充足的睡眠是训练后恢复的重要手段,运动员要形成良好的生活作息制度,避免在休息时间内进行过多的娱乐活动;通过科学合理的饮食获取营养,来提高代谢速率,使身心尽早恢复;此外,通过针灸、按摩、理疗、水疗和一些放松活动也对消除疲劳,预防运动性疾病。

4. 加强训练的医务监督工作

加强医务监督也是预防运动疾病的一个非常重要的策略,这需要注意以下两方面。

一方面,定期对学生的身体做全面的检查,并进行相关身体功能的评定,及时发现导致运动疾病的各项隐患,从而采取针对性的措施与手段加以预防。

另一方面,及时了解学生在运动过程中的身体反应与心理状态,并将结果及时反馈给体育教师,为锻炼计划的调整提供真实的客观依据。

(二)常见运动疾病的处理

1. 过度紧张

不常参加体育运动锻炼的学生,突然加大运动负荷就可能导致对运动动作、技术方法不熟悉或心理因素(如担心别人嘲笑、担心旧伤复发)而发生过度紧张的现象。

过度紧张可令学生的身心产生各种不适,轻者头晕、眼前发黑、面白、无力、站立不稳;严重者会出现嘴唇青紫,呼吸困难等症状。

学生在参加体育运动锻炼时,如果出现过度紧张的现象,可以采取以下处理方法。

(1)停止参加运动,进行必要的休息。

(2)急救时,患者平卧,衣服松解,同时注意保暖,点掐其内关和足三里穴。

(3)昏迷者,可掐人中使患者苏醒。

(4)休克者,先进行休克处理,然后送往医院救治。

2. 肌肉痉挛

肌肉痉挛，即抽筋，发生这一症状的主要原因在于准备活动不足。肌肉抽筋可导致肌肉不自主肉强直收缩，僵硬，疼痛，有一定的活动障碍。

学生在发生肌肉痉挛时可以采取以下处理方法。

(1) 轻者，牵引痉挛肌肉。

(2) 腿部肌肉痉挛者，尽力直膝、伸踝、拉长痉挛肌肉，缓解肌肉的疼痛感。

3. 肌肉延迟酸痛

一般情况下，肌肉延迟酸痛多发生在本次的健身活动量突然超过之前的运动健身量，是机体肌肉不适应运动负荷的一种表现，发生这一现象后，学生的身体局部会感到肌肉酸痛，有胀麻感。

学生在发生肌肉延迟酸痛现象时，可以采取以下几种处理方法。

(1) 进行局部热敷或按摩。

(2) 口服维生素 C 以缓解出现的各种症状。

(3) 采取按摩、针灸或电疗等手段。

4. 运动性低血糖

低血糖是指个体空腹时血糖浓度低于 50 毫克/分升的一种症状表现。长时间在饥饿的状态下参加运动锻炼可导致低血糖症的发生。轻者面色苍白、心烦易怒；重者视物模糊、焦虑、昏迷。

学生在发生运动性低血糖时可以采取以下处理方法。

(1) 平卧、保暖。

(2) 饮浓糖水或吃少量食品。

(3) 低血糖昏迷者，可针刺人中穴，并迅速送往医院进行进一步的诊治。

5. 运动性高血压

运动性高血压主要是运动不当而导致的血压升高的病症，运动负荷过大时容易发病。这一病症的症状主要有头痛、头晕等。

学生在发生运动性高血压时可以采取以下处理方法。

(1) 适当地调节运动负荷量，注意运动期间的休息。

(2) 进行适当的药物治疗。

6. 运动性贫血

一般情况下，正常男子的血红蛋白含量为 0.69~0.83 毫摩尔/升，正常

第六章　现代教育理念下体育教学与训练的科学保障体系

女子的血红蛋白含量为 0.64～0.78 毫摩尔/升。运动中导致个体的血氧供应不足,出现贫血现象,其症状主要有头晕、恶心、呕吐等。

在发生运动性贫血时可以采取以下处理方法。

(1)减少运动量,必要时停止参加各种形式的体力活动。

(2)食用富含蛋白质、铁质、维生素的食物。

(3)服用抗贫血药物。

7. 运动性血尿

学生在体育运动锻炼的过程中,如果运动强度过大,就容易超出身体的承受度而导致运动血尿的现象。轻者仅可在显微镜观察下出现血尿,严重者有直观的血尿现象,并伴有腹痛、头晕等症状。

在发生运动性血尿时可以采取以下处理方法。

(1)进行全面的身体检查,排除病理性血尿,以免误诊。

(2)发现肉眼可见血尿,停止参加任何形式的运动。

(3)肉眼可见无明显症状,可以适当地调整运动负荷,保持合理的运动量。

8. 运动性腹痛

运动性腹痛,主要是因运动不当引起,一般性运动腹痛按压可缓解,无其他并发症。如果发生生理性腹痛需要引起高度重视。

在发生运动性腹痛时可以采取以下处理方法。

(1)及时地了解腹痛的性质和部位,排除病理因素。

(2)运动性腹痛,减小运动量或停止运动。

(3)肠胃炎、阑尾炎、炎症引发的腹痛应及时就医,以免延误病情。

9. 中暑

运动性中暑多发生在夏季户外长时间的体力活动中,机体处于高温环境,身体体温升高超出生理承受范围发生高热状态。

在发生中暑现象时可以采取以下处理方法。

(1)发现有中暑先兆,先到阴凉处避暑,适当饮水,解开衣物,湿毛巾擦拭身体。

(2)中暑严重者:降温、平卧,牵引痉挛肌肉,服含盐清凉饮料或解暑药。

(3)中暑衰竭和昏迷者:降温、平卧,掐人中、涌泉、中冲等穴,服含糖、盐饮料,按摩,尽快送往医院进行治疗。

10. 溺水

游泳这一运动项目深受学生的欢迎和喜爱。在参加游泳运动时，其特殊的水运动环境能给学生带来不一样的运动体验和运动健身益处，但是，游泳常有溺水现象的发生，在发生溺水现象时可以采取以下几种施救方法。

（1）及时靠近溺水者

根据溺水者的具体情况采取不同的方式方法接近溺水者。

①溺水者尚有意识，在水中挣扎时，可潜入溺水者身前，双手抓其髋部使溺水者背对自己，手托其腋下使其脸部露出水面（图 6-15）；或抓溺水者对侧手腕，迅速外拉使溺水者背对自己，脸部露出水面。

②溺水者已沉至水底，下潜用一手抓溺水者上体或拽其衣服拉出水面。

图 6-15

（2）拖带

①蛙泳拖带。让溺水者两手扶救护者两肩或腰背部进行拖带。

②托腋拖带。施救者仰卧水中，抓溺水者双腋，反蛙泳蹬腿游进。

③夹胸拖带。施救者侧卧水中，一臂从溺水者肩部绕过胸前抓另一侧腋下，另一臂在体下划水，两腿蹬剪腿游进。

（3）岸上急救

①畅通气道。如溺水者有自主呼吸，保持气道通畅。如溺水者无自主呼吸，应迅速清除异物。

②排水。将溺水者腹部搁在屈膝的腿上，使溺水者口朝下，压溺水者背部（图 6-16）。

③心脏复苏。如果溺者无呼吸，心跳已停止，要立即进行人工呼吸、实施胸外心脏按压。使溺水者仰卧，施救者骑跪其大腿两侧，两手掌相叠，掌根按其胸骨下端（儿童用一个手掌；婴幼儿用三个手指），两臂伸直，身体前倾，借助体重下压，力达掌根，使胸骨下陷 3~4 厘米，迅速放松，掌根不离

位,每分钟做 60~80 次(儿童 80~100 次/分钟,婴儿大于 100 次/分钟),直到恢复心跳。

图 6-16

11. 休克

学生在参加强度较大体育运动时,机体遭受强烈的致病因素后通常会发生休克现象。在平时的体育教学中,休克这一现象并不常见,但是学生也应学习和掌握这一方面的知识。

(1)如果患者症状较轻,可以采取安静平卧的方式缓解症状。如果患者症状严重,伴有心率衰竭,应保持安静,使其平卧,并做好患者的保暖。

(2)做上述处理后,还要服热开水及饮料,针刺或点人中、足三里、合谷等。

(3)如果休克的产生原因与骨折等外伤的剧痛有关,可以选择镇痛剂处理。

(4)做简单的处理后,及时送往医院进行诊治。

第七章　现代教育理念下体育教学与训练的科学管理

体育教学和训练在学校的受重视程度并不高,这导致当前我国学校体育教学和训练存在许多严重的问题,制约了体育教学与训练水平的提升。对此,必须加强对学校体育教学与训练的科学管理,了解体育教学与训练的情况与问题,及时作出决策,对各部门工作予以协调,以解决体育教学与训练的问题,提高教学质量与训练水平,促进学生体质健康水平的提升和运动技能的增强。本章主要基于现代体育教育理念而研究对体育教学与训练的科学管理,包括对体育教学活动、课外体育活动以及体育教学资源的管理。

第一节　体育教学活动的管理

一、体育教学进度计划管理

在体育教学中,要先明确教学大纲,然后制订相应的执行计划,要安排好体育教学进度与计划,以落实大纲要求。体育教学进度计划应该有很大的可操作性,这是非常重要的教学文件,体育教师要依据教学进度计划而备课。一般要按照体育教学大纲、体育教学规律来制订与实施体育教学进度计划,有机整合大纲中的教学内容,将其合理分布在各个学期的体育教学中,这样,学生的体育学习与锻炼会更加科学而系统,从而有效培养学生的体育文化素养和身体健康水平。

图 7-1 所示的体育教学进度计划案例是以高校为例的,将体育教学内容均匀分布在大一、大二学年的四个学期中(每学期进行 18 周的教学)。该案例中,武术课程可开设太极拳和长拳项目的教学,四个学期均安排田径课,主要项目有跑类运动中的短跑、长跑、跨栏跑、接力跑;投掷类运动中的扔铅球、掷标枪。体能训练在各个学期都是很受重视的,可以开设专门的体

第七章　现代教育理念下体育教学与训练的科学管理

能素质锻炼课,也可在运动项目教学的准备部分安排身体素质练习。图中每学期都有两次机动课,这主要考虑到节假日因素。

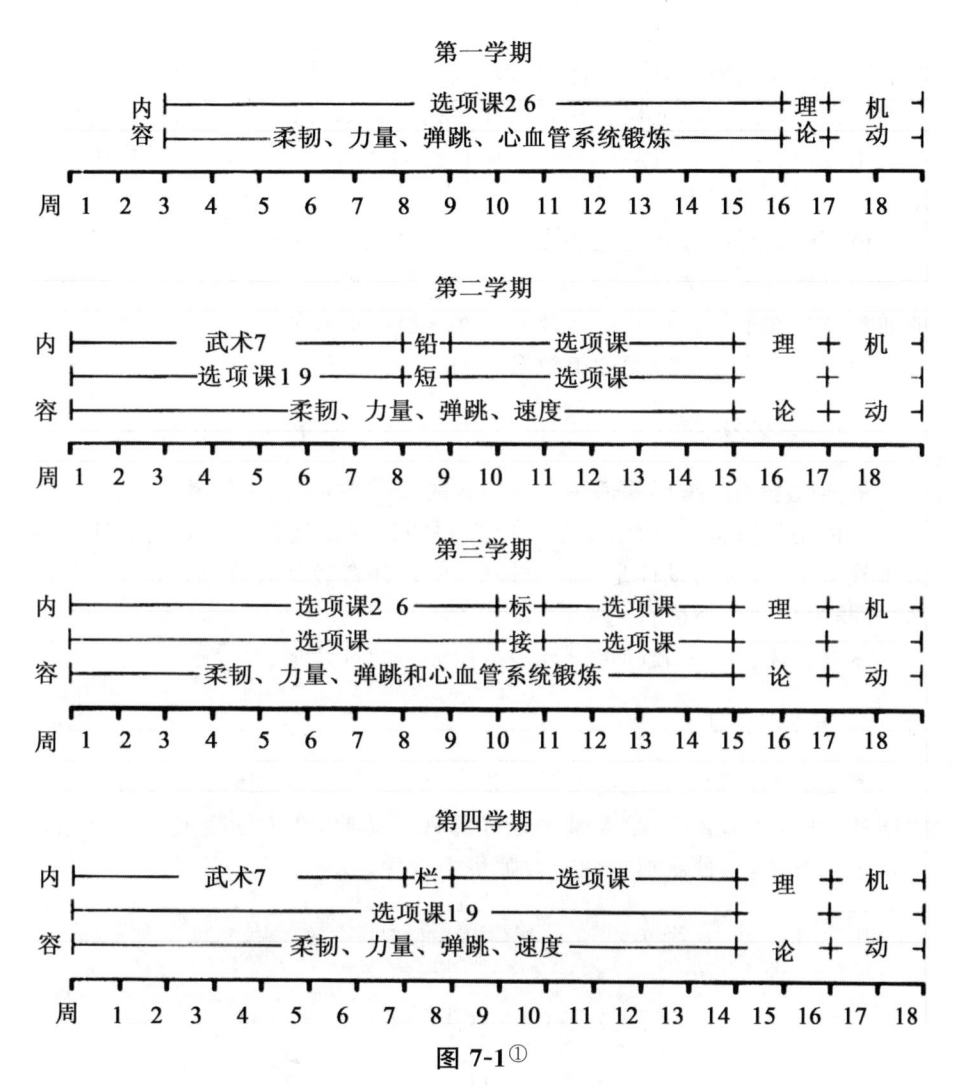

第一学期

内容	选项课26 — 理论 — 机动
	柔韧、力量、弹跳、心血管系统锻炼
周	1 2 3 4 5 6 7 8 9 10 11 12 13 14 15 16 17 18

第二学期

内容	武术7 — 铅 — 选项课 — 理论 — 机动
	选项课19 — 短 — 选项课
	柔韧、力量、弹跳、速度
周	1 2 3 4 5 6 7 8 9 10 11 12 13 14 15 16 17 18

第三学期

内容	选项课26 — 标 — 选项课 — 理论 — 机动
	选项课 — 接 — 选项课
	柔韧、力量、弹跳和心血管系统锻炼
周	1 2 3 4 5 6 7 8 9 10 11 12 13 14 15 16 17 18

第四学期

内容	武术7 — 栏 — 选项课 — 理论 — 机动
	选项课19
	柔韧、力量、弹跳、速度
周	1 2 3 4 5 6 7 8 9 10 11 12 13 14 15 16 17 18

图 7-1[①]

二、体育教学组织管理

体育教学尤其是体育实践课教学是在体育馆或户外运动场上进行的,

---

① 马定国. 高校公共体育管理[M]. 北京:北京体育大学出版社,2006.

这是体育课教学与其他学科教学的一个重要区别。学生在运动场上进行身体活动,没有像教室那样狭小空间的束缚,但也不是完全不受控的,这非常考验体育教师的组织能力,体育教师在体育实践课中的组织管理能力直接影响教学活动的顺利开展。体育教师只有精心安排和组织教学,才能使学生即使在室外运动场上也会找到像在室内上课那样的感觉,这并不是要束缚学生,而是要让学生遵守纪律,约束自己的言行举止,将注意力集中到观察示范动作和练习上。

体育教学组织形式还直接影响教学方法的运用效果,体育教师只有以合理的方式组织教学,才能提高教学效率,取得良好的教学效果。体育教师的教学技能水平能够从其设计及运用教学组织形式的过程中体现出来。体育实践课教学中教师采用的组织形式主要有以下几种。

(一)集体教学

集体教学的组织形式适用于新内容的教学中,采用集体教学的方式,能够统一传授新内容,并对学生学习中存在的普遍性问题集中进行解决。在集体教学中,队形的设计是非常关键的环节,体育教师要合理设计学生的队形,还要为自己选择适宜的站位。

体育集体教学中教师可设计与运用如下几种队形。

1. 横队队形

横队队形是非常常见的一种队形。如图 7-2 所示,体育教师将学生分为四列横队,队形整齐,给人带来很好的视觉体验,并为学生成双成对地练习提供了方便,这种队形也便于教师集中管理。

图 7-2[①]

---

① 马定国. 高校公共体育管理[M]. 北京:北京体育大学出版社,2006.

第七章　现代教育理念下体育教学与训练的科学管理

这种队形的不足在于后排学生观察教师的示范动作时容易被前排学生挡住视线,所以,在示范时要注意调整队形,使每个学生都能看清楚示范。

2. 包围队形

如图 7-3 所示,学生围成一个大圆形,教师站在圆形中央,学生之间保持一定的距离,以免练习时发生肢体碰撞,影响练习效果。教师也要与学生保持适宜的距离,确保示范动作时不受影响。

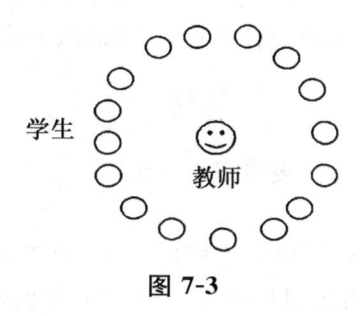

图 7-3

3. 准包围队形

如图 7-4 所示,学生围成一个不规则的圆形,教师依然站在圆形中央。一般在以学生练习为主的教学中采用这种队形。教师站在中间作简单的讲解和简单的示范,然后由学生自由练习,所以学生的站位既要保证能清楚地观察教师的示范动作,又要保证在练习时互不影响。这种队形也便于在课堂结束部分迅速集合,节约时间。

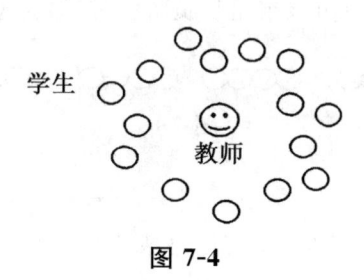

图 7-4

(二)个别指导

学生练习时,教师巡回观察与监督,发现错误时第一时间指出并帮助学生予以纠正,这就是个别指导。这种教学形式在体育教学中的运用非常普遍,它的优势在于教师可以了解每个学生的练习情况和存在的问题,使学生及时纠正错误动作,并可以帮助学生找到适合的学练方法,提高练习效率。

(三)分组教学

分组教学在体育教学中也是很常见的一种组织形式。分组教学的优势在于设计队形比较方便,也节省了集合时间,练习密度大,而且教学的针对性强,教师可以发现各组学生的问题,并进行针对性解决。分组教学是因材施教、个性化教学的主要表现形式,体育教师主要根据学生的身体素质水平和运动能力进行分组,不同组的学生可以相互交流和学习。

分组教学中同样也需要设计队形,常见的队形有以下几种。

1. 一字队形

这种队形的设计形式主要有以下几种。

(1)并联队形

每组学生成一列纵队,所有组横向并列,相邻两组学生保持适宜的间距,各组学生的练习由各组组长负责指挥,教师巡回监督与指导。

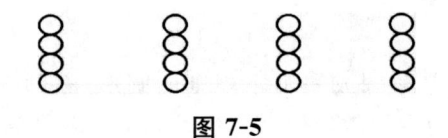

图 7-5

(2)串联队形

每组学生成一列横队,所有组排成一字型,相邻两组学生之间间隔一定的距离,每组学生的练习由该组组长负责指挥,教师巡回监督与指导。

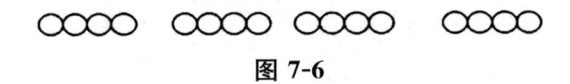

图 7-6

(3)糖葫芦队形

每组学生围成一个圆形,所有组站成一排,保持适当的间距,同样由小组长带领自己的组练习,教师负责指导。

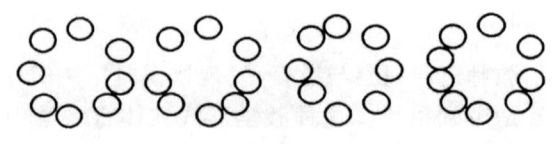

图 7-7

2. 田字队形

如图 7-8 所示,各小组围成一个呈方形,所有组排列成一个田字型,由小组长带领自己的组练习,教师负责指导。

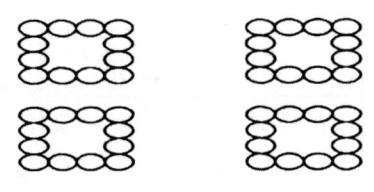

图 7-8

(四)"小教员"辅导

"小教员"一般是班级里的体育骨干生或体育尖子生,他们的特点是在体育课上的学习热情很足,学习积极性很高,而且学习能力强,运动水平高。他们是体育教师的最佳助手,在课堂上以"小教员"的身份辅导其他学生,在课下帮助学生练习,减轻了教师的负担。

体育尖子生辅导其他学生的同时也能巩固自己的运动技能,锻炼自己的语言表达能力、动作示范能力以及合作学习能力,同时也能培养集体主义精神和团结精神。

(五)教学比赛

选项课这种课程设置形式越来越普遍,选项课的出现也增加了体育单项的教学时间,而教学比赛这种教学组织形式在单项教学中是很普遍的。在具体运动项目的教学中开展小型比赛,能够激发学生的参与热情,提高学生的学习积极性,也能对课堂教学效果进行检验,同时对培养学生的竞争意识、体育道德、实战能力也是非常有帮助的。

(六)观摩表演

体育课上教师经常会让一些掌握动作快、动作质量高的学生站出来给大家表演和示范,其他学生观察、欣赏与学习。这种教学组织形式具有以下几方面的优势。

(1)激励学生进步,增长学生的自信。

(2)促进同学之间互学互助,共同进步。

(3)及时发现学生的问题,并进行针对性纠正与指导。

(4)调节课堂氛围,增加课堂教学的趣味。

在体育教学中,对各种组织形式和教学手段的灵活运用非常重要,一般集体教学适用于新内容的教学中;分组教学和个别指导适用于旧内容的复习与巩固中;教学比赛适用于单项教学中,小教员辅导和观摩表演适合用来培养学生的综合素质。各种教学组织形式都有自己的优点和缺陷,因此,要根据教学需要将多种教学组织形式与教学手段综合起来运用。体育教学中,如果学生一整节课都不停地练习,难免会感到枯燥,学习兴趣会下降,学习效率也堪忧,对此,体育教师应在适当的时间采用动作点评、集体纠错、观摩表演、小游戏等教学手段来调节氛围,缓解疲劳,使学生以良好的状态投入到后面的练习中。

三、体育教学常规管理

体育课堂教学管理是体育课堂教学的主要工作与任务之一,也是影响体育教学效率和质量的关键环节。为了保证体育课堂教学的顺利开展,保证高效实施教学方案,保证按时完成教学任务,取得良好的教学效果,体育教师和学生都要严格遵守课堂教学常规,自觉规范自己的言行,并相互监督,共同维护课堂秩序,共同创建理想的教学环境,共同为实现课堂教学目标而努力。

体育教学常规包括教师上课常规和学生上课常规两个部分,因此,要针对教师和学生分别对《体育课教师上课常规》和《体育课学生上课常规》进行制定并不断完善,这是管理人员督促检查体育教学工作的重要依据,也是体育教师管理学生的重要依据,管理人员根据规定对教师的教学行为、学生的学习行为、课堂秩序予以规范和约束,保证教师与学生安全、顺利地完成教学任务和学习任务。一般来说,教师的教学常规主要表现在教案、着装、时间、对场地器材的使用、管理学生、考核等方面;学生的上课常规主要表现在考勤、着装、课堂秩序、使用场地器材、请假等方面。在体育教学常规管理中一定要重视课堂安全管理,时刻谨记安全第一,在安全的环境下展开教学工作。

四、建立与完善体育教学的相关制度

(一)督导制度

督导指的是学校管理部门对学校体育教学工作的监督与管理。由学校

第七章 现代教育理念下体育教学与训练的科学管理

管理部门对教学管理制度予以制定,体育教学部执行制度,展开严格的教学管理,提升体育教学部门的工作质量,提高体育教学水平。对督导制度的制定必须规范,并不断健全与完善,为体育教学管理提供重要的依据与制度武器。

1. 体育教学督导的目的

学校管理部门督导体育教学工作,主要是为了对体育教学进行检查与规范,解决体育教学中的问题,提高体育教学的科学性、规范性、制度性,最终促进体育教学质量的提升。

2. 体育教学督导的途径

学校管理部门从宏观层面督促与指导体育教学工作,督促与指导的途径有召开座谈会、听课、对教案进行检查等,采取这些方式对教师的备课和上课情况以及学生的学习情况有一定的了解,总结体育教学工作开展中值得肯定的地方,并指出实际存在的问题,本着提高体育教学质量的宗旨督促体育部门改进教学工作,解决主要问题。

3. 体育教学督导的执行

学校管理部门对体育教学工作的督导主要有两种执行模式,一种是定期或不定期检查,将督导工作提升到制度层面,形成惯例;另一种是"蹲点",对体育教学的整个过程或体育教学问题发生的来龙去脉进行了解,基于对现实情况的把握而采取有效的方式解决体育教学的问题,促进体育教学系统的高效运作,提高体育教学的质量。

(二)集体备课制度

体育教师集体备课可以相互沟通与交流,互相分享教学理念、教学经验,互相学习,在教学组织形式、教学方法手段上相互切磋,并开动脑筋,积极思考,集思广益,为提高体育教学质量而群策群力。

体育教学考核方法一般是比较统一的,体育教师在集体备课时也能借此机会讨论如何建立一套科学而健全的体育教学考评体系。集体备课的时间一般建议一周一次,时间相对固定,并在制度层面严格规范与落实该计划,使之成为良好的传统。

(三)检查考核制度

检查考核制度是学校教学中的重要制度,体育检查考核制度是学校体育部门的内部制度,管理者检查与考核体育教师的教学能力、教学素养及综合素质,检查其在体育课上的教学工作,进行量化评价,从而进一步规范体育教师的教学工作,提高其教学技能和业务能力。

1. 考核目的

学校教务部门检查与考核体育教师的教学工作,督促体育教师将备课和课堂教学的规范与要求重视起来,使体育课堂教学更规范,符合制度要求,这样才能使教学质量上一个台阶。

2. 考核内容

对体育课堂教学的检查与考核主要包括教案实施情况、课堂秩序、教学进度计划实施情况、教学组织形式、教学方法的运用等内容。

3. 考核操作

学校教务部门定期或不定期检查考核体育教学工作的开展情况,如果是定期考核的方式,则明确规定考核时间,要求体育教师在规定时间内将教案、教学报告按时上交给教务部门,便于管理人员第一时间掌握信息。不定期考核的方式是管理人员不定期听课或抽取教案进行检查,对体育教师的日常教学情况有所了解,指出问题,规范日常教学行为。

五、体育教学质量评价管理

体育教学质量评价指的是依据一定的标准对体育教学效果进行评价,并依据评价结果改革体育教学,提高体育教学质量的过程。[①]

考核体育教师的业务水平,需要采用体育教学质量评价的方法,以促进体育教师高质量完成教学任务,提高教学水平。

体育教学质量评价应受到重视,在具体的评价实践中,结合运用定性评价与定量评价方式,注重综合评价,评价体系应具有多维性和立体性。在评价中要重视现场评价,并考虑日常教学检查结果,从客观上对体育教学质量进行综合分析与评价。

体育教学质量评价的类型见表7-1。

---

① 张劲松,张树巍.高校体育管理理论与实践[M].沈阳:东北大学出版社,2016.

第七章 现代教育理念下体育教学与训练的科学管理

表 7-1 体育教学质量评价类型

分类方法	类型
依据评价对象分类	教师教学评价
	学生学习评价
依据评价内容分类	专题评价
	全面评价
依据评价方式分类	自我评价
	他人评价

下面主要对体育教师教学评价和学生学习评价的管理进行分析。

(一)体育教师教学评价管理

在体育教师教学评价中,专家、同行和学生都可以作为评价的主体。专家与同行依据体育教学质量评价标准对体育教师的教学进行评价。学生对体育教师教学进行评价时,需要采用问卷调查的形式,学生填写调查问卷,表明自己的看法或态度,为教学效果评价提供数据或信息。

表 7-2 详细指出了对体育教师教学评价的主要内容。

表 7-2 体育教学质量评价量表[①]

课程:　　　　　任课教师:　　　　时间:　　年　月　日

评估指标		评估内容	评估等级				加权系数	加权分
一级指标	二级指标		优 1.0	良 0.8	由 0.6	差 0.4		
教学准备 15%	教学计划	(1)教学计划科学合理,符合教学大纲要求; (2)按要求携带教案						5
	教案编写	(1)教案规范工整; (2)教案有明确的目的、任务; (3)教案符合教学大纲、计划规定要求及学生实际;						10

---

① 张劲松,张树巍. 高校体育管理理论与实践[M]. 沈阳:东北大学出版社,2016.

续表

评估指标		评估内容	评估等级				加权系数	加权分
一级指标	二级指标		优 1.0	良 0.8	由 0.6	差 0.4		
教学准备 15%	教案编写	(4)教案重点突出,合理安排教学内容; (5)选用适当的教学方法和手段,准确预计负荷,合理分配时间						10
教学过程 55%	课堂常规	(1)学生考勤完整; (2)规范使用与管理教学器材; (3)妥当安排见习生管理; (4)提出学生行为规范与要求						20
	教学常规	(1)衣着整齐、大方、得体,精神饱满; (2)保证教学时间,合理组织教学; 教学过程完整						20
	教学安全	(1)实施安全教育; (2)安排合理运动负荷; (3)关爱学生,关心设备安全						15
教学效果 30%	掌握技术	(1)教师充分挖掘思想教育的各种因素,言传身教; (2)为人师表,关爱学生,发展学生个性,塑造学生良好品行; (3)教书育人,严格要求学生,思想教育效果良好						10
	锻炼意识	(1)学生理解教学内容的基本要领; (2)学生掌握技术、技能						10
	思想教育	(1)学生积极表现,主动学习; (2)学生自觉锻炼,帮助同学; (3)学生锻炼意识增强						10

(二)学生学习评价管理

学生体育学习的评价内容见表 7-3。

表 7-3　学生体育学习的评价内容

评价内容	具体内容
学习过程评价	学习态度
	学习投入程度
	学习行为
学习结果评价	对体育知识、技能的掌握程度
	体能状况和体育成绩达标率
	在体育教学中的情意表现与合作精神等

第二节　课外体育活动的管理

一、一般课外体育活动管理

(一)群体课外体育活动的组织和管理

学生集体参与的课外体育活动应由学校有关部门统一组织与管理,有关部门应定期组织开展丰富多彩的校园体育活动,吸引学生的积极参与,使学生的课余生活丰富起来,同时也使学生在参与课外体育活动的过程中巩固运动技能,提高健康水平。通过组织课外体育活动,应使学生发现自己感兴趣的运动项目,并找到适合自己的锻炼方法,使其将参与体育活动作为良好的习惯保持下去,为终身体育锻炼奠定基础。

对群体性课外体育活动的管理要充分发挥学校有关部门及组织的重要作用,集中多方面力量促进课外体育活动的顺利开展,提高课外体育活动的开展质量和学生的参与效果。

1. 纳入学校体育工作计划

群体性的学校课外体育活动应受到学校领导的重视,要将此纳入学校体育工作年度计划中,根据学生的需要和体质情况出台具有可行性的组织实施方案,做好周全的计划,采取有力的措施来落实计划。

2. 有关部门加强指导

在群体性课外体育活动的组织管理中,学校体育教学部应发挥专业优势,利用专业资源提供指导,并具体执行课外体育活动组织实施计划。在计划实行中要制订详细工作方案,并在指导、管理上明确责任,提高指导与管理的效率及效果,保证计划与方案顺利实施。

3. 各院系发挥作用

学校一年一度的运动会是非常盛大的体育活动,各院系的学生都可以报名参加,各院系有关部门要鼓励学生踊跃报名,选拔优秀的选手代表院系参赛,为院系争得荣誉,并在参赛过程中传播本院系的文化,使其他院系学生对本院系多一些了解。

4. 学校体育协会发挥作用

学校体育协会是以学生为主的群众性组织,协会组织开展的课外体育活动备受关注。协会中的体育积极生或尖子生在课外体育活动的组织开展方面总是积极的、热情的,他们的参与度很高,而且影响力大,能吸引与带动周围学生参与课外体育活动。学校体育协会在传播体育知识、体育文化方面发挥着重要作用,协会成员参与丰富多彩的体育活动,也会在学校组织的课外体育活动在承担重要工作,发挥自己的组织管理能力,呈现自己的技能水平,展现自己的闪光点,以榜样的身份积极影响广大学生参与课外体育活动。

5. 学生工作处提供协助

学生工作处的工作都与学生息息相关,课外体育活动是面向广大学生组织开展的,因此,学生工作处理应主动提供协助与配合,为学校体育工作的顺利开展贡献自己的一份力量。

6. 学生会积极参与

学生会体育部在组织群体性课外体育活动方面应发挥重要作用,将此作为自己的本职工作,体育部的骨干或管理人员尤其要发挥领导作用,发挥聪明才智,争取将课外体育活动办好。学生会体育部在自主策划课外体育活动计划时,应主动向其他组织寻求支持或帮助,如体育教学部的技术支持,学生处的人力支持,财务部的资金支持,等等。如果是由体育教学部策划课外体育活动,则学生会也应主动提供帮助,并参与活动筹备、活动实施以及活动后期总结等各环节的工作,全面参与整个过程,提高课外体育活动的举办质量。

(二)早操、课间操的管理

为了增强学生体质,培养学生良好的运动习惯,使学生劳逸集合,提高学习效率,有关部门明确出台了关于组织早操和课间操活动的相关规定,早操与课间操也成为学校的一大传统。早操与课间操是最常见的课外体育活动形式,也是课外体育活动管理的重要内容,学校要加强这方面的管理,提高学生做早操与课间操的积极性,避免这两项课外体育活动的开展留于表面形式。

学生做早操不仅能锻炼身体,还能唤醒大脑,为学习文化课做准备。在上午上课的中间时段安排课间操,可以使学生缓解大脑疲劳,调整状态,保持头脑清醒,上好第三、四节课。

1. 管理方式

体育教师和学校管理人员应共同参与管理学生的早操与课间操活动,但要以一方为主,另一方为辅,具体视实际情况而定。如果学生的宿舍较为分散,不是集中住在一个区域,那么在早操的管理中,管理者就要发挥主要作用,体育教师辅助管理;如果学生的宿舍较为集中,那么在早操管理方面体育教师应发挥主要作用,学校管理人员提供辅助。课间操管理中一般由体育教师发挥主要作用,学校管理人员也要参与督导。

2. 提高活动效率

(1)班主任督促、检查

在早操与课间操管理中,不管是以学校管理人员为主,还是以体育教师为主,班主任都不能完全不参与管理,班主任在学生群体中有很高的权威性,所以要多督促学生自觉做操,并检查学生的参与情况。

(2)培养学生的好习惯

如果学生晚上入睡时间太晚,第二天早上就会赖床,做不到按时起床,耽误做早操时间,所以必须严格出台作息规定,培养学生良好的作息习惯。班主任或宿管人员要做好这方面的检查。只有作息规律,睡眠时间充足,学生做操时才会积极参与,充分活动身体。

(3)建立健全督查制度

学校早操与课间操活动的缺勤率比较高,学生经常以各种原由请假,针对这种情况,应建立督查制度,制定激励与奖赏、批评与惩罚的机制,奖惩分明,提高参与率。

二、课外体育训练管理

(一)业余体育训练管理

1. 学校业余体育训练管理情况

学校业余体育训练是学生在课余时间进行运动训练,教练员给予指导,促进学生身心健康和运动成绩提高的教育过程。在学校体育运动训练中,业余训练是非常重要的组成部分,是运动训练的初级形式。业余训练有利于促进学生课余生活的丰富,在学校普及体育运动,对优秀的体育后备人才进行培养,促进后备人才运动技术水平的提高。对学校业余体育训练体系加以构建,加强这方面的管理,既是体育竞争发展的需要,也是学校体育发展的需要,同时也是培养优秀后备人才和提升学生体质健康水平的需要。

学校业余体育训练具有基础性和业余性。业余训练中以基础训练为主,因为从学生的生理特征来看还不适合过早进行专业训练,这也是遵循运动训练规律的要求。通过基础训练,锻炼身体素质,打好技术基础,为专项训练与提高做准备。学生在体育课上主要是完成学习任务,在课余时间才能进行训练,这是学校业余体育训练业余性特征的表现。在学校业余体育训练组织与管理中,要将学生文化学习和运动训练的关系处理好,保证体育训练不影响文化课学习,但也不能只重视文化课学习而不允许学生参与训练,要同时兼顾,权衡关系,均衡发展。

目前,我国初步构建了学校业余体育训练体系,参与业余体育训练的学生不断增加,业余训练点的数量也有了增加。但学校体育教育训练和文化教育之间的矛盾至今未得到彻底解决,二者发展的不均衡问题依然存在,这从学校业余体育训练的发展与管理现状中也能体现出来,如管理不严,缺乏成熟的管理机制,管理手段落后,影响了训练规模的扩大和训练水平的提高。此外,学校业余体育训练既不像文化教育那样受重视,也不像高水平运动队的专业训练那样受重视,其处于一个不受重视的尴尬处境,所以管理上比较敷衍,这直接制约了学校体育的发展。

第七章 现代教育理念下体育教学与训练的科学管理

2. 学校课余体育训练管理的内容

依据科学管理理论来管理学校业余体育训练,科学组织学校业余体育训练,对训练时间、训练计划、训练负荷合理安排,从学生的身体发育情况出发对适宜的训练方法进行设计与运用。

在学校业余体育训练管理中,具体涉及以下几方面的管理内容。

(1) 组织管理

要顺利开展学校业余体育训练活动,首先要加强组织管理,提供组织保证,在管理中要将训练内容确定下来,并对运动员加以选拔,完成业余学校运动队的组建。

(2) 计划管理

根据实际情况对多年、年度、阶段、周、课时等不同类型业余体育训练的训练计划加以制订,有了合理的训练计划,才能按照计划安排具体的训练工作,并在最后依据计划对训练效果进行检验。

(3) 教练员管理

组建优秀的教练员队伍,对其进行专业培训,使其对现代运动训练的理论知识加以学习并掌握,对业余体育训练方法与手段能够灵活运用,积累丰富的训练经验,用先进的训练理论指导训练实践。在训练中发挥主导性,做好对训练效果的考核工作。在教练员管理中,除了进行专业业务能力的管理外,还要关心教练员的工作环境、薪资待遇、进修机会,使教练员能够全身心投入到对学生的训练指导中。

(4) 运动员管理

作为学校业余体育训练的主体,学生又多了一个运动员的角色,要重视对运动员的培养与管理,包括思想道德管理、文化学习管理、训练管理,提高学生运动员的思想道德水平,使其训练态度积极端正,训练意识提升,养成良好的训练习惯,并能正确处理自己的文化学习与训练关系,主动找老师或同学补落下的功课。在运动员管理中,还要加强饮食管理,营养均衡。另外,安全管理也非常重要,要时刻注意运动员在训练中的安全,预防过度疲劳和运动伤病。

(5) 训练质量管理

开展学校业余体育训练,要明确质量要求,确定训练任务与目标,加强质量管理,正确实施训练内容,选择严密的训练组织方式,采用丰富得当的训练方法,合理安排训练过程,安排适宜的运动负荷,实施个性化训练,并将思想教育融入训练中,加强对训练中突发事件的紧急处理,这样能够大大提高学校业余体育训练的质量。

(6)竞赛管理

体育训练与体育比赛之间有着非常密切的关系,进行体育训练是为了取得良好的比赛成绩,比赛是对训练效果进行检验的重要手段,二者不可分割。因此,在学校业余体育训练管理中,对竞赛的管理也很重要,要将竞赛管理纳入训练管理体系中,重视对训练效果的检验,通过竞赛发现训练中的问题,了解运动员的训练水平,并制订新的训练计划或调整原有训练计划,为取得更好的比赛成绩而不断努力。

(7)科研管理

随着学校体育的不断发展,迫切需要有科学成熟的理论来为学校体育训练工作的高效开展而提供理论依据,提高训练的科学化水平,因此科研管理十分重要,在科学研究中对学校体育训练的规律进行探索,对学生业余训练的新方法、新形式进行探究,在科学理论与方法的基础上建立学校业余体育训练体系,提高训练效果。

(二)高水平运动队训练管理

高水平运动队是高校的一个特殊群体,高水平运动员在高校很受重视,高校有关部门关心这一群体的成长、训练与比赛,重视对他们的日常管理、训练管理和比赛管理,为他们发展成为优秀的运动人才而保驾护航,使其专心训练和比赛,为学校争光,为国家争光。

对高校高水平运动队训练进行管理,主要应从以下几方面展开。

1. 挑选优秀教练

在高水平运动队训练管理中,第一责任人当之无愧是教练员,教练员与运动员接触时间长,对运动员比较了解,所以在管理上更得心应手一些。所以说,教练员要主动承担起管理运动队的责任,教练员对运动队的管理直接影响运动队的训练和比赛成绩,影响运动队的长远发展,因此挑选专业的、优秀的、业务能力强及擅长管理的教练员很重要。在挑选教练员时,要考察教练员是否有强烈的责任心、良好的敬业精神、娴熟的业务能力以及良好的管理能力等,责任心、敬业、业务好、擅长管理都是对教练员的基本要求。此外,教练员的执教经验、带动参赛经验也很重要,基于这些考虑,在学院派教练和竞技派教练中适合选择后者来负责高校高水平运动队训练的管理工作。

2. 纪律管理

在高水平运动队的日常训练中,必须加强纪律管理,提出严明的纪律要

第七章 现代教育理念下体育教学与训练的科学管理

求。因此,不管是一个人完成训练任务还是整个团队协作配合完成训练计划,都需要付出时间和努力,所以运动员要有很强的时间观念,也要有集体意识,在训练课上集中注意力进行训练,严格遵守队伍纪律。无规矩不成方圆,如果没有纪律,团队就会变成一盘散沙,教练员难以管理,最终影响训练效果。每个运动员都有责任为创建良好的训练环境而努力。

3. 制订训练计划

训练计划包括长期训练计划、中期训练计划以及短期训练计划三种类型,也可以分为集体训练计划和个人训练计划。不管制订哪种训练计划,都要考虑计划的科学性、可行性,要从实战出发提出严格的训练要求。在训练计划中,训练内容的选择和确定是非常重要的一环,所选内容要为实现训练目标而服务。制订训练计划要注意以下几方面。

第一,兼顾身体素质训练内容与运动技术训练内容。
第二,合理安排运动量和运动强度。
第三,合理安排集体练习、个人练习和小组练习。
第四,注意技战术练习的整合。
第五,以赛代练,赛练结合。
第六,选择丰富的训练手段,增加趣味性训练方式,缓解训练疲劳。
第七,计划中要有紧急处理运动损伤的内容,保障运动员的安全。

4. 因材施教

每个运动员都有自己的特色、风格,都有自己擅长的技术和不擅长的技术,在高水平运动队训练中要遵循因材施教的原则,因人施训,从不同运动员的个人情况出发制订相应的训练计划,将集体训练和个人训练结合起来,并根据每个运动员的特长来出台战术配合方案,充分发挥每个运动员的特长,提高整体作战能力。如果教练员不了解每个队员的特长技术,在训练中搞"一刀切",不仅不利于运动员个人的成长与发展,而且也会影响集体训练效果。脱离实际的训练与管理都是无效的。

5. 把握好取胜手段

竞技体育发展到今天,竞争越来越激烈,对抗性越来越强,竞技比赛形势越来越严峻,对此,运动员必须把握好取胜手段才能在赛场上灵活应对,稳定发挥,取得好成绩。对运动员来说,身体素质强、心理素质好、协作能力佳、参赛经验丰富等都是取胜的重要保障,因此,在日常训练中要加强身心素质训练,重视团队协作,积极参与比赛,积累丰富的经验。

三、学校体育竞赛管理

(一)学校体育竞赛的管理机构

学生运动会尤其是大型学生运动会的组织与举办必然有主办单位、协办单位以及承办单位,我国学生运动会的主办单位有国家体育总局、教育部、共青团中央,承办单位和协办单位分别是当地政府和教育部学生体育协会。从这些单位各自的地位来看,政府部门和社会团体是我国学校课余体育竞赛的主管部门,前者包括国家体育总局、教育部,后者包括共青团中央和教育部学生体育协会。

具体而言,教育部是学生课余体育竞赛的主管部门,教育部学生体育协会是课余体育竞赛的授权管理单位,国家体育总局及其下属各个项目协会是课余体育竞赛的业务指导部门,共青团中央是课余体育竞赛的业务指导部门。[①]

学校体育竞赛管理机构如图 7-9 所示。

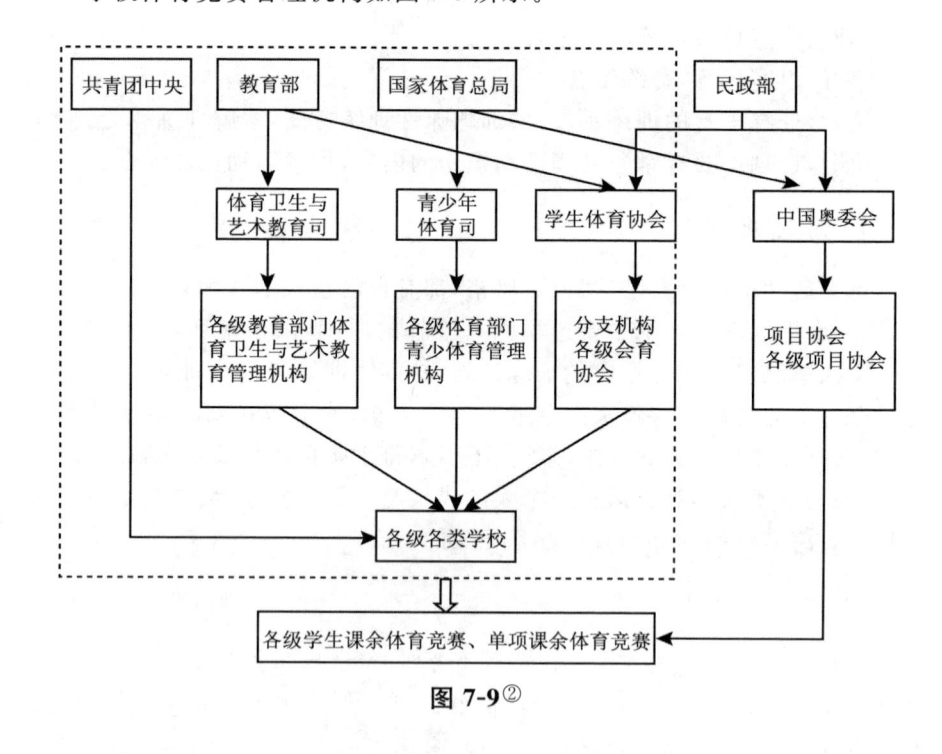

图 7-9[②]

---

① 张瑞林.学校体育管理学[M].北京:高等教育出版社,2014.
② 同上.

第七章　现代教育理念下体育教学与训练的科学管理

(二)学校体育竞赛智能化管理系统

在信息技术时代,现代计算机技术在学校教育中发挥着越来越重要的作用,计算机在学校体育训练和竞赛领域的运用也愈发普遍,将信息技术管理手段引入学校体育赛事管理中,可大大提高管理效率。当前,传统纯粹的人工管理方式已经不能满足信息时代体育管理的需求了,利用计算机技术开发现代化管理系统并进行网络管理已成为必然趋势,借助计算机手段构建的体育赛事管理系统应具有实用性、高效性,应发挥计算机网络智能化分析数据与全方位管理的优势,提高管理效率。

依托计算机技术而建立的学校体育竞赛管理系统分为三个部分,包括赛前准备阶段、比赛阶段和赛后处理阶段,整体功能体系如图7-10所示。这种设计理念对提高赛事管理效率、满足赛事相关人员的需求以及使相关人员获得良好的参与体验具有重要意义。

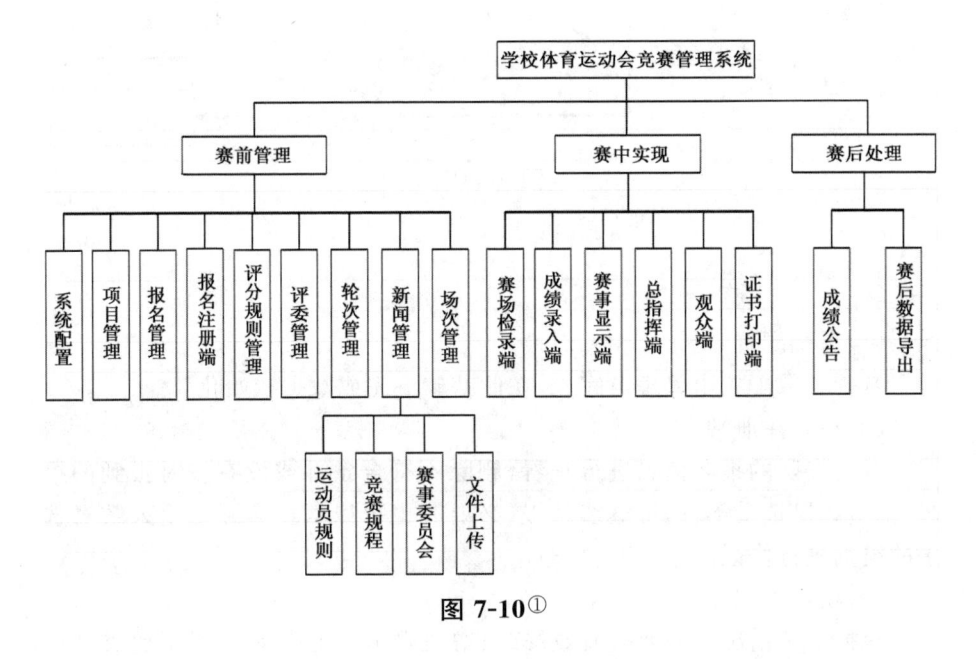

图 7-10[①]

图7-10所示的学校体育竞赛智能化管理系统中,一般由专门的系统管理员发布比赛相关通知与信息,运动队按要求完成线上报名,管理员根据报名者数量和报名的项目确定比赛组织方式、项目安排以及其他规则,确定赛程后设计赛程表,发布秩序册。在比赛中及时更新赛程变化和相

---

① 王亚茹.学校体育运动会竞赛管理系统的实现[D].郑州:郑州大学,2018.

关比赛信息,对各个项目及运动员的比赛成绩要及时公布,为运动员和其他管理人员查询提供方便。学校体育赛事智能化管理系统的数据流程图如图 7-11 所示。

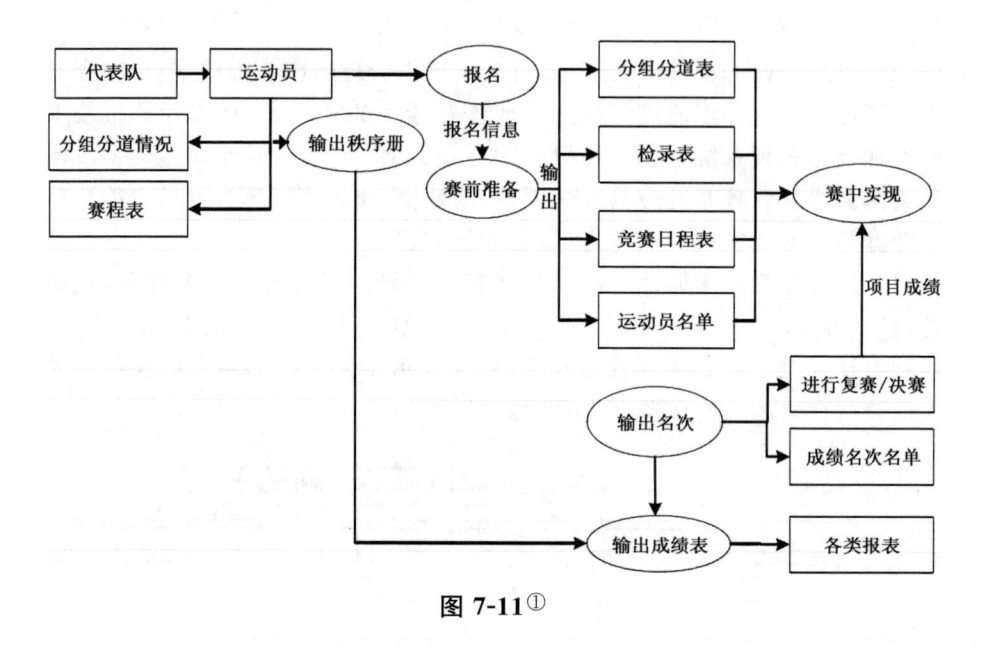

图 7-11[①]

1. 赛前管理

(1)系统配置

基础参数配置由管理员完成,在此基础上完成数据初始化。

(2)报到注册端

对代表队的报名信息进行查看,删除不符合条件或没有按时报到的报名选手,如果选手不够,可继续补报,必要时也可以根据实际选手人数对选手的组别进行修改。

(3)项目管理

根据实际情况和需要查看或修改、增加或删减比赛项目,然后将整理后的结果导入 excel,以表格的形式呈现出来。

(4)新闻管理

管理员在系统平台上上传比赛相关文件,如秩序册、比赛成绩表、注意事项等。所有人员都可以下载这些文件,但对于一些有保密性的文件,需要

---

① 王亚茹.学校体育运动会竞赛管理系统的实现[D].郑州:郑州大学,2018.

第七章　现代教育理念下体育教学与训练的科学管理

设置权限,获得许可才能下载。

（5）网上报名

选手都是以代表队为单位报名。

（6）赛程表

系统根据比赛场地、参赛人数等重要赛事信息,自动生成比赛场次,可直接导入 excel 表,为方便赛事工作的开展提供便利。

（7）裁判管理

裁判管理模块的功能包括下列几项。

①根据赛事需要添加新的裁判员。

②修改裁判信息。

③对裁判进行赛组分配。

④下载裁判表。

智能化管理系统中赛前准备阶段的工作流程如图 7-12 所示。

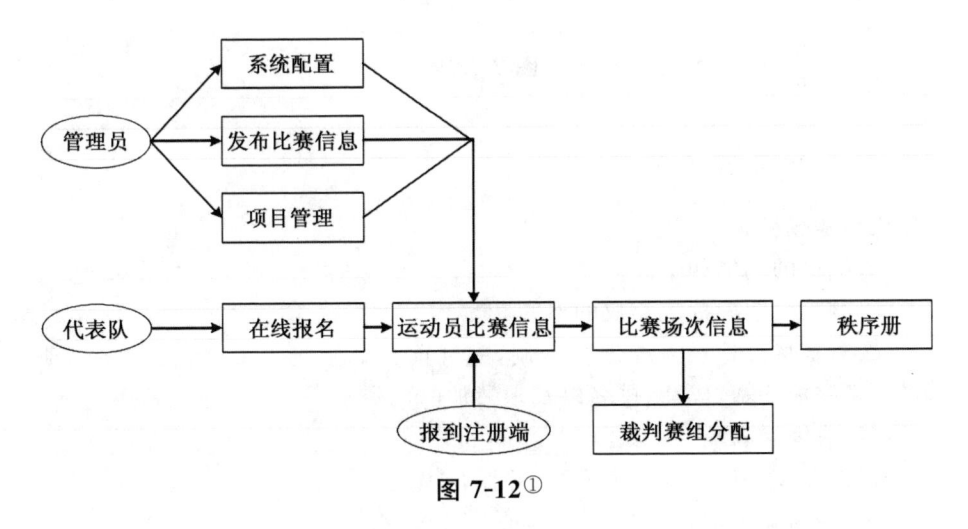

图 7-12[①]

图 7-12 所示的赛前工作流程是智能化的准备过程,与传统的赛前准备工作有一定的差别,如图 7-13 所示。对比发现,传统体育赛事管理系统中赛前准备阶段的工作相对较为复杂,涉及部门及人员众多,工作量大,需要投入较多的资源才能顺利开展工作。而智能化的赛前准备工作相对简单一些,操作方便,不需要投入大量的人力、物力以及财力资源,但是对信息化技术的要求较高,要求管理员熟练掌握相关技术,在自动化管理系统中灵活操作,提高管理效率。

---

① 王亚茹. 学校体育运动会竞赛管理系统的实现[D]. 郑州:郑州大学,2018.

图 7-13[1]

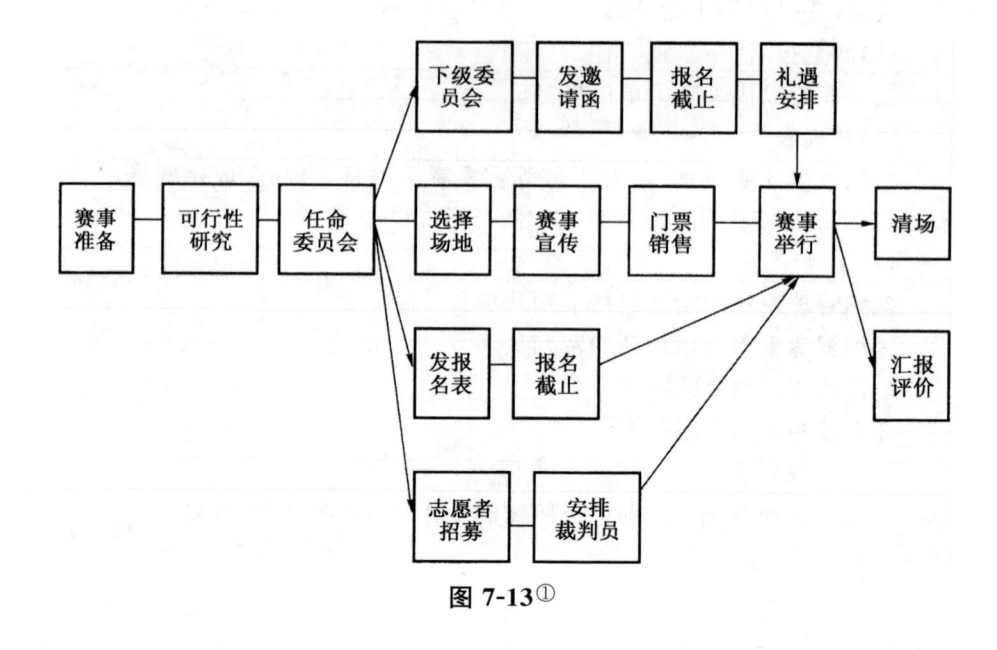

2. 赛中管理

(1) 赛场检录端

该端口的功能如下。

① 删除已明确提出弃权的参赛者。

② 对赛场外检录大屏进行控制,大屏前台显示选手参赛信息(参赛项目、是否完成比赛、成绩、排名以及未参加的比赛)。

(2) 成绩录入端

裁判在该端口录入选手成绩,并保存提交。

(3) 赛事显示端

为了让赛事工作人员及观众了解比赛进程,可将每场比赛中参赛选手的相关信息显示在场内大屏幕上,信息是实时的,要及时更新。

(4) 证书打印端

比赛奖项的配置与生成是该端口的主要功能,在页面上可以打印证书。

---

① 张瑞林. 学校体育管理学[M]. 北京:高等教育出版社,2014.

第七章 现代教育理念下体育教学与训练的科学管理

(5)观众端

观众端面向 APP 端,观众可在线查看比赛结果,可以为喜爱的选手投票,也可以将自己想说的话或对比赛的建议写在留言板中。

(6)总指挥端

工作人员在查询界面分类查询比赛场次、代表队、裁判等各方面的有关信息。

赛中工作流程如图 7-14 所示。

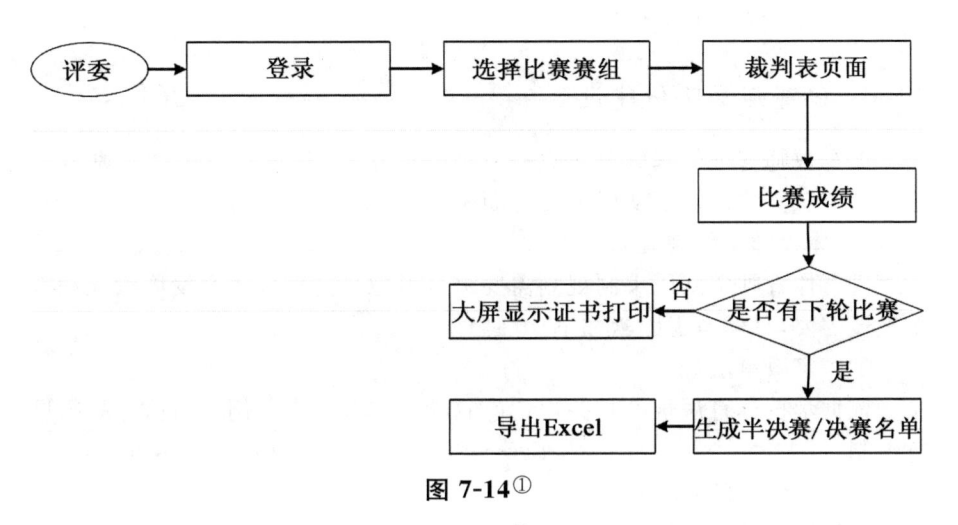

图 7-14[①]

3. 赛后管理

(1)成绩公告

核查数据库中录入的成绩,汇总后导出。管理员在网上发布成绩,代表队可查看和下载。

(2)数据导出

根据比赛场次显示运动员信息,包括所在代表队、衣服号码、比赛成绩等,对于破纪录的选手,汇总所破纪录项目的成绩数据,最后导入 excel 表,成绩的变化一目了然。

---

① 王亚茹.学校体育运动会竞赛管理系统的实现[D].郑州:郑州大学,2018.

第三节 体育教学资源的管理

一、体育教师与学生管理

(一)体育教师管理

1. 体育师资队伍建设

体育教师管理的基础是建立一支业务水平高、作风优良的体育师资队伍。师资队伍建设主要从以下几方面来着手。

(1)体育师资编制规划

进行体育师资队伍编制规划需要综合考虑当前学校体育发展状况和未来发展需要,具体考虑因素如下。

①国家政策法规

依据学校体育法规的相关规定(如《学校体育工作条例》)对体育教师进行编制。

②学校体育的基本状况

这里所说的学校体育基本状况主要指学校体育工作职责,如体育教学、课外体育活动、课余体育训练和竞赛等相关工作任务,具体依据教学数量和其他体育活动的开展情况计算工作量。

③学校体育工作发展趋势

根据学校体育工作的发展需求,计算所需师资数量,要保证师资数量能够满足学生体质健康测试、课外体育活动、课余运动训练、课外体育赛事等工作开展的基本需求。

(2)选拔引进体育师资

确定体育教师编制后,需调整与优化现有体育教师结构,根据需要招聘新的优秀体育教师,基本程序是公布招聘信息、笔试、面试、试讲、录用、培训等,在招聘过程中,要全面考量体育教师的专业知识与技能、思想素质、业务素质和身体素质等。

2. 数量管理

(1)课堂体育教师

以高校为例,为了保证体育课堂教学质量,一名高校体育教师上课课时

第七章　现代教育理念下体育教学与训练的科学管理

一般在每周10节课左右。以这个标准计算,10 000名在校学生,有5 000人上体育课,按30人一个教学班,有167个班,需要配备33名左右的体育教师。除此之外,如在上体育课以外的学生中开设体育选修课还需要增加体育教师数量。

(2)业余体育教练

一个学校一般有3~5个校代表队,配备教练时,田径和游泳项目的教练通常要4名左右,其他项目1~2人。一个队每周训练3~6次,每次2个课时。按此计算,一个学校代表队的教练员应该是6~10人。

(3)群体活动教师

一般情况下,学生群体活动的体育教师可以充分利用体育课堂教学的教师资源,但如果学校广泛开展学生单项体育协会的活动,需要体育教师担任业余指导,则体育教师的数量也需要相应增加。①

3. 结构管理

(1)性别结构

关于不同性别体育教师的配置,要参考上体育课的学生的性别比例。体育理论课不管是男教师还是女教师,都可以面向所有学生上课,在体育实践课中,一些项目适合男教师面向男生授课,女教师面向女生授课,必要时按性别分班授课,所以,不同性别体育教师的比例要根据学生性别结构来定,二者要达到一定的匹配度。男女分开上课是为了保护隐私,消除学生的心理障碍,使学生轻松上课,充分展示自己的运动潜能和技术水平。

(2)年龄结构

体育教师的年龄结构也是值得关注的一个问题,不同年龄的教师都有自己的优势,老教师教学经验丰富,年轻教师充满活力,容易接受新事物,中年教师稳重,有威信。因此,学校要合理搭配老、中、青不同年龄的体育教师,使各年龄段体育教师充分发挥自己的优势,同时相互学习,取长补短,不断完善自己。具体来说,老教师要学习一些新知识、新方法,中年教师要更好地把握好体育教学的发展趋向,并不断提升自己,年轻教师要多参与实践活动,积累经验,虚心学习。只有合理搭配,互相学习,才能整体提高体育师资队伍的教学能力。

(3)学历结构

不管是哪个学科,都对教师的学历有严格的要求,而且学历越高的教师越容易受到肯定,教育单位在教师招聘上都严格提出学历要求,学历越高,

---

① 张瑞林.学校体育管理学[M].北京:高等教育出版社,2014.

机会越多。现阶段,我国体育教师的学历水平总体上比其他学科教师的学历水平低,这个问题长期存在,所以要尽快转变这种现状,吸纳高学历体育教师人才,尤其是研究生、博士生学历的体育教师,高学历体育教师在整个师资队伍中所占的比例越高越好。

体育教师的教学水平、业务素质、科研能力、训练素养等都能从其真实学历水平中得到一定的体现。学历高的体育教师不管是知识水平、教学能力、科研能力还是训练能力,都比较高,而且注重全方位发展。因此,在体育教师管理中要特别重视建设高学历的体育教师队伍,关注在职教师的继续教育,加强对体育教师的在职培训。

(4)职称结构

体育教师的业务素质尤其是科研能力也体现在职称结构中,职称越高的体育教师一般教学经验和科研经验越丰富,越熟练教学技能和科研方法,也形成了自己的教学风格与教学特色。所以,学校要不断加强对体育教师的培训,提高教师的综合素养和业务能力,使其有机会在职称评定中获得高职称荣誉,这对低职称体育教师来说也是非常重要的发展机会。一所学校整个体育教师队伍的职称结构反映了这所学校的体育教学能力和体育科研能力。

(5)知识结构

体育教师要掌握丰富的体育知识、专业知识以及相关学科知识、科学知识、文化知识等各种类型的知识,知识结构要完整、充实、合理,只有拥有丰富的知识和熟练的知识运用能力,才能上好体育课。因此,体育教师要养成主动学习的好习惯,不断学习新知识,掌握新技能,提高自己的知识素养。

4. 绩效管理

体育教师的绩效管理从以下几方面来展开。

(1)绩效评估

体育教师的绩效评估包括以下两点。

①行为评估

评估体育教师的出勤率、工作完成率等日常工作行为。

②结果评估

评估体育教师所从事的体育工作的效果,如学生的体质健康水平、体育技能水平、体育竞赛成绩等。

(2)绩效反馈

绩效反馈就是在得到评估结果后,向组织和个人反馈评估结果。常见的反馈形式有书面通知、面谈交流等。不管如何传达,都要保证传达的准确

第七章　现代教育理念下体育教学与训练的科学管理

性,使体育教师明确自己的工作绩效,及时发现自己在教学工作中的不足,总结经验,不断改善。

(3)绩效提升

绩效反馈是绩效提升的基础,这一环节涉及以下工作。

①体育管理部门通过会谈、会议、培训等方式对体育教师进行绩效指导,使绩效较低的教师掌握提升绩效的好方法。

②体育教师总结自己上一阶段的绩效表现,在此基础上探索绩效提升的途径。

③加强跟踪管理,积极贯彻落实绩效提升的方法途径。体育管理部门密切关注每位体育教师的绩效行为,以保障绩效提升方法的落实,有效提升教师绩效。

5.薪酬管理

为了更好地对体育教师进行绩效管理,必须实施科学的薪酬管理,对体育教师的薪酬进行管理时,注重责、权、利的对等,激励体育教师努力提高自己的工作绩效。

在薪酬管理中,要建立与健全薪酬制度,考虑体育教师的工作特点和性质,在相关制度下建立相应的薪酬管理制度。通过制定和实施薪酬制度,鼓励体育教师积极参加培训,提高工作绩效和工作质量。[①]

(二)学生管理

1.体质健康管理

提高学生体质健康水平,促进学生身心协调发展是学校体育教学的主要任务和目标之一。青少年学生的健康状况反映了中华民族的活力,对民族未来发展有重大影响,因此,在体育教学中要高度重视学生的体质健康管理,促进学生健康发展。

学校在学生体质健康管理方面需做好以下工作。

(1)健全学校组织机构。

(2)建立专门的学生体质健康管理制度。

(3)加强对学生的健康教育。

(4)建立学生健康档案。

(5)定期检查评估学生的体质健康状况。

---

① 张瑞林.学校体育管理学[M].北京:高等教育出版社,2014.

在学生体质健康管理中,要特别抓好体能测试工作,加强体能测试管理,这一方面同样可以像学校体育赛事管理一样构建智能化管理系统平台,提高管理效率。学生体能测试管理系统平台的模块设计如图 7-15 所示。为了保证该系统的顺利运作,学校有关部门应提供资金支持、技术支持和人力支持,选拔懂技术、善管理的体育教师来担任该系统的管理人员。

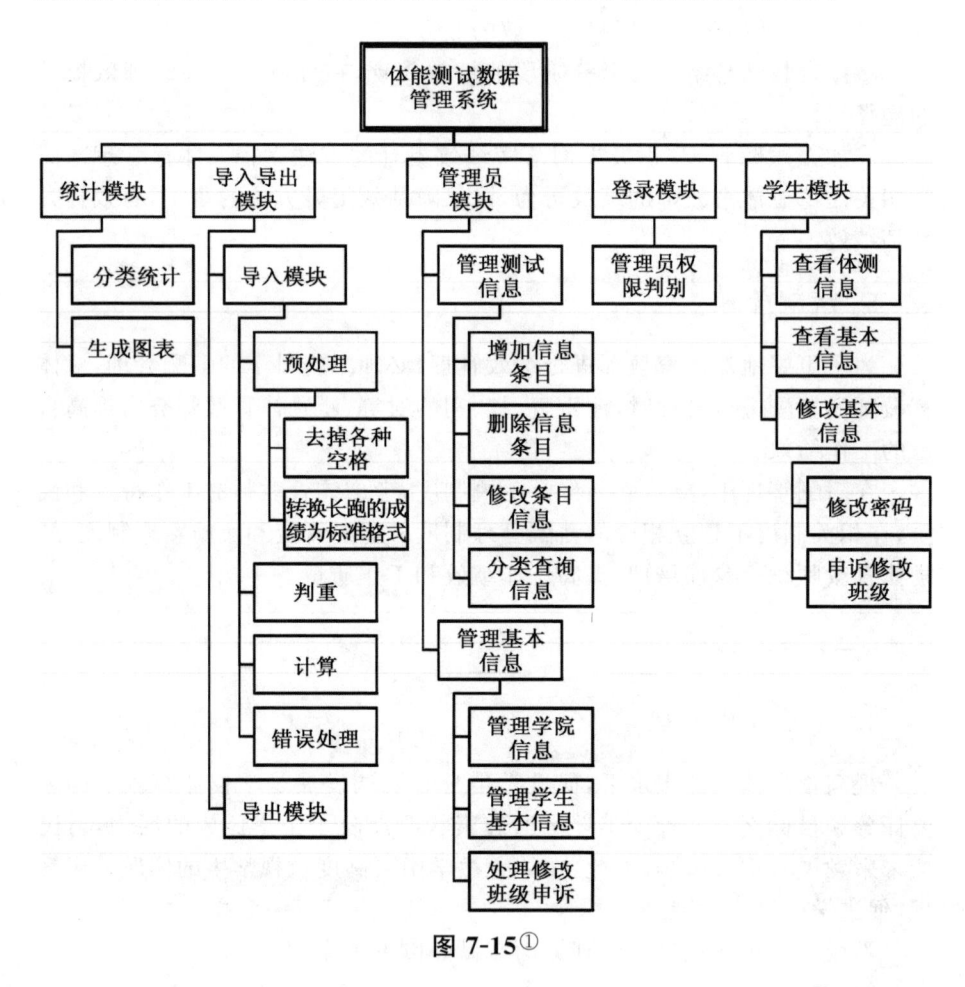

图 7-15[①]

2. 课堂纪律管理

体育课堂教学中,要加强对学生的纪律管理,这样才能从基础层面保障体育课堂教学效果,严格的体育课堂纪律管理从如下几方面进行。

---

① 司苗杰. 智慧校园背景下高校学生体质健康管理研究[D]. 吉首:吉首大学,2016.

(1)严格要求学生的基本言行规范。
(2)维护课堂秩序。
(3)培养学生干部,发挥学生干部的作用。

3. 学习评价管理

学习评价管理的常见的形式如下。
(1)教师对学生的学习评价

体育教师一般采用测验法、定级法、体育态度评价法、提问法等方法来评价学生的学习情况。
(2)学生自我评价

学生采用自我反省、自我反馈与自我暗示等方法进行自我评价,可以清楚认识到自己的不足,及时改进。
(3)学生相互评价

学生之间相互评价对方,既能发现别人的优点,也能认识到自己的问题,从而取长补短,共同进步。

二、体育经费管理

(一)节能管理,杜绝浪费

学校体育经费主要用于体育教学、体育训练和体育比赛,在体育场馆、器材上有大量的经费投入,这是主要支出的对象。因此,在体育经费的节能管理中,要从这个主要支出方面着手,也就是要节约在体育场馆设施方面的经费支出,杜绝浪费现象发生。

1. 水、电费

学校体育工作中用水的地方主要是在体育场馆内,为节约水费,要杜绝浪费水,对用水地点合理设置,将节水器具利用起来,并严禁水为他用等。

对教室和体育场馆中灯的数量、照度的控制以够用和保护学生视力为原则,合理布置灯光设备,根据需要打开相应的灯管设备,而不能不管是教学、训练还是比赛或开展其他活动,都不加选择地将所有灯光设备打开,造成浪费。最后离开场馆的人一定要关灯。

2. 卫生费

根据场馆面积、使用率来合理配备体育场馆的卫生人员,主要配备原则是"够用",卫生人员认真负责打扫卫生,使体育场馆经常保持干净卫生的状态,为师生提供良好的活动环境。

学校体育场馆的卫生保洁工作可以由学生参与,安排各年级学生在课余时间轮流打扫体育场馆,这样可以减少卫生人员的配备,降低卫生管理成本。

3. 维修费

体育场馆及运动器材设备的维修与维护是一笔很大的开支,维修与维护都是必要的,但要在不影响质量和使用的基础上降低成本。如果发现场馆、器材设备存在小问题,不要抱侥幸态度,要及时维修,否则等损坏严重的时候,维修费用就会增加很多,而且即使是有问题,也会影响师生的安全与正常使用。

(二)创收管理,增添经费

1. 招商引资

在学校体育经费不足的情况下,可面向社会招商引资,吸引投资与赞助,以满足体育教学、运动训练以及体育赛事等学校体育活动开展的需要。

2. 体育场馆租赁

学校体育经费创收中,体育场馆的有偿租赁是一种很常见的方式,要出台租赁制度,明确规定租赁的时间和租赁费用,如果在租赁使用期间损坏了场馆或器材,需要按要求赔偿。需要注意的是,对外租赁体育场馆器材设施要以不影响学校体育课教学、学校运动训练以及学校体育赛事活动的正常开展,先保障对内服务,再对外租赁。

3. 体育俱乐部经营

学校体育教学部依托学校体育资源成立体育俱乐部,面向社会开放俱乐部,实行开放式经营管理,这也是将学校体育与社会体育联系起来的一个重要窗口。这样一来,学校体育场馆设备除了满足学校体育工作的需要外,也可以为社区、社会团体、企事业单位、个人参与体育锻炼、举办体育活动或其他商业活动而提供场地与设施服务,满足更多群体的需要。通过开放式经营获得的收入可解决学校体育经费的短缺问题。

体育俱乐部的经营服务主要有以下几种形式。

(1)创办训练班

学校体育俱乐部可以创办一些热门训练班,如健美训练班、健美操训练

第七章　现代教育理念下体育教学与训练的科学管理

班、舞蹈班、球类训练班等,通过招生,吸引感兴趣的学生参与,提供专业的培训服务,收取一定的费用。

(2)承办体育赛事

学校体育俱乐部可充分利用学校体育场馆和体育器材设施资源而承办社会体育赛事,收取服务费,这样既充分利用了学校体育资源,推动了全民健身和社会体育的发展,也实现了可观的创收。

总之,多种形式的学校体育俱乐部经营服务使社会个体或团体对体育的需求得到了满足,这样既能发展社会体育,又能解决学校体育经费问题,一举两得。

三、体育场馆设施管理

(一)体育场馆管理

1. 功能齐全,搭配合理

学校体育场馆为学校体育教学、业余体育训练和体育竞赛三大活动的开展而提供基本的场地支持与保障,因此,对它的功能提出了较高的要求,功能齐全而且各方面合理搭配的运动场馆更能满足学校体育工作之需,满足学生参与各类运动项目的需要。综合运动场馆讲求合理搭配,而专门的篮球馆、足球场、乒乓球馆等场馆场地则强调专馆专用。

2. 器材摆放井然有序

体育场馆内的运动器材设备类型多样,如果不分类存放,不注重摆放秩序,那么学生上课需要花些时间找器材,这样难免会浪费时间,影响课堂教学进度与效率,同时也会影响师生上课的热情与积极性。一般来说,大型器材设备的摆放位置相对固定,小型器材要分类存放,这样才能方便学生使用。

3. 环境干净、整洁

学校体育运动场馆是师生上课、训练的重要场所,良好的教学环境与训练环境能够给师生带来美好的体验,也能提高教学与训练效果。因此,保持体育场馆的卫生与整洁非常重要,要努力为师生提供优雅的教学环境。体育场馆应该每天都由专门的卫生人员或学生打扫,保证干净、整洁,并定期检查场馆、器材是否损坏,及时维修,定期维护,保证师生上课与训练的安全。

4. 制度健全,责任明确

体育场馆管理工作比较繁杂,需要认真对待,因此要健全相关制度,严格按规定进行管理,并明确有关部门及管理人员的职责,提高对场馆器材的管理效果。有关部门要定期检查或不定期抽查管理人员的工作,实行奖惩机制,奖励认真负责的管理人员,对敷衍了事、态度不端正、违反规定、推卸责任的管理人员给予相应的处罚,这样既能约束管理人员的管理行为,又能激发他们的工作热情,使其以正确的态度积极投入管理工作,提高管理质量。

5. 安全第一,严格监管

我国学校体育场馆中发生安全事故与管理服务不到位有直接的关系,直接影响了学校体育工作的开展以及师生的人身安全,对此,必须做好安全预防工作,加强安全管理,构建与完善体育场馆安全体系,其中包括安全管理体系、安全操控保证体系和安全维护保证体系三个重要组成部分,分别如图 7-16、图 7-17、图 7-18 所示。

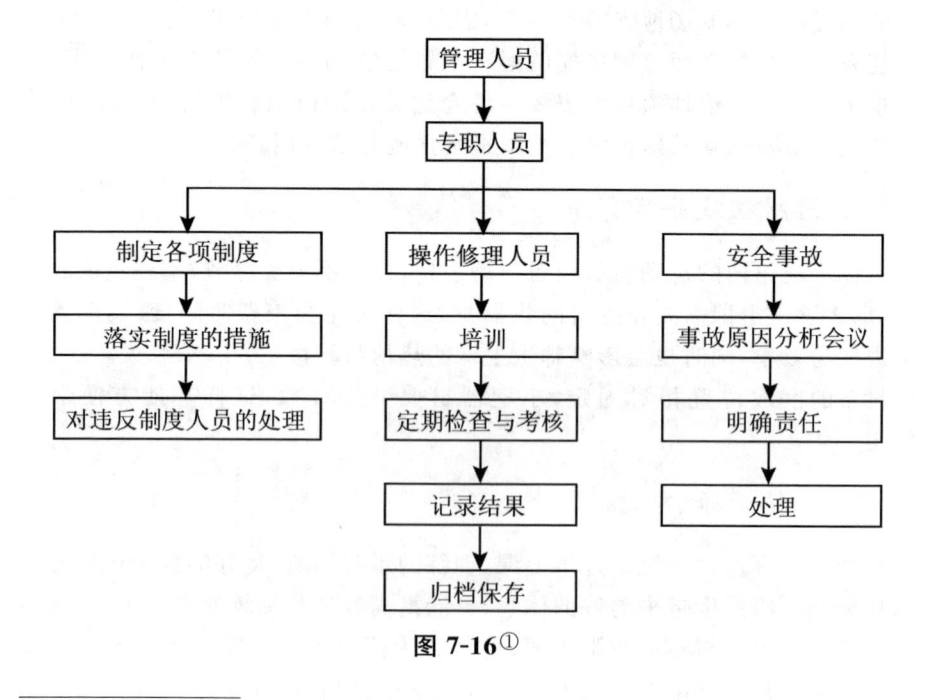

图 7-16[①]

---

① 谈群林.体育场馆经营管理实务[M].广州:华南理工大学出版社,2011.

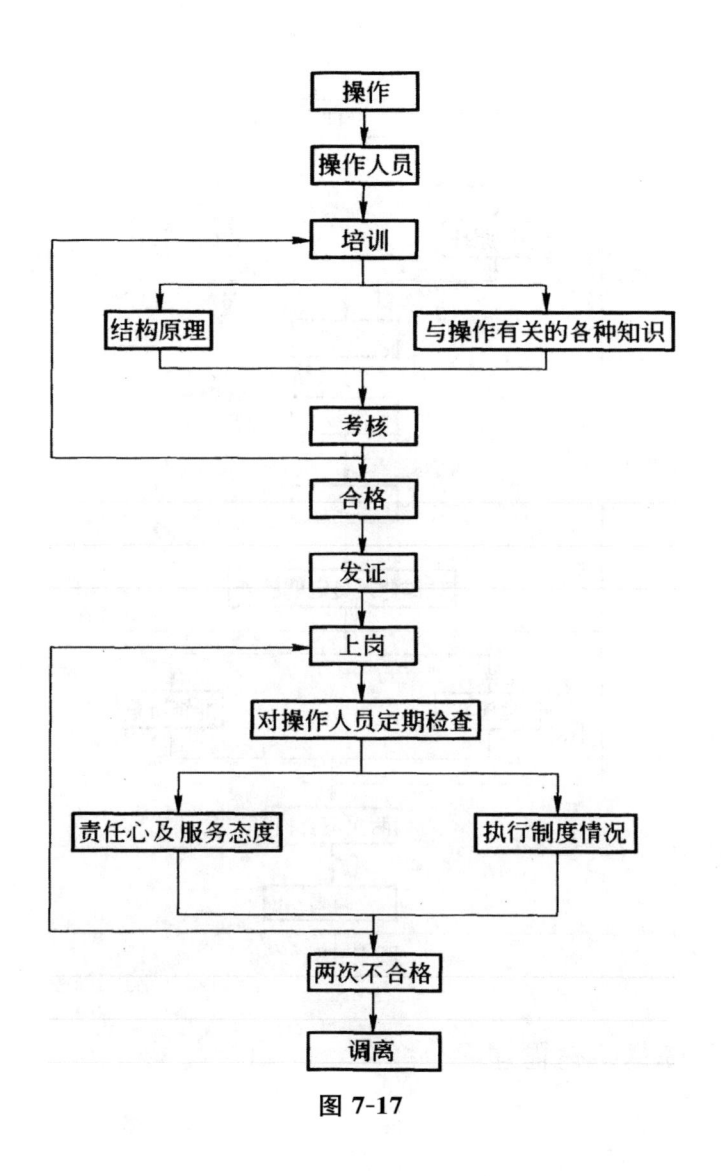

第七章 现代教育理念下体育教学与训练的科学管理

图 7-17

图 7-18

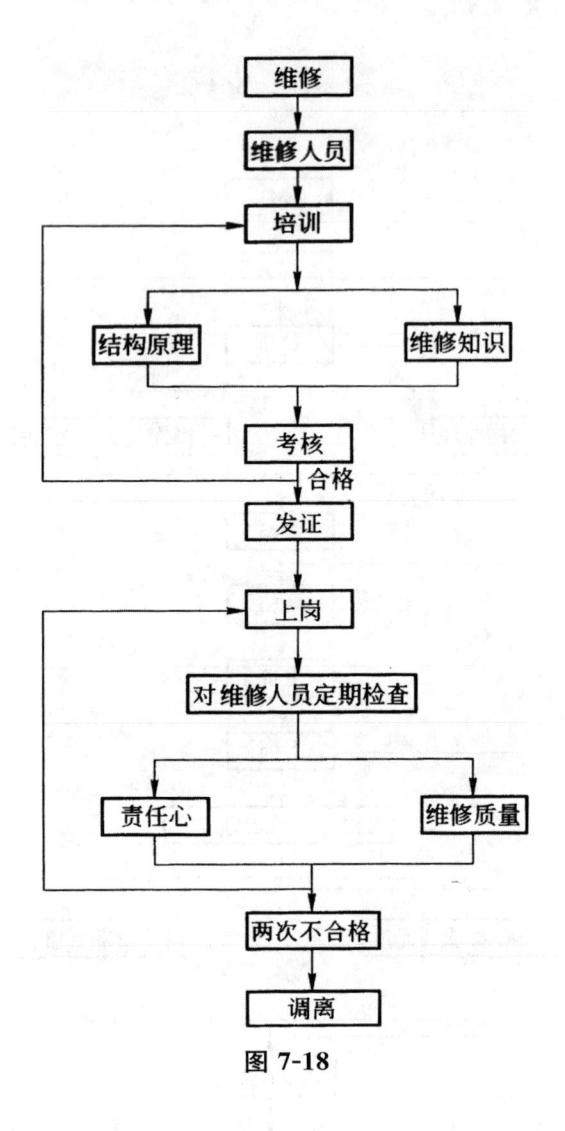

(二)体育器材管理

1. 分类放置

把体育课上常用的器材放一起,不常用的放一起,然后分别对常用器材和不常用器材进行分类,归类摆放,如大器材和小器材分开,金属器材和非金属器材分开,也可以按项目分类。

第七章　现代教育理念下体育教学与训练的科学管理

2. 保持清洁

保洁人员除了要打扫场馆地面、墙面卫生，还要保持器材设备的卫生，定期除尘擦拭，构建一个干净、优美、舒适的课堂环境。

3. 规范外借程序

体育教师或学生向体育场馆器材管理员借体育器材时，要先向有关部门申请，然后携带准许证明去借，管理员要根据上课人数、运动项目来决定借多少，借什么，不能随意私自外借。

外借器材时，管理员要当面检查清点，作好记录，归还时，同样要当面检查，除了检查数量外，还要检查是否完好，检查无误后，再摆放到指定位置，方便下一次查找使用。每一次外借都要做好详细的记录，比如借还时间，班级，器材数量，器材名称，等等。

4. 管理员坚守岗位

器材管理员要坚守岗位，不得随意离开岗位，要经常检查器材是否完好，是否归类放置，对于延时归还器材的班级，要督促归还，并作好记录。管理员要了解各个班级的体育课安排，提前给准备好器材，同时也要灵活应对一些特殊情况，如天气恶劣、教师计划有变导致的体育课无法正常开展等。正因为有体育器材管理员在自己的岗位上兢兢业业，体育课才能顺利开展，他们是促进学校体育发展的幕后人员，默默奉献，应该给予足够的尊重，也要在薪资待遇、日常生活上给予优待、补贴，从而提高其工作的积极性和热情。

5. 及时修理

回收器材后第一时间要清点数量，然后检查是否有破损，哪怕是很小的破损，也要尽可能维修，以免造成更严重的损坏，影响使用寿命。

第八章 现代教育理念下体育运动训练的实践指导

体育竞技能力是由体能、运动技战术、运动心理以及运动智能组成的有机整体,其中,体能是基础,技战术是核心,心智能力是运动员稳定发挥技战术以及审时度势的重要保证,各个要素缺一不可。从体育竞技能力的组成来看,体育运动训练内容应包括体能训练、技战术训练、心理训练和智能训练,在体育运动训练中合理安排这几方面的训练对提高运动员的整体竞技能力具有重要意义。本章主要在现代教育理念下探讨体能、心理、智能及技战术的训练方法,为运动员科学而系统的训练提供重要的实践指导。

第一节 体能训练指导

一、力量素质训练方法

(一)肩部力量训练

1. 直臂侧平举

自然站立,双手各持哑铃垂于体侧,两臂伸至侧平举,快起慢放(图8-1)。[1]

2. 颈前推举

身体直立,两手握杠铃于锁骨处,握距同肩宽,手臂向上伸直推起杠铃,然后慢放还原(图8-2)。

---

[1] 张英波. 现代体能训练方法[M]. 北京:北京体育大学出版社,2006.

第八章 现代教育理念下体育运动训练的实践指导

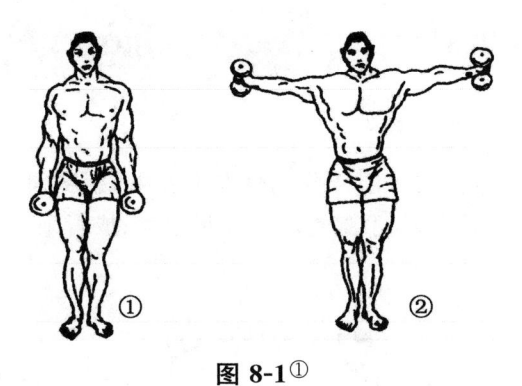

图 8-1[①]

图 8-2

3. 颈后推举

两手反手握杠铃于颈后,手臂伸展向上举起杠铃,然后慢放还原(图 8-3)。

图 8-3

---

① 张英波. 现代体能训练方法[M]. 北京:北京体育大学出版社,2006.

(二)手臂力量训练

1. 手腕屈伸负重练习

两手反握杠铃或哑铃,前臂分别贴在大腿上,手腕伸出位于膝关节外。手腕围绕额状轴上下旋卷,手腕卷屈幅度尽量大;或者采用正握杠铃的方法进行练习(图8-4)。

图 8-4

2. 坐姿弯举

坐在凳端,两腿分开,一手握哑铃,另一手掌置于持哑铃手侧的膝关节上部,握哑铃手臂伸展,肘关节上部置于膝关节处另一侧的手背上,上臂固定,慢速屈肘至胸前,然后再控制恢复预备姿势(图8-5)。

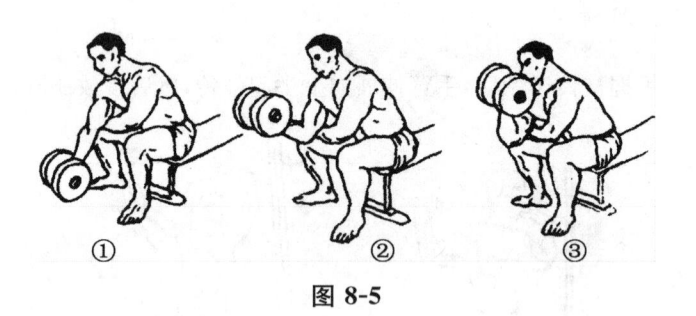

图 8-5

(三)腹部力量训练

1. 支撑举腿

双手支撑在双杠上,两臂伸直,身体伸展,下肢放松,双脚并拢,收腹举腿至水平位,然后还原(图8-6)。

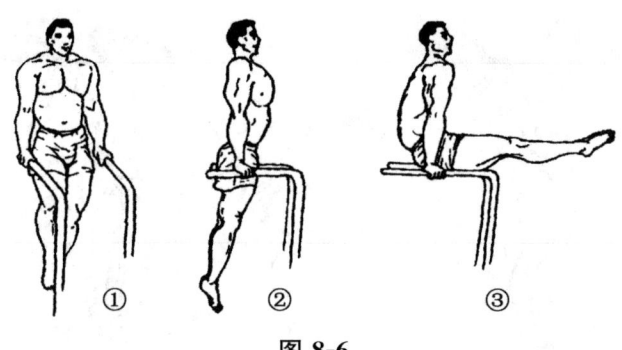

图 8-6

2. 悬垂举腿

两手正握单杠,两臂伸展,下肢放松,身体悬垂,两腿伸直并依靠收腹力量用力上提,脚腕触及单杠后再还原。

(四)腿部力量训练

1. 下蹲提铃

两脚开立,屈膝下蹲,杠铃与脚后跟紧贴,正握杠铃,蹲起直臂提铃于臀部,挺胸直背,然后还原(图 8-7)。

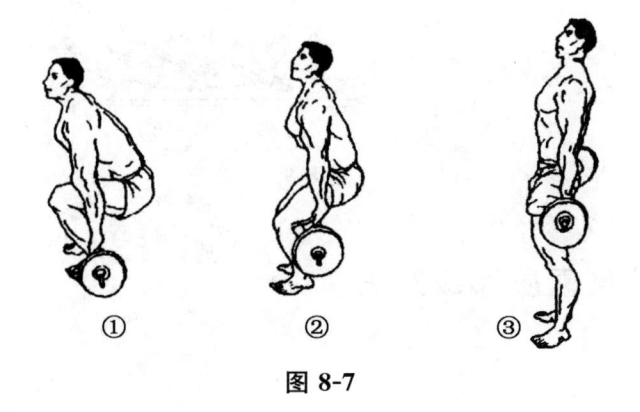

图 8-7

2. 负重深(半)蹲跳

双脚开立,双手握杠铃扛于颈后,屈膝半蹲快速蹬伸,髋、膝、踝充分伸展,向上跳起,落地时保持半蹲或深蹲(图 8-8)。

图 8-8

3. 卧抬上体

俯卧在台面,上体从一端探出,两手置于头后,上身下俯,然后快速向后向上抬上体,有控制地慢速还原,反复练习(图 8-9)。

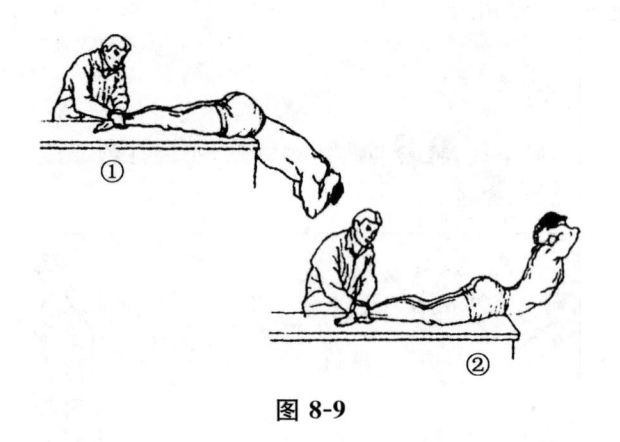

图 8-9

二、速度素质训练方法

(一)反应速度训练

1. 反应起跳

画圆圈,两人站圈外,练习者站在圈内手持竹竿向外划圆,圈外人跳起躲避竹竿,若被打中,与圈内练习者互换角色继续练习。

第八章 现代教育理念下体育运动训练的实践指导

2. 压臂固定瑞士球

坐在凳子上,一侧臂侧伸,手掌压瑞士球。同伴向侧面不同方向拍球(最大力量的60%～75%),练习者手用力固定球。

(二)动作速度训练

1. 双杠快速臂撑起

双手抓握双杠,两臂用力支撑,身体上移,再屈臂下移,反复练习。

2. 仰卧屈腿快速转腰

仰卧,双手握住横杆,屈膝收腹,髋快速向两侧转,反复练习。

3. 仰卧快速伸臂

仰卧在瑞士球上,手持哑铃举起,保持片刻,然后放下。直臂练习与屈臂练习交替进行。

4. 侧卧腿绕环

侧卧在斜板上,身体充分伸展,上侧腿尽可能大幅度绕环,两腿交替练习。

(三)位移速度训练

1. 沙滩跑

在松软沙滩上快速跑,利用沙子的阻力提高速度力量。

2. 弓箭步纵跳

弓箭步准备姿势,垂直起跳,落地还原,反复练习。双腿交替练习。

3. 陡坡上坡跑

在坡度为20°～35°的上坡道上快速跑。持续跑4～8秒后稍停顿,然后继续,争取在这个时间内每次跑的距离不断加长。

4. 跑台阶

快速跑上台阶,连续跑4～8秒后稍停顿,然后继续跑。

三、耐力素质训练方法

(一)有氧耐力训练

1. 重复跑

在跑道上重复跑,依据专项任务与要求来决定跑的距离、次数与强度,一般适宜强度为最大强度的 50%～60%。

2. 定时跑

在 15 分钟时间内匀速跑,保持 50%～55% 的练习强度,可逐渐延长时间。

3. 定时定距跑

先确定要跑的距离范围,然后定时跑完,如跑距 3 600～4 600 米,用时 18 分钟左右。

4. 沙地连续走或负重走

在海滩上进行徒手快走或负重走练习。

5. 循环练习

将 8～10 个练习动作组成一组动作循环练习,每组循环时间至少 5 分钟,共完成 3～5 组循环练习,组间间歇 5～10 分钟,保持 40%～60% 的练习强度。

(二)无氧耐力训练

1. 反复起跑

站立式(或蹲踞式)起跑 30～60 米。每组 3～4 次,反复练习 3～4 组,一组两次之间间歇 1 分钟,两组之间间歇 3 分钟。

2. 反复超赶跑

在田径场跑道上,多名练习者成纵队慢跑或中等速度跑,听口令后,排尾加速向排头跑。

第八章 现代教育理念下体育运动训练的实践指导

3. 往返运球跑

在篮球场地上从一端线运球到另一端线，然后换手运球返回，往返6次为一组，练习4~6组，组间休息2分钟。

4. 间歇接力跑

4名练习者两两分组，两组练习者在跑道上相距200米，听口令起跑，每人跑200米交接棒。每名练习者重复8~10次。

5. 计时跑

可进行比专项距离短的重复计时跑或比专项距离长的计时跑。重复4~8次，间歇3~5分钟。

四、柔韧素质训练方法

(一)颈部柔韧训练

1. 前拉头

双手在头后交叉，呼气，向下拉头，下颌触碰胸部，保持片刻后还原，反复练习。

2. 团身颈拉伸

身体由仰卧举腿团身，头后部和肩部支撑身体，双手膝后抱腿。呼气，将大腿向胸部拉，膝和小腿前部触地，反复练习。

(二)胸部柔韧训练

1. 坐椅胸拉伸

双手在头后交叉。吸气，两臂后移，上体上部后仰，胸部拉伸，保持片刻后还原，反复练习。

2. 直臂开门拉胸

在一扇打开的门框内，双脚前后开立，双臂向斜上方伸直顶在门框和墙壁上。双手掌心对墙。呼气,身体前倾拉伸胸部,保持片刻后还原,反复练习。

(三)腹部柔韧训练

1. 上体俯卧撑起

俯卧,双手掌心向下、手指向前放在髋两侧。呼气,用手臂撑起上体,头后仰,形成背弓,保持片刻后还原,反复练习。

2. 俯卧背弓

俯卧屈膝,脚跟向髋部移动。吸气,双手抓住脚踝。臀肌收缩,胸部和双膝离开垫子,保持片刻后还原,反复练习。

(四)腿部柔韧训练

1. 站立拉伸

背贴墙,吸气,一条腿抬起。同伴双手抓住练习者屈膝腿的踝关节上部,帮助腿上举,保持片刻后还原,反复练习。

2. 扶墙上拉脚

站立,一手扶墙,一腿屈膝使脚跟靠近臀部。呼气,另一手抓住屈膝腿脚背,吸气,向臀部缓慢提拉,反复练习。

第二节　心理训练指导

一、心理训练的任务

(一)培养运动员的兴趣及意志力

运动员对运动训练的兴趣不仅应由直接动机所引起,还应该有间接动机的支持,在心理训练中应使运动员产生训练的间接动机,提高运动员训练的积极性,使其保持顽强的意志投入训练。

第八章　现代教育理念下体育运动训练的实践指导

(二)储备心理能量,保持最佳心理状态

通过心理训练要使运动员储备充足的心理能量,也就是使运动员的心理指标达到理想状态,如训练动机正确、训练热情足、训练信心高、适应能力强,等等。这样运动员才能保持最佳的训练心理和比赛心理。

(三)发展运动员的专项心理品质

通过心理训练要有效培养与明显提升运动员的专项心理品质,具体表现在以下几方面。

(1)使运动员专门化知觉能力得到提升与改善。
(2)使运动员的注意品质达到更高水平。
(3)使运动员思维更灵活、敏捷。
(4)提高运动员的记忆能力。
(5)培养运动员勇敢顽强、自制力强的良好意志品质。
(6)促进运动员情绪稳定及控制情绪能力的提升。

(四)提高运动员调控心理的能力

对于专业的运动员来说,在训练中和赛场上合理调节与控制自己的心理是非常重要的,在关键时刻能否合理调控心理,直接影响比赛发挥和最终的成绩。因此,在心理训练中要着重培养运动员的心理调控能力,使其能够调节紧张情绪,放松身心,集中注意力,思维灵活,巧妙应对,发挥出正常水平。

二、心理训练的科学指导

(一)注意力集中训练

从生理学角度来看,运动员集中注意力时,大脑皮层相应区域处于适宜的兴奋状态,其余区域以抑制状态为主,但在不同区域抑制状态有深有浅。运动员注意力集中程度受到负诱导程度的影响,二者之间是正相关的,注意力集中性随负诱导程度的加强而提升。

运动训练和比赛中,很多因素都会影响运动员注意力的集中性,使运动员分散注意力,如从运动员个人角度来看,运动疲劳、运动伤病、休息不足、营养不够、心里急躁、对得失与成绩过分关注等都可能使其注意力受到影响;从客观因素来看,注意力分散可能与不适应场地环境、不熟练新的器材

以及观众态度等原因有关。

注意力集中程度高的运动员,从事运动训练时目的性更强,训练的自觉性也更高,而且责任心强,对提高训练效果具有重要意义。在注意力集中训练中应注意以下几点。

(1)将培养运动员集中注意力的习惯融入日常运动训练中,使运动员像对待正式比赛一样对待训练,态度端正,严格训练。

(2)运动员要戒骄戒躁,学会克制过度紧张、过分激动、恐惧、发怒等不良情绪,将注意力集中到训练任务中。

(3)为避免运动员在不正确或不确定的比赛情报中分散注意力,教练员要及时与运动员沟通,将正确的比赛情报及时传达给运动员,使其消除不必要的不良情绪,集中注意力备赛。

(4)教练员要让运动员认识到,参加比赛虽然是为了取得好成绩,但不能因为对个人得失过分计较而在比赛中思想不集中,影响发挥,这样必然会影响最后的比赛成绩,甚至连最基础的水平都发挥不出来。

(5)运动员在比赛中要第一时间克服紧张、焦虑、恐惧等不良情绪,否则这些情绪会将你的注意力转移到负面的东西上,只有自主控制与克服不良心理,将注意力集中在积极正面的因素上,才能发挥出自己的真实水平。

(二)意志品质训练

人们在行动上自觉克服困难以达到某种目的的心理过程就是所谓的意志。该心理过程中人们克服困难的行动是有意识的行为,是高级的行为,是自我调控的行为。人的理智支配人的行为,行为受大脑控制。

人的意志由意识、智力、情感所决定,意识发挥主导性影响,控制与调节人的意志行动;智力帮助人们判断和决定应该做出什么样的意志行动;人的意志行动都带有这样或那样的情感,情感因素影响意志行动的方向。

果敢、顽强、主动、坚定、自制等都是意志品质的重要表现,这些表现无一不与影响意志行动的意识、智力、情感三大因素有关。意志品质的这些表现形式主要体现在运动员解决问题、克服困难及完成训练或比赛任务的过程中。对运动员的顽强意志品质进行培养,要从以下几方面出发。

1. 克服困难

对运动员的意志品质进行培养,就要使运动员勇敢对抗困难,克服困难。教练员要根据运动员的训练水平设置相应程度的困难,因为对不同水平的运动员来说,困难是相对的。对于训练水平较低的运动员,可设置较小的困难来进行考验,对于训练水平高的运动员,可设置相对复杂的困难来挑

第八章　现代教育理念下体育运动训练的实践指导

战运动员。不管针对什么样的运动员设置困难，都要确保运动员通过努力和顽强的意志行动后可以克服困难，这样可以增强运动员的自信心。对困难程度进行设置时，也可以依训练环境、训练任务而定，灵活调整。

2. 训练目的应明确

运动员的心理状态决定了其意志品质，而运动员对训练目的的认识情况又直接影响其训练心理状态，所以，在运动训练中使运动员对训练目的有明确的认识是非常重要的。运动员只有清楚自己要达到什么样的训练目的，才会从心理上自觉自愿地与困难作斗争，运动员越想尽快实现预期的训练目标，训练的自觉性和积极性就越强，就越能以顽强的意志行动去克服困难。

3. 利用集体力量

在集体项目的训练中，团队集体的力量能够给每个运动员带来无限的动力和力量，在良好的集体氛围中，队员相互鼓励，相互帮助，团结一致对抗困难，共同朝着同一目标努力，表现出坚韧的意志和充分的自信。

4. 鼓舞士气，积极努力

艰巨的训练任务、比赛中的失利都会影响运动员的自信心，使运动员心理受挫，意志变得薄弱，从而影响正常训练与比赛。对此，要加强心理训练，尤其是意志力训练，在训练中，教练员要发挥主导作用，正确分析运动员的处境，肯定其长处，重新点燃运动员的斗志，使其有勇气面对艰难的训练任务和环境，以顽强的意志行动去完成艰巨的任务，克服训练和比赛中的一道道难关，最终迎接胜利的曙光。取得暂时的胜利后，也要教育运动员胜不骄，和运动员一起总结经验，使运动员意识到顽强意志对取得成功的重要意义，从而继续以良好的意志品质投入到后面的训练中，积极努力地向更高的目标前进。

5. 变换训练

变换训练法是运动训练中体能训练和技战术训练的常用方法之一，在心理训练中也可以利用这一训练法来培养运动员的意志品质。运动员在训练或比赛中会因为一些主客观因素的影响而表现得非常紧张，缺乏自信，甚至失去了继续训练和比赛的动力或兴趣，这种情况下适合采用变换训练方法，帮助运动员克服紧张，消除顾虑，转移运动员的注意力，使运动员在新的和谐的训练环境下调整心态，做一些轻松的练习，重新找回自信，变换训练的内容可由易到难逐步增加难度,最终恢复正常训练难度。

6. 运动员严于律己

在运动训练或比赛中,应教会运动员如何对自己的心理与行为进行控制,提高运动员的自我控制与调节能力,严格按照纪律要求规范自言行,提高训练效率和比赛成绩。只有创造严格的训练环境,营造既严肃又活泼的训练氛围,才能使运动员在困难面前以坚强的意志去面对困难和解决困难。

(三)比赛心理训练

1. 赛前心理训练

(1)赛前心理调控

在运动员正式比赛前调节与控制其心理,消除不良情绪,有助于运动员在比赛中抵抗住压力,战胜困难,集中精力充分发挥自己的水平。比赛前,教练员可对运动员进行心理测试,根据测试结果了解运动员的心理状态,如果发现有运动员存在不良心理,如过分紧张、不自信或盲目自信、恐惧等,就要及时干预,加强调控。具体要从心理测试结果出发对训练方案进行调整,并使运动员对自己的竞技实力和心理问题有清楚的认识,从而使运动员认清现实,正视现实,控制好自己的心态,以促进在正式比赛中的稳定发挥。

运动员参加比赛,如果对比赛环境不熟悉,容易受到环境因素的影响,具体包括场地器材、裁判、对手、赛场观众等因素。为避免这些因素给运动员带来不良的心理体验,要提前采用模拟训练的方式来帮助运动员熟悉比赛环境,赛前模拟训练可按照真实的比赛环境来设置场景,并制造一些干扰因素,从而对运动员的应变能力、抗干扰能力进行培养。在模拟训练中要控制好对运动员的言行刺激或干扰,如果过度干扰或刺激,会使运动员对比赛产生不必要的恐惧,影响运动员的参赛心理。

运动员在日常训练中通过大量的练习掌握运动技能,在练习过程中既包括身体练习,也包括智力练习,运动员的肌肉运动水平和智力水平都对其运动技能训练效果有直接的影响。在比赛前,要重视对运动员运动智能的培养,使运动员在运动技能训练中将运动感知觉能力和运动思维能力充分利用起来,提高智能,提高训练效果。另外,教练员可采用肌肉神经睡眠训练方法来缓解运动员临赛前出现的紧张、恐惧等不良心理现象。训练方法为,运动员保持自然坐姿,把呼吸调节好,稳定气息,全身上下从头肩部到腿

第八章　现代教育理念下体育运动训练的实践指导

部、足部等逐步进入放松状态,然后继续对呼吸的速度进行调整,身体和心理进入全面放松状态,减少体内能源消耗,保留充足的能源。从心理层面减少能量消耗,避免不必要的能量输出和浪费,有助于缓解运动员赛前不良心理状态,如无法集中注意力备赛、兴奋过度、异常紧张,等等。

此外,为保证运动员以最好的心理状态迎接比赛,在赛前心理训练中还可以着重进行呼吸训练,使运动员学会调整呼吸,使呼吸与肌体动作保持协调一致,根据动作需要合理调节呼吸频率,这既有助于使不良情绪得到缓解,还能促进机体供氧能力的提升。

(2)赛前心理训练程序

赛前心理训练不能盲目进行,要按照一定的步骤合理训练,将训练程序规范化,这样才能降低不良因素对运动员参赛心理的消极影响。一般建议按如下步骤对运动员进行赛前心理训练。

第一,了解运动员的心理问题以及造成普遍性问题的原因,了解的方式有走访调查、心理测试、正面沟通等,汇总运动员在比赛前普遍存在的心理问题,并分析造成心理问题的常见原因,如对手水平高、家庭或学校寄予过高的期望、长期训练引起身心疲劳等,了解问题和成因才便于对症下药。

第二,了解运动员不良心理的特点、表现以及形成原因和规律,根据这些信息有针对性地为运动员提供帮助,减少不良心理产生的频率和缓解不良心理的程度。这里所说的帮助既包括观念上的引导,也包括行动上的指导。例如,有些学生运动员赛前存在严重的心理障碍,过度关注比赛结果,使自己陷入非常焦虑、紧张的处境,针对这些运动员,要教育他们正确对待人生中的每一次成功与失败,努力夺冠固然重要,但也要做好失败的心理准备,关键是要全力以赴,无怨无悔,问心无愧,只要自己尽力,哪怕没有夺冠,也是值得尊敬和肯定的,也是实现了自己的价值。通过这样的引导,使运动员对比赛有一个正确的态度,并对参加比赛的真正意义有所了解。

第三,基于对运动员心理障碍的了解,综合采用多种不同的方法进行干预和调控。①语言暗示:语言暗示包括口头语言暗示("你可以的""相信自己""尽力就好")和肢体语言暗示(微笑、握拳、"ok"手势等),采用这种暗示方法缓解运动员的心理障碍,使其平静下来,调整心态,积极备赛。②思维中断:如果运动员赛前异常紧张或恐惧,要有意识地分散运动员的注意力,以免其将全部思维和注意力集中在害怕、紧张等不良心理上,通过分散思维使运动员合理分配注意力,不必要在没有意义的或消极的地方过多关注,要多想想对比赛有利的事。③模拟训练:一些运动员缺少比赛经验,面对从未参加或很少参加的大型比赛时难免会紧张,心理压力很大,这时可通过模拟训练来使运动员提前适应比赛环境,了解比赛情景,预知在比赛中可能出现的问题,提前思考应对方案,这样在正式比赛中就能克服紧张,稳定心态。模拟训练对运动员正式参赛时的心理状态是否有积极影响,取决于模拟的真实性与合理性,既要尽可能按照正式比赛规定布置场景,又不能把比赛情景设置得过度严重化,要把握好模拟训练的真实度,使运动员经过模拟训练再参加正式比赛时,仿佛"昨日重现",能够从容应对,抵抗应激,稳定发挥。

教练员应规范心理训练程序,并综合运用多种有效的心理训练方法,重复多次训练,对运动员的不良心理进行有效调控,提高与巩固运动员赛前心理训练的效果。

(3) 不用气质类型运动员赛前心理训练

运动员参加训练和比赛时的心理状态在一定程度上与其气质类型有关,判断运动员的气质类型,对其个性心理加以了解,从而提出相应的心理调控方案,提高心理训练与干预的针对性和实际效果。

第一,胆汁质气质类型的运动员表现直率,有旺盛的精力,经常保持着兴奋的情绪状态,对于这类运动员,适宜采取的心理训练方法有放松训练、念动训练,两种训练方法结合使用效果更好。

第二,多血质气质类型的运动员活泼好动,反应快,但不易集中注意力,也较为敏感,所以要特别重视注意品质和意志品质的训练。

第三,黏液质气质类型的运动员性格内敛,不爱说话,不善表达,适合采用的心理干预方式有自我暗示训练和表象训练。

第四,抑郁质气质类型的运动员性格孤僻,动作迟缓,适合采用的心理调控方式有放松训练、表象训练等,同样要注意不同训练与干预方式的综合运用,以提高训练效果。

(4) 赛前心理障碍的针对性处理

针对不同气质类型的运动员制订与实施相应的心理调控与干预方案,可提高干预的效果,有效解决运动员的赛前心理障碍,使其保持良好的赛前心理状态。为了进一步解决运动员的赛前心理问题,使其保持积极乐观的心理状态,保持良好的竞技状态,还要向运动员提供其他方面的引导与帮助,包括思想引导、生活帮助、学习指导等。教练员应多与运动员交流沟通,重视情感互动,激发运动员正确的训练动机和参赛动机,使其正确对待即将到来的比赛。

①有些运动员的心理障碍主要表现在自我认知方面,教练员要多与这些运动员沟通,肯定运动员的长处,也要委婉指出他们的问题,使其全面认识自我,发扬优势,弥补不足。

②有些运动员的心理障碍主要源于身体素质上,因此,要重视对运动员的体能检查,及时发现他们的体能问题,从而进行针对性的体能训练,提高

第八章　现代教育理念下体育运动训练的实践指导

运动员的体能水平,增强运动员的自信心。

③对于因担心学业而产生心理障碍的运动员,教练员应主动与文化课教师沟通,协商比赛结束后的补课事宜,保证学生在比赛后能够顺利弥补落下的课程,解决运动员这方面的顾虑,使运动员放下压力,全身心投入到训练和比赛中。对于学生运动员来说,既要抓学习,又要参加训练和比赛,学习与训练的矛盾长期存在,这是困扰很多学生运动员的一个关键问题。因为这个问题,学生训练时不能完全集中注意力,心理压力很大,从而造成了严重的心理障碍,而这个问题必须引起教练员和教师的关注,教练员与教师的协商与帮助是解决运动员学训矛盾的关键。

2. 赛中心理训练

竞技运动比赛场上形势瞬息万变,环境复杂,这些都会对运动员的心理状态产生影响。运动员在赛场上看到成千上万的观众、严格的裁判,难免会恐慌、紧张,这些不良情绪会影响运动员发挥自己的真实水平,影响比赛成绩。对此,要重视培养运动员的自我调控能力,使其能够在赛场上及时调整自己的心态,控制不良情绪。事实上,培养运动员的心理控制能力应该贯穿于整个运动训练过程的始终,使运动员形成良好的自我控制能力与习惯。

当运动员在赛场上比赛时,教练员和队友要给予鼓励和肯定,教练员适当地多表扬运动员,这有助于将运动员的运动潜能激发出来,使其有更好的发挥。在一些比赛中,有些现场观众不满意运动员的表现,会发出一些嘘嘘声,或者会对自己不支持的一方发出嘘嘘声,这些都难免会使运动员的情绪受到影响,此时队友就要多多鼓励,多多加油,相信集体的力量和团队的凝聚力一定能够抵挡外界的质疑,给参赛运动员带来心理上的"镇定剂",使其不受外界干扰,正常发挥出自己的真实水平。当参赛运动员出现失误时,教练员和队友不要责备,要给予安慰,使运动员在后面的比赛中重振旗鼓,有出色的表现。

对于分上下半场的比赛或分多个场次的比赛,在场次间歇的休息时间,不仅要让运动员适当补水、休息,缓解疲劳,还要进行积极的心理干预,如果运动员前半场比赛成绩不错,处于有利的一方,教练员要提醒运动员乘胜追击,把握好主动局面;如果运动员前半场比赛成绩不乐观,处于劣势方,教练员要给予鼓励,增强运动员的自信,使运动员相信自己的实力,不要放弃,以良好的心理状态继续比赛。

3. 赛后心理恢复

运动员在一场完整的比赛中消耗的生理能量和心理能量都非常大,所以,在比赛结束后要及时休息,消除身心疲劳。有些运动员因为比赛结果不理想而郁郁寡欢,闷闷不乐,无法投入到正常的训练和生活中,对此,教练员要做好心理引导,使其正确对待胜负,并与其一起总结比赛失利的原因,使运动员看到自己的问题,化悲痛为力量,在接下来的训练中克服问题,争取下次比赛的成功。

第三节　智能训练指导

一、智能训练的任务

(一)提高运动员的参赛能力

通过智能训练,使运动员对训练和比赛的目的、任务有明确的认识与了解,对科学的训练方法加以掌握并能熟练运用,对比赛规则非常熟悉,并促进运动员运动感知觉能力、运动专项意识以及运动思维能力的提升。

(二)培养运动员制订计划的能力

通过智能训练使运动员对运动训练的原理、原则及规律有所了解,从而使运动员能够从自身实际情况出发制订适合自己的训练计划,合理安排计划中的训练内容、训练方法、运动负荷、训练时间等要素,并能在实施计划的过程中灵活调整计划。

(三)提高运动员的科学文化素质

运动员智能训练是在基础理论知识和专项理论知识的传授与学习中实现的,学生掌握基础与专项理论知识,学习运动人体科学的专业知识,能够提升自己的科学文化素质,提高自己的体育文化素养,从而为实践训练提供坚实的理论支撑与理论指导。

(四)培养运动员的自我监督能力

通过智能训练使运动员学会自我监督,采用恰当的方式对自己的训练水平、运动心理水平及身体机能水平进行测试,准确分析测试结果,并与教练员共同完成对训练过程的合理控制,提高训练效率。

第八章 现代教育理念下体育运动训练的实践指导

二、智能训练的方法

(一)传授基础理论知识传授,培养与提升智能

1. 传授规律性基础知识

传授基础理论知识,要优先传授规律性知识,包括基本概念、基本原理、理论基础等,这些知识积聚着人类的智慧,尤其是逻辑思维,传授这些知识,使运动员理解并掌握这些知识,有助于发展运动员的思维能力,并使其运用规律性知识去指导训练实践,在运动技能训练实践中达到理想的正向技能迁移效果,提高训练效率。

2. 正确选用教学方法

在基础理论知识的传授中注重对直观教学法与启发探究式教学法的灵活运用,从而对运动员的观察能力、思维能力进行有效培养。

3. 基础理论知识运用于指导训练实践

传授基础理论知识后,使运动员在实践中灵活运用所学知识,将理论与实践有机结合起来,切实运用理论知识分析与解决训练中的现实问题,提高训练的科学性。

(二)传授专项理论知识,培养与提升智能

1. 用专项理论分析专项技术

向运动员传授专项理论知识,使运动员运用专项理论分析专项技术和专项战术,并培养与提高运动员的专项战术意识。运动员运用专项理论知识分析技战术的同时,其思维能力、观察应变能力以及适应性也会不断提升。运动员在比赛中与对手不仅存在体能、技能上的对抗,还与对手斗智斗勇,在这个智斗过程中运动员的战术意识发挥着重要作用,这是其智能水平的重要体现。

2. 根据训练目的选择专项理论知识

传授什么样的专项理论知识,与智能训练目的有关,要根据训练目的选择传授的内容。

(1)为培养运动员的观察力、适应力,可传授比赛规则与裁判法等专项理论知识。

(2)为培养运动员的思维力,可传授关于训练计划制订原理、制订方法以及调整方法的专项知识。

(3)为培养运动员的实践操作能力,可传授专项器械运用方法、理疗措施以及自我监督等专项知识。

(三)在实践训练与比赛中培养与发展智能

(1)通过体能与技能训练,可帮助运动员形成正确的动作概念,全面发展其智能因素,包括观察力、记忆力、思维力、注意力以及想象力(图 8-10),与此同时,还能促进运动员创造力和实际操作能力的提升。

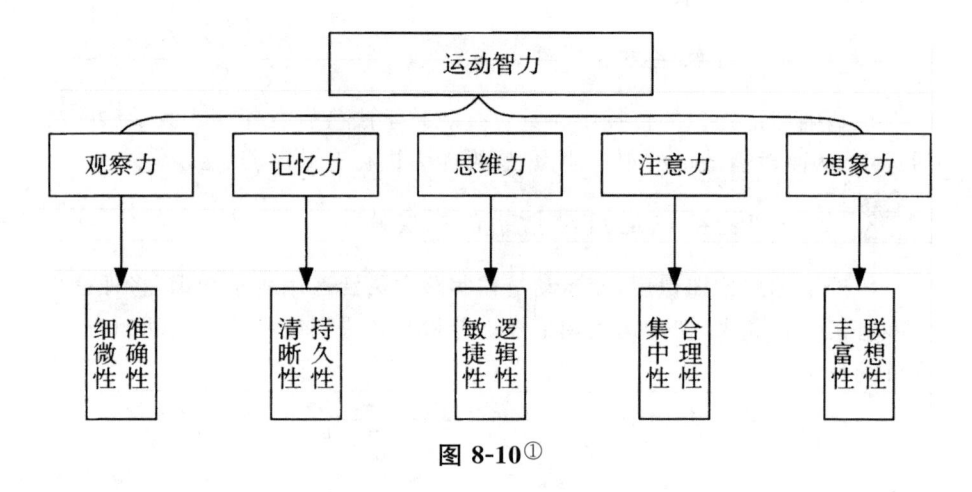

图 8-10[①]

(2)组织实战比赛,以赛带练,有助于对运动员的战术思维能力、灵活应变能力以及环境适应能力进行培养。

(3)教练员对训练过程进行组织与控制时,包括对训练方法、训练内容进行选择以及对训练计划进行调整时,要重视与运动员的互动,让运动员参与到这些工作中来,从而在实践中培养与提升运动员的专项智能水平。

三、运动员智慧的培养与提升

运动员的智慧既受先天遗传因素的影响,又受后天环境因素的影响。挖掘影响运动员智慧的后天因素,使运动员通过后天努力提高自己的智慧

---

① 胡亦海. 竞技运动训练理论与方法[M]. 北京:人民体育出版社,2014.

第八章 现代教育理念下体育运动训练的实践指导

水平,对运动员的长远发展和专项提升具有重要意义。培养运动员的聪明才智,要重点抓好以下几方面的工作。

(一)从现实出发,实现伟大理想

每个人都会面对理想与现实的问题,都应该学会对理想与现实的关系进行正确处理,立足现实而向理想努力,但不能为了理想而扭曲现实。运动员具体要从以下两方面来把握与处理这个关系。

第一,运动员都有自己的理想,越优秀的运动员,理想越伟大,抱负越远大,因为有理想,有抱负,所以他们努力成为更优秀的运动员,努力突破自己,取得骄人的成绩。这些运动员即使退役后也不会抛弃自己的专业,而是会从台前转到幕后,继续为培养下一代优秀的运动员人才而努力奋斗。

第二,很多运动员都志存高远,抱负远大,但是宏伟蓝图不是光靠在大脑中勾勒就能实现的,要立足现实,从一点一滴做起,坚持不懈,脚踏实地,一步一个脚印,最终水滴石穿,实现伟大的理想。成功的路上没有所谓的捷径,如果只想着抄近路,投机取巧,是不可能实现宏伟蓝图的,而且也得不到观众的认可与尊重。

(二)提高文化素质

运动员文化素质的提高是后天努力的结果。文化素质是智慧的重要组成部分,也是培养其他素质的基础与前提,因此在运动员智慧培养中,要特别重视培养与提升其文化素质。在培养与提高运动员文化素质的过程中,传授一般文化知识和专项理论知识,使运动员掌握这些间接经验,利用所学知识去指导自己的技能训练,提高训练的科学性。文化素质高的人,对生命的意义有更深刻的了解,思考问题的层次更高一些,而且也能从不同视角看待周围的事物。运动员的文化素质达到较高水平后,看待训练和比赛的视角就会发生变化,从而看待问题的深度也不同。文化素质高的运动员会从训练中挖掘乐趣,把训练当作一种享受,并在训练中不断探索新的有价值的信息,这有助于提高其思维力、想象力、实际操作能力以及创造力。一些优秀运动员之所以能够完成高难度动作,而且完成质量很好,与其智商高有密切的关系。文化水平也会影响思维方式,文化素质高的运动员思维更多元,更开放,不拘泥于用一种思维方式去训练,他们善于探索和创造,善于以智取胜。

(三)形成正确的生活态度

运动员要提升自己的智慧,首先要有正确的生活态度,这是智慧发展的基础条件。人们的生活态度如果是乐观积极,努力向上的,那么其就会主动思考问题,解决问题,主动做事来充实自己,实现自己的价值。运动员的生活相对单一,大部分时间都在训练或比赛,时间久了,难免会感到枯燥和疲乏,甚至觉得生活没有了乐趣,并将这种负面情绪带动训练中,消极对待训练和比赛,这严重影响了运动员的职业生涯与长远发展。对此,培养运动员正确的生活态度非常重要。生活态度本质上而言其实是一种自我感觉,它和人的幸福指数是密切相关的,而这又会受到先天遗传、后天环境以及个人主观努力三方面的影响,其中先天遗传不是个人能左右的,后天环境也不是靠某个人就能改变的,但主观努力是人们可以自己控制的,运动员应该从这一点切入,通过个人努力形成积极乐观的生活态度,保持良好的自我感觉。

培养运动员积极乐观的生活态度要注意以下几方面。

第一,对生活中的挫折与困境要正确对待。人的生活不会总是一帆风顺,人们总会陷于这样或那样的困境,有的人能绝处逢生,逆境中成长、逆袭,变成优秀的、成功的人,而有的人却在困境中放弃挣扎,失去信心,得过且过。可见,对待生活困境的态度不同,最终的结果也大相径庭。对运动员来说,最常见的困境就是比赛失利,运动员如何面对暂时的失败,直接影响其以后的发展,正确的做法是正确对待每一次失败,在失败中成长,在逆境中磨炼自己,不断成为更优秀的自己。

第二,运动员不仅要正确对待困境与失败,还要正确对待成功,在比赛中取得好成绩,值得庆祝,但不能骄傲,不适合长期沉浸在喜悦的情绪中,不能在比赛结束很久了后依然留恋当时的成绩,而是要将这份成功转化为继续努力的动力,争取创造更好的成绩。这也是一种生活态度,胜不骄、败不馁的生活态度对人的成长非常有利。

第三,人际关系是一种隐形的生产力,对运动员的成长与成才非常重要。运动员要主动与周围人,包括教练员、队友、媒体等建立良好的人际关系,并维持好这份关系,创建和谐的交往氛围,恰当处理人际交往中的问题,从而维护好自己的生活与训练环境。

(四)善于累积实战经验

运动员智慧的增长与经验的积累有很大的关系。虽然运动员运动经验尤其是实战经验的增加未必一定会实现智慧的增长,但是如果缺乏足够的经验,智慧便会在停留在一个固定的水平而无法继续增长。严重缺乏经验的运动员难以拥有真正的运动智慧。可见,对运动员来说,积累经验非常重要。运动员在每次参加完比赛后,要善于总结在此次比赛中的表现与得失,记录比赛的真实感受以及备赛过程中的训练经验,发现好的训练方式或好的技术表现方式时要及时记录,养成记录的好习惯,并经常翻看记录,将经验记在大脑中,刻在心里,这样丰富的经验有助于运动员在实战中更加灵活自如地发挥自己的水平。运动员在训练之余要多看书,多听专业人员的讲座,主动咨询专家,为自己答疑解惑,并有所启发,提升智慧。

(五)知己知彼

运动员了解自己的对手是非常重要的,有智慧的运动员更容易观察对手,分析对手,总结对手的技术特点,并及时捕捉对手的缺陷,从而以己之长攻彼之短,从战术上战胜对方。运动员不仅要了解别人,也要了解自己,要全面认识自我,包括自己的个性、体能、技战术水平以及心理和智能水平,认识自己的不足,虚心接受批评,主动改正不足,不断完善自我,提高智能,以便在比赛中通过比较与分析来作出战术选择。

四、运动员多元智能训练

运动员参与专项训练或比赛时,不可能只用到一种智能,而是有多方面的智能参与其中,而且智能活动形式非常丰富。这样运动员才能在训练或比赛中展现自己的优势,发挥自己的实力,取得优异的成绩。

在运动训练或比赛中,训练任务与内容不同,运动员需要发挥的智力能力也不同,这就要求采取不同的方法与途径进行训练。这有利于丰富训练内容与方法体系,有效培养运动员的思维能力和想象能力。

不同运动员的生活环境、运动经历以及知识水平不同,因此,擅长的智能也是不同的,但运动员的智能潜能是可以开发的,其中就包含多元的智能要素,而且不同要素对运动员的训练和比赛成绩有不同影响。根据多元智能理论模式,在运动训练中,要尽可能发掘运动员的多种智能潜能,从根本上推动运动员智能水平的提高。运动员多元智能训练的程序如图 8-11、图 8-12 所示。

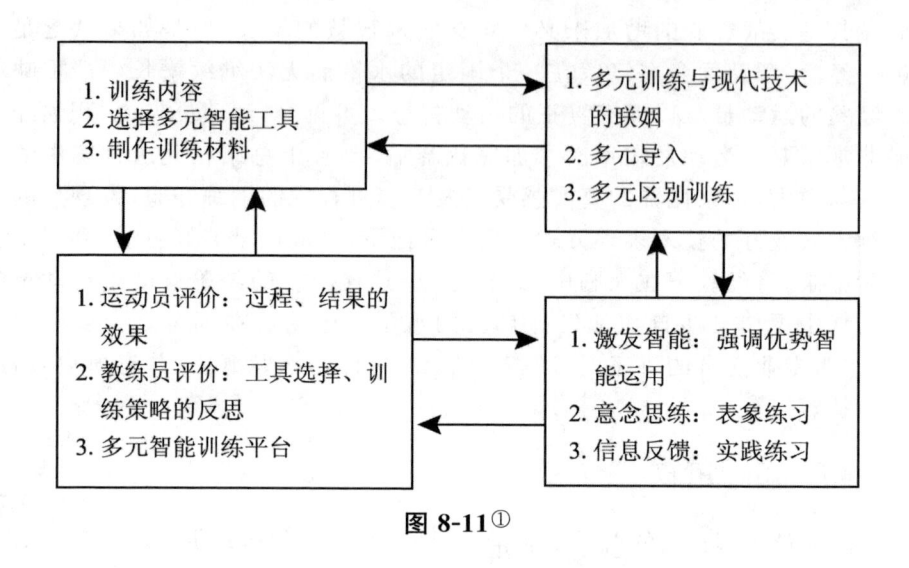

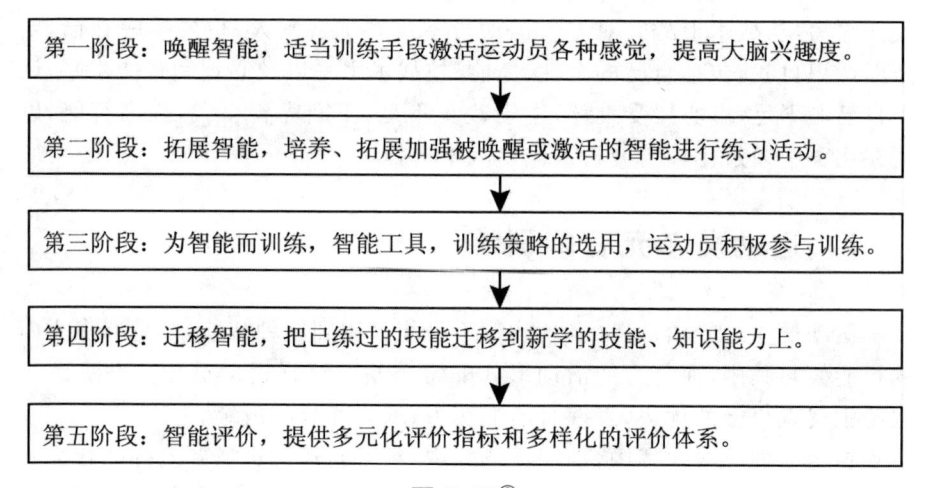

```
┌─────────────────────┐         ┌─────────────────────────┐
│ 1. 训练内容          │────────→│ 1. 多元训练与现代技术    │
│ 2. 选择多元智能工具   │         │    的联姻               │
│ 3. 制作训练材料      │←────────│ 2. 多元导入             │
│                     │         │ 3. 多元区别训练          │
└─────────────────────┘         └─────────────────────────┘
          ↑                                   ↓
┌─────────────────────┐         ┌─────────────────────────┐
│ 1. 运动员评价：过程、 │────────→│ 1. 激发智能：强调优势   │
│    结果的效果        │         │    智能运用             │
│ 2. 教练员评价：工具   │         │ 2. 意念思练：表象练习   │
│    选择、训练策略的   │←────────│ 3. 信息反馈：实践练习   │
│    反思              │         │                         │
│ 3. 多元智能训练平台   │         │                         │
└─────────────────────┘         └─────────────────────────┘
```

图 8-11①

┌───┐
│ 第一阶段：唤醒智能，适当训练手段激活运动员各种感觉，提高大脑兴趣度。│
└───┘
                              ↓
┌───┐
│ 第二阶段：拓展智能，培养、拓展加强被唤醒或激活的智能进行练习活动。│
└───┘
                              ↓
┌───┐
│ 第三阶段：为智能而训练，智能工具，训练策略的选用，运动员积极参与训练。│
└───┘
                              ↓
┌───┐
│ 第四阶段：迁移智能，把已练过的技能迁移到新学的技能、知识能力上。│
└───┘
                              ↓
┌───┐
│ 第五阶段：智能评价，提供多元化评价指标和多样化的评价体系。   │
└───┘

图 8-12②

需要注意的是，在多元智能训练系统中，教练员与运动员都发挥主体作用，而且运动员不仅是智能训练活动的主体，又是智能训练的客体，智能训练的实施者与训练对象之间形成了多元互动关系，如图 8-13 所示。

---

① 冯永福．羽毛球运动员竞技能力因子分析与系统训练研究[M]．北京：中国原子能出版社，2018．

② 同上．

图 8-13[1]

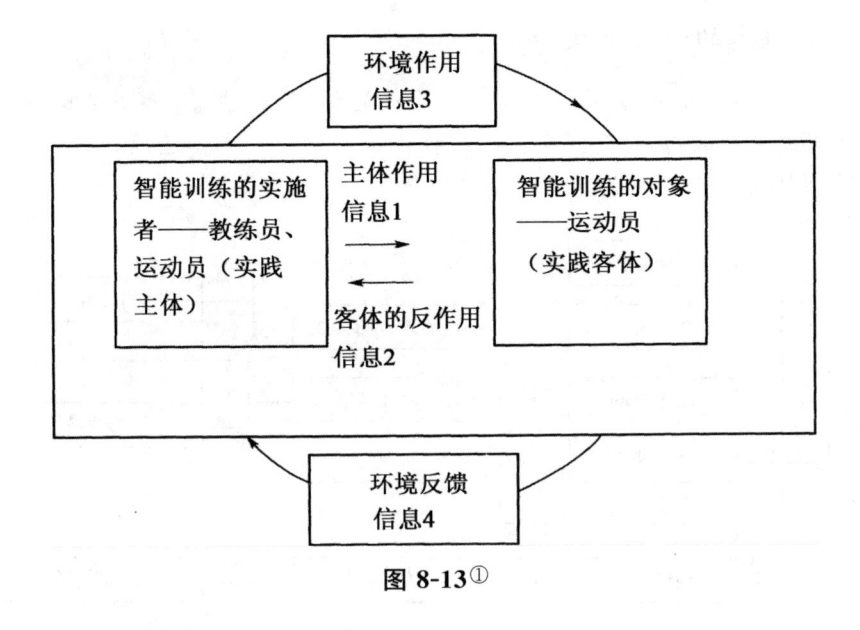

第四节 技战术训练指导

一、运动技战术基本知识

(一)运动技术概述

1. 技术的概念

运动技术指运动员发挥身体能力来完成体育动作的方法,这是运动员竞技能力水平的重要决定因素。参加不同体育项目的活动,需完成不同的动作,即需要学习和掌握不同的技术。合理的、正确的运动技术须符合项目运动规则的要求,有利于运动员的生理、心理能力得到充分的发挥,有助于运动员取得好的竞技效果。

---

[1] 冯永福.羽毛球运动员竞技能力因子分析与系统训练研究[M].北京:中国原子能出版社,2018.

2. 技术的动作要素

如图 8-14 所示，运动技术主要由身体姿势、运动轨迹、运动时间、动作速率等因素组成，这是不同类型动作技术的共同点。图中还反映了这些要素的相互关系。

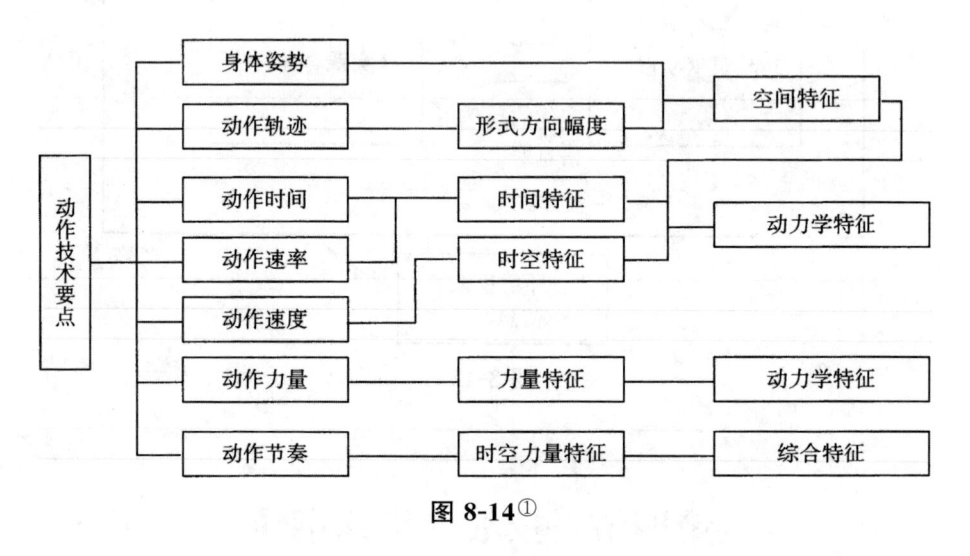

图 8-14[①]

3. 技术的形成

动作技术的形成建立在神经学生理基础上，形成过程及主要环节如图 8-15 所示。

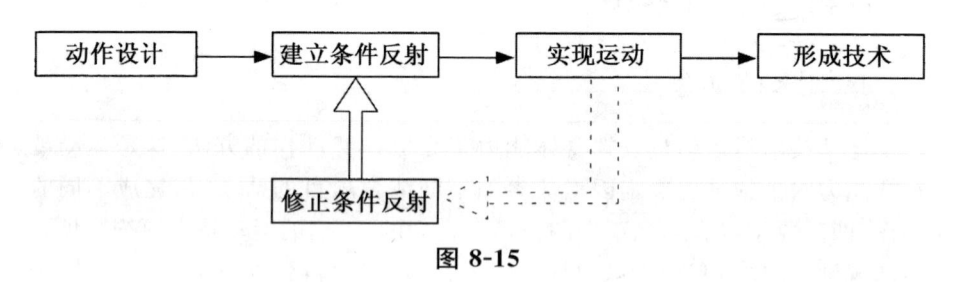

图 8-15

动作技术的形成是各方面有利条件和因素共同支持的结果，动作技术的形成条件随着技术难度的变化而有所变化，技术难度越高，技术形成所需的条件就越多，如图 8-16 所示。

---

① 胡亦海．竞技运动训练理论与方法[M]．北京：人民体育出版社，2014．

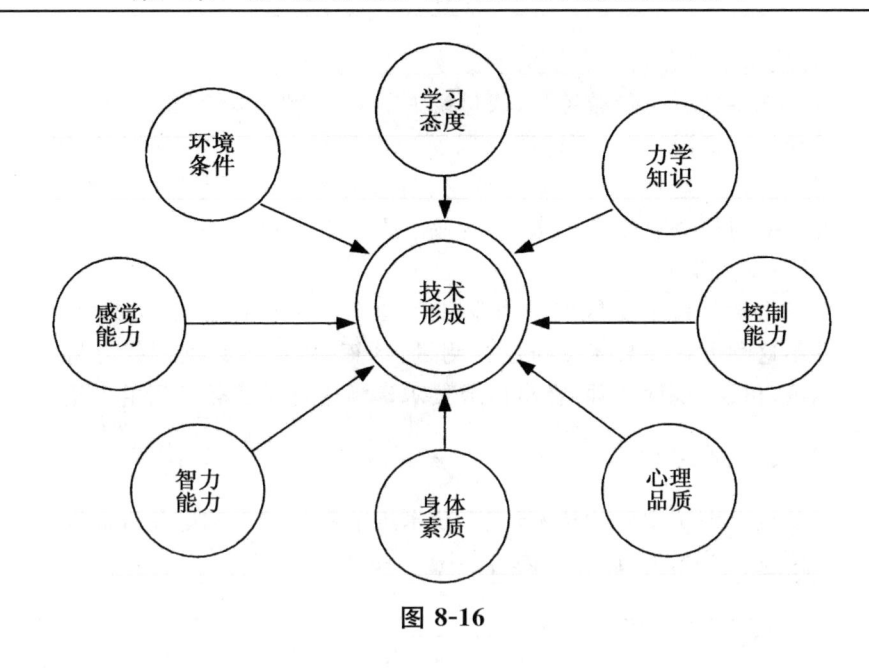

第八章 现代教育理念下体育运动训练的实践指导

图 8-16

4. 技术分析

在技术训练中,培养运动员的技术诊断能力、评价能力及创新能力非常重要,而这都离不开动作技术分析这个重要环节。在动作技术分析中,主要分析方法如图 8-17 所示。

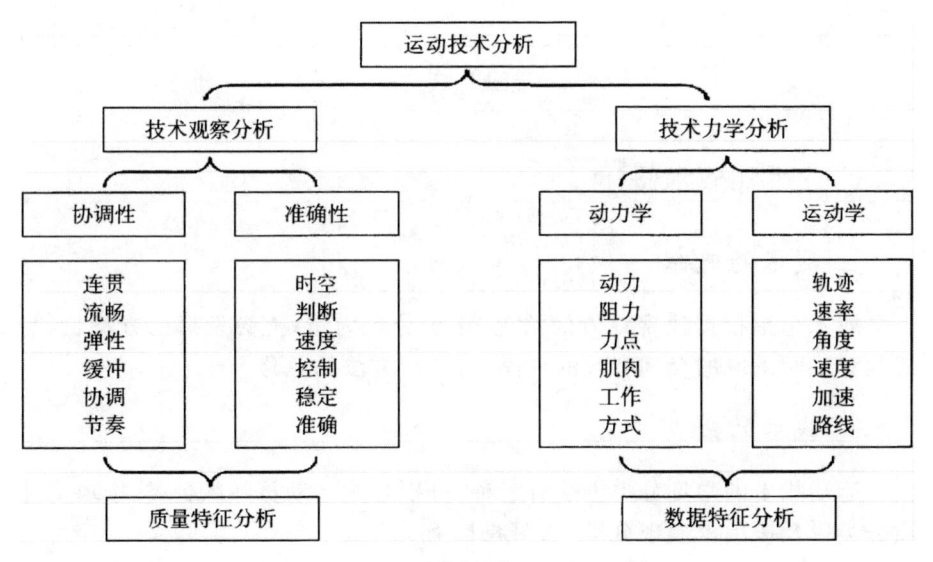

图 8-17

(1)技术观察分析

技术观察分析是指教练员(或科研人员)在实践中观察和分析运动员完成技术动作的情况,可以直接进行现场观察分析,也可以借助视频、图片来间接观察分析。这种方法简单易行,在训练实践中被广泛使用,观察分析的准确度主要与教练员的知识水平、专业水平以及经验有关。

(2)技术力学分析

技术力学分析主要依据动力学和运动学来分析运动员的技术动作特征。采用这种方法对技术动作进行测量、计算,用精确数据进行分析,优点在于准确、可靠、说服力强,在科研或技术诊断中这是比较常用的方法。

5. 技术训练内容

运动技术训练主要从技术环节、技术细节和技术基础等几方面进行,以篮球急停跳投技术为例,训练内容如图 8-18 所示。

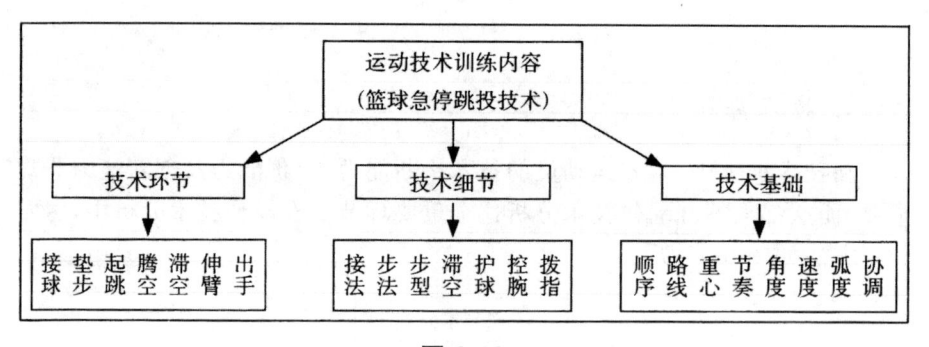

```
                运动技术训练内容
              (篮球急停跳投技术)
        ┌──────────┼──────────┐
      技术环节      技术细节      技术基础
        ↓            ↓            ↓
    接垫起腾滞伸出  接步步滞护控拨  顺路重节角速弧协
    球步跳空空臂手  法法型空球腕指  序线心奏度度度调
```

图 8-18

(二)运动战术概述

1. 战术的概念

战术是指根据比赛双方的情况,正确分配力量,充分发挥己方特长,为战胜对手而采取的合理有效的计谋、行动与方法的总称。

2. 战术的分类

运动战术的常见分类方法有三种,分别是按运动员熟练分类、按攻防性质分类以及按战术表现分类,如图 8-19 所示。

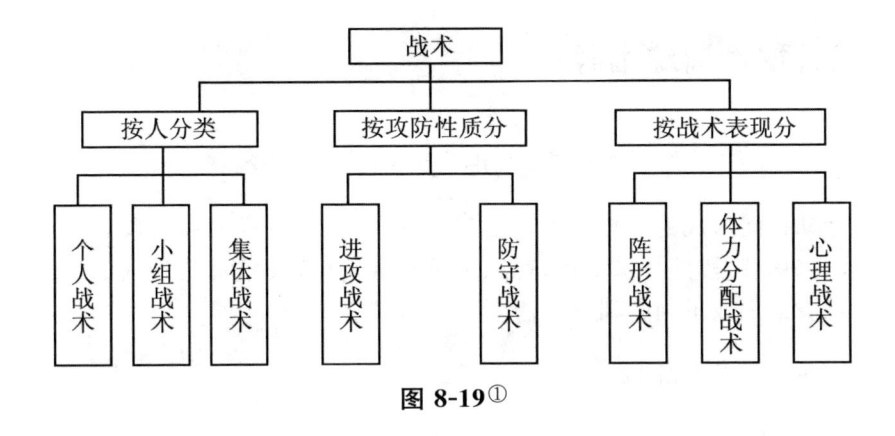

第八章 现代教育理念下体育运动训练的实践指导

图 8-19①

3. 战术训练内容

运动战术主要包括战术基础、战术知识、战术原则、战术结构、战术意识、战术观念等几项要素,运动战术训练应从这些结构要素出发,训练内容如图 8-20 所示。

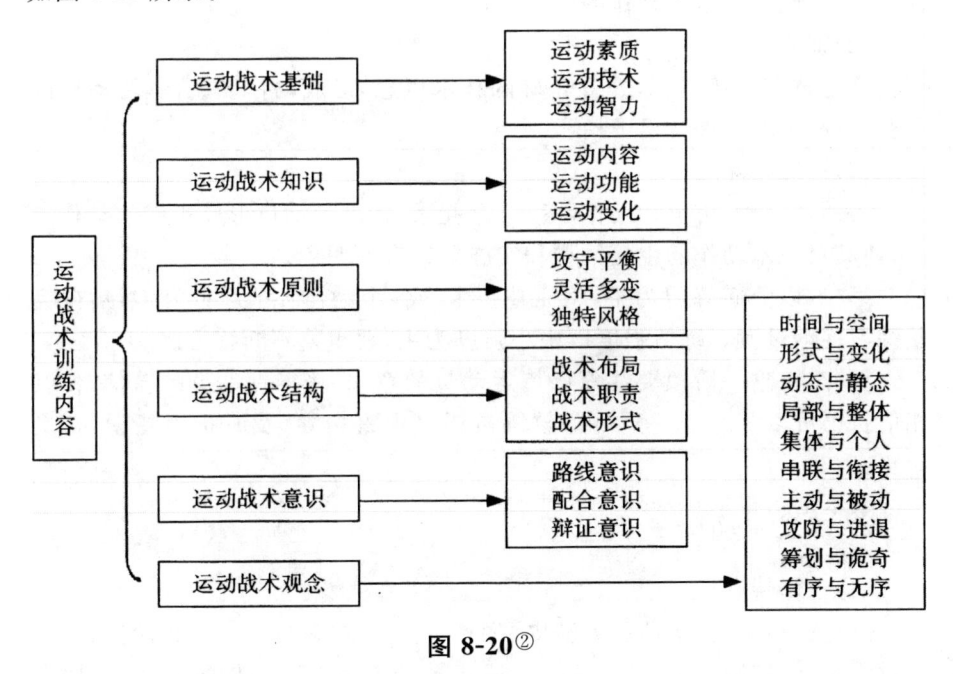

图 8-20②

---

① 马冬梅. 运动训练学基础[M]. 北京:北京体育大学出版社,2005.
② 肖涛,孔祥宁,王晨宇. 运动训练学[M]. 重庆:重庆大学出版社,2016.

二、技术训练指导

(一)运动技能形成过程中的技术训练指导

运动技能形成的一般过程包括粗略掌握阶段、改进提高阶段和巩固运用阶段,每个阶段的技术动作特点、训练任务、训练要求都是不同的,因此,也要相应地采取不同的训练方法。

1. 粗略掌握阶段

(1)动作特点

在初步学习技术动作时,大脑皮层兴奋过程广泛扩散,内抑制不强,处于泛化阶段。这一阶段的动作特点如下。

第一,动作不协调、吃力、缺乏自控力,多余动作较多。

第二,动作效果上表现质量很低、效果差,动作的精确性、连贯性、稳定性较差,只能粗略掌握动作的主要结构。

(2)训练任务

确定技术训练目标,建立正确的技术概念,形成动作表象,学习动作的主要过程,粗略掌握技术。

(3)训练指导

第一,将语言讲解和动作示范结合起来,帮助运动员形成正确的动作表象,使其对技术动作的主要结构和实施要领有所明确。

第二,以分解练习为主,将完整技术的各个动作环节掌握好,然后向完整练习逐渐过渡。练习强度以中小强度为主,要重复不断练习。

第三,在这一阶段要注意磨炼运动员的意志,培养运动员的自信,使其相信自己可以练好,坚持不懈,教练员要多观察指导,及时指出错误,帮助纠正。

2. 改进提高阶段

(1)动作特点

改进提高阶段,运动员大脑皮层的兴奋与抑制过程处于分化阶段,兴奋相对集中,内抑制逐步发展,这一阶段运动员不断克服动作的牵强、不协调现象,多余动作很大程度上减少,能在有利条件下比较轻松地完成动作,质量较好,基本形成动力定型,但尚不熟练,动作仍有缺陷。

第八章　现代教育理念下体育运动训练的实践指导

(2)训练任务

进一步建立正确的动作表象,消除不必要的多余动作,提高动作质量,基本达到技术动作规格的要求。

(3)训练指导

第一,以完整练习为主,但在改进个别技术时仍采用分解练习法。

第二,重复不断地进行练习,并适当变换练习内容、方式及条件,增加练习的多元性、趣味性,运动员在多元化的练习中对动作要领产生更深刻的体会,自主控制与调整动作,开始注意动作细节。

第三,反复练习中不断增加练习量,加大练习强度,使运动员对完整的技术动作越来越熟练。

(4)对运动员的训练提出更高的要求,克服"技术高原"现象,不断改进细小的错误,精益求精。

3. 巩固运用阶段

(1)动作特点

在巩固运用阶段,运动员大脑皮层兴奋过程高度集中,内抑制加强并相当牢固,达到自动化程度,这一阶段的动作特征如下。

第一,动作准确、省力、轻松、自然、应变能力强、运用自如,形成了稳固的动力定型。

第二,动作质量高、效果好、抗干扰性强,在困难条件下和比赛中能很好地完成动作。

(2)训练任务

巩固动力定型,使运动员在困难条件下和比赛中能灵活自如地运用技术,创造优异的成绩。

(3)训练指导

第一,该阶段主要采用完整练习法、重复练习法、变换练习法以及比赛练习法。当运动员在不断练习中完全熟练技术动作后,采用控制分析法来分析运动员的动作质量,帮助运动员对动作细节加以完善,并对运动员的个人技术风格进行培养。

第二,通过增加练习强度来调整运动负荷,训练强度要逐步提高,直至接近比赛强度,并模拟比赛条件进行模拟训练。

第三,这一阶段还要采用念动训练法来培养运动员的动作知觉能力、技术分析能力,使运动员能及时敏锐地察觉到肌肉在完成动作时的细微变化,并按要求调整肌肉动作,达到精准的程度,以提高动作质量。

(二)不同类型运动项目技术训练的要点

1. 体能类项目

体能类项目技术动作相对单一,而且基本固定,没有变化,这类项目的技术训练是为了对专项技术予以熟练掌握,能够灵活自如地运用技术,并使运动员发挥自己的技术特长,形成自己的独特的技术风格。体能类项目技术训练应与专项体能训练充分结合起来,以促进运动员体能素质与技能水平的同步提高。

体能类项目分为周期性项目和非周期性项目两种类型,针对不同类型项目的技术训练提出了不同的要求,如前者的技术训练要注意技术的合理性、实效性,后者的技术训练要强调准确性、稳定性。

2. 对抗性项目

对抗性项目类型多样,动作形式丰富多彩,动作表现五花八门,没有固定的模式。在对抗性项目的技术训练中,运动员先以基本功训练为主,将单项动作熟练掌握好,然后在实战中合理准确地利用技术,提高技术运用能力,从而发挥技术的作用,达到预期的战术目标。对抗性项目技术训练与战术训练的结合至关重要,将二者结合起来进行训练,能够促进运动员观察预测能力、分析判断能力以及灵活应变能力的提升。集体项目的技术训练既包括个人技术训练,也包括团体技术训练,团体技术训练是为达到团体战术目标而服务的,通过团体训练既要使运动员的个人特长充分发挥出来,也要提升团体的战斗力,并形成良好的团队风格。

3. 表现难美类项目

表现难美类项目以成套技术为主,成套技术是由多个单一的技术动作组成的,这些单一技术有不同的难度之分,它们按照一定的规律和顺序组成风格鲜明的成套技术动作,成套技术对运动员的身体活动能力及协调能力提出了较高的要求。在成套技术动作的训练中,要先进行分解练习,掌握单一技术,然后向组合动作、成套动作慢慢过渡,将单一动作串联起来进行成套练习,最终要能够准确、连贯、稳定、熟练地完成成套动作,整个过程要协调,要做好动作之间的衔接,并展现出自己的特点与风格,与此同时,还要注重创新,给人耳目一新的感觉。

三、战术训练指导

(一)战术训练要求

战术训练具有以下几项要求。

(1)在战术训练中,要明确战术指导思想,重视战术意识的培养,熟练对不同战术行动的灵活运用。

(2)使运动员清楚常见战术的作用及适用情况,从而在实战中能够迅速作出判断和选择,将各个战术的作用真正发挥到实处。

(3)在对抗性项目的战术训练中,技战术训练密不可分,攻守战术的训练也不可分割。

(4)战术训练不仅要与技术训练结合起来,还要与体能训练以及心智训练结合起来。

(5)注重对运动员随机应变能力和灵活调整战术的能力进行培养,要活用战术,不能完全机械性地按照计划实施战术,要考虑突发情况。在正常比赛情况下如果没有充分的把握,不要随意调整战术,以免弄巧成拙。

(6)运动员掌握的战术不是越多越好,不要一味追求数量,要更注重质量,要能够及时地采用具有针对性的战术,战术运用要准确、合理,要取得好的效果,要能够很好地协助队友,并能进行创造性运用,取得出其不意的效果,这都是战术质量好的主要表现。

(7)先训练基本战术,再训练复杂战术,逐渐过渡,使运动员有能力将不同的单一战术有机整合起来,合理衔接,配套使用。

(二)战术训练方法

1. 在复杂条件下训练

具体方法如下。
(1)安排实力差距明显的队员进行对抗训练。
(2)对动作的时空条件加以限制。
(3)将战术变换的要求提高。
(4)按高于比赛难度的标准进行训练。

2. 降低难度训练

初习战术时,减少对抗因素,降低难度,放宽限制,使运动员先初步理解战术意图,对战术结构予以把握,然后逐步增加难度,提高要求,按正常标准进行训练。

3. 模拟训练

模拟比赛条件进行训练,使运动员深刻理解战术意图,牢牢掌握战术,合理有效地实施战术。

4. 分练与合练相结合

在集体项目中可采用这一战术训练方式,以进行个人或局部分练,再进行集体合练。

(三)战术意识培养

运动员的战术意识支配着他的战术行动,运动员是否有很强的战术意识,直接影响其在赛场上的表现,战术意识强的运动员能够对比赛形势进行准确分析,根据赛场变化灵活采取技战术,行动果断,而且效果良好,还能克服困难,发挥个人优势,使自己处在有利局面。相反,缺乏战术意识的运动员在赛场上的表现比较机械、被动,个人战斗力不足,而且与队友配合的默契度不高,没有将技战术发挥到真正有用的地方。培养运动员的战术意识不仅能提高运动员个人的竞技能力,还能提高其配合能力,提高整个团队的战斗力,使战术计划中的每项战术在关键时刻起到重要作用,达到良好的战术效果。

运动员的思维活动水平直接影响其战术意识,所以,在战术意识的培养中,要重点培养运动员思维的预见性、灵活性以及创造性,使其在赛场上表现出良好的战术行动。

培养运动员的战术意识,要注意以下几个要点。

(1)传授战术理论知识,提高运动员对战术的认知水平,使运动员清楚地知道什么是战术,常见战术类型有哪些,战术如何重要,等等。

(2)培养运动员预测赛场复杂情况的能力、分析比赛形势的能力,使其在预测与分析的基础上准确判断,果敢决策,快速解决问题。

(3)使运动员明确自己的职责,在赛场上坚守职责,同时根据赛事情况灵活应变。

(4)使运动员清楚地了解自己的技战术能力以及队友的实际水平,了解每个队员各自擅长的技术,在比赛中与队友高度配合,能够准确理解队友给出的暗示,及时辅助队友或得到队友的帮助,打好团体战。

(5)积累比赛经验,了解比赛场上的常见情况,能够熟练掌握应对常见情况的策略。

(四)战术训练计划

在比赛前,教练员要基本了解对手的实力和水平,然后将本队的实力与水平和对手的实力水平做一个对比分析,再根据本队实际情况结合对手情况制订战术计划,提出对策,该计划是运动队进行战术训练以及在比赛中应用战术的重要依据与行动纲领。战术训练效果如何,战术实施能否取得好的效果,都与战术计划的科学性、合理性有直接的关系。

1. 计划制订要点

制订战术计划,要注意以下几个要点。

(1)要有全局观,考虑整体性,从团队集体的利益出发,最终要有利于集体的协同配合,取得集体的胜利,而不能为了突出某运动员的个人实力来制订战术计划。

(2)了解专项的战术特点,根据战术特点来布置战术。例如,体能主导类项目的战术特点主要是合理分配体力;技能主导类项目要对心理战术重点考虑;个人对抗项目的战术特点是攻防交替瞬息万变、战术节奏富于变化,要根据运动员的个人特点而制订心理战术,并将其与技术、体能结合起来;集体对抗项目中要将个人战术行动与集体战术配合的关系处理好,战术计划中既要有进攻战术,也要有防守战术,同时还要有备用战术方案,以供运动员在赛场上根据比赛需要而随机应变,灵活运用战术。

(3)正确评估本方与对手的实力,制订的战术计划要有助于以己之长攻彼之短。

(4)将竞赛规则充分利用起来,根据规则部署战术,不能违背规则的相关规定与要求,否则战术将无法实施。

(5)全面了解比赛条件与环境,包括比赛场地、比赛器材、观众、裁判、气候等,使运动员熟悉比赛环境和相关事宜,然后制订周全的计划,这样运动员的心理负担会减少,也能充分利用有利的比赛条件来实施战术,从而提高战术实施效果。

2. 计划内容

(1)比赛任务和具体指标。
(2)比赛中运动员个体和团队的体力分配。
(3)确定阵型及不同战术的衔接方式。
(4)隐蔽战术意图的方法。
(5)预测赛场上的突发情况,提出随机应变的策略。
(6)在模拟训练中运用战术,分析战术运用效果,改进战术方案。

第九章　现代教育理念下体育教学与训练体系优化的案例

在现代教育理念的指导下,学校体育教学理应做好各方面的创新,在认真审视自身缺陷的基础上,积极寻求发展与优化的对策。本章就以足球、篮球、排球等课程为例分析这些体育课程存在的问题及发展优化的策略,以不断丰富我国学校体育教学与训练体系。

第一节　足球教学与训练课的发展与优化

一、足球教学存在问题

(一)足球教学目标方面

体育教学目标是体育教学体系的重要内容和组成部分,体育教学目标的制定不是盲目的,而是要以学校的具体实际、学生的个性特征及发展水平等为依据合理的确定。制定一个科学合理的体育教学目标对于体育教学质量的提高是十分重要的。需要注意的是,体育教学目标要具备一定的可测定性,是师生经过努力所能达到的,它也可以说是一个重要的教学标准,对整个体育教学活动起着重要的指导作用。

一般来说,足球教学目标体系主要包括知识传授、技能培养、发展身体素质和思想教育等四方面的内容。

1. 教学目标缺乏明确性

关于体育教学的目标,教育部及相关部门都有一定的规定。但需要注意的是,目前我国很多学校都没有很好地贯彻与落实这些政策或制度,制定出的体育教学目标与国家的规定有着一定的差异,这主要体现在以下两

第九章　现代教育理念下体育教学与训练体系优化的案例

方面。

（1）足球教学目标没有清晰的文字说明，导致师生的沟通与交流存在一定的问题。在这样的情况下，师生都很难清晰地了解足球教学要达到的标准，不利于足球教学质量的提高。

（2）足球教学目标要有必要的指标性描述，目前我国的足球教学目标也存在这一问题。尽管制定了相应的足球教学目标，但是没有一个明确的判断标准判断教学任务是否完成，这就失去了足球教学目标的指导和引领作用。

据调查，目前我国绝大部分学校在足球教学目标结构构建方面还是比较齐全的，但在教学目标的描述中普遍缺乏必要的文字说明，仅仅只是比较笼统的叙述，涉及的内容也比较宽泛。这是一个比较严重的问题。

以足球理论教学为例，理论教学一直是我国各学校体育教学中所比较欠缺的。一般情况下，足球理论知识主要包括足球基本常识、足球运动基本方法、足球竞赛的组织、足球规则和裁判法等几个部分。但关于足球理论教学的目标并没有一个确切的标准规定实现什么样的任务，也没有具体的文字说明。这使得足球理论教学目标流于形式，只是在教学中讲述一些足球运动常识，往往是利用一两次课的时间就将足球的基本理论一带而过，不能满足学生进一步了解和认识足球运动知识、足球竞赛规则、足球科学锻炼的的需求。这对于学生足球运动水平的提高是十分不利的。

2. 足球教学目标不系统

足球教学活动要想顺利有效地开展，需要以一定的教学目标为指导。因此，确定一个科学合理的足球教学目标具有非常重要的作用。目前，我国并没有建立一个科学完善的足球目标教学体系，这需要今后引起重视。

总体而言，我国大部分学校的足球教学目标较为单一，体育教学的主要目的在于让学生学习和掌握体育理论与技能，而在体育品质等方面的教育则有所欠缺，没有很好地结合起来。要想解决这一问题，必须要做好以下两方面的内容。

一方面，在具体的足球教学过程中，体育教师应系统地教授学生各种足球知识，丰富学生的足球知识结构体系。因此，在设计足球教学目标时应以一般教学目标为前提，保证教学目标制定的完整性与系统性，能为学生学习足球运动提供良好的指导。

另一方面，足球教学系统中的各项要素既各自独立又相互联系。足球知识是足球技能掌握和提高的基础；学生对足球运动技能的学习离不开其对足球运动基本知识的吸收；在足球教学或训练活动中，还要加强学生的思想品质教育,这也是必不可少的一方面,这一方面在当今的足球教学中常常被忽略掉了。

3. 忽视终身体育教育

很早之前,我国教育部门就提出了"全面发展学生素质、促进学生健康成长,培养终身体育"的教学目标。这一总体教学目标的确立非常有利于体育教学条件及环境的改善,还有利于体育教师从学生的角度出发,制定出科学合理的教学目标,保证足球教学活动的顺利进行。

伴随着学校教育的不断发展,新的课程标准要求体育教学目标要将国家的意志、教学理念等与其具体的教学实际相结合。对于足球教学而言,要重点突出足球专项的特点,选择适于学生综合素质发展,终身体育意识养成、专项能力提高等的课程标准作为教学的目标,这样才有利于足球教学及学生足球运动水平的发展。

目前,我国绝大部分学校都侧重于技战术的传授,但是学生所掌握的运动技能并不能有效转化为一种终身体育锻炼的习惯,关于这一方面的教育我国绝大多数学校都没有重视起来。除此之外,有很多学校都成立了校足球队,过于重视本校足球队的竞技水平,而在一定程度上忽略了普通学生身体素质与足球水平的提高,这一方面需要引起高度重视。

(二)足球教学内容方面

一般来说,我国各学校的足球教学内容主要包括两个部分,即理论教学和实践教学。这两个部分缺一不可,在足球课上,体育教师都要将这两部分作为重要的教学内容。但实际情况却是存在着重足球实践和轻足球理论的现象,这一现象在各个学校中是普遍存在的。具体而言,足球教学内容主要存在以下几方面的问题。

1. 教学内容目的性不强

足球理论教学的主要目的在于让学生掌握基本的足球知识,为足球技战术能力的提高奠定良好的理论基础。虽然我国各学校的足球教学,一般都涉及足球常识、足球规则、足球裁判法等知识,但还不够深入和丰富,通常都流于形式,学生所学到的足球理论知识并不能很好地应用于足球实践之中。

2. 教学内容缺乏趣味性

对于处于青春期的学生而言,他们通常都活泼好动,上体育课时也喜欢

第九章　现代教育理念下体育教学与训练体系优化的案例

那些富有趣味性的教学内容,在轻松愉悦的教学环境下学习能取得理想的教学效果。据调查发现,目前我国大部分学校的足球教学内容专业性和竞技性较强,缺乏一定的趣味性和娱乐性。在具体的足球实践中,教学内容主要集中于足球技术和战术上面,并且较为枯燥,在一定程度上影响学生学习的积极性。

(1)很多足球教学内容与学生的生活和习惯相脱离,不符合具体的教学实际。

(2)很多足球教学内容比较古板陈旧,涉及的新知识非常少,难以激发学生学习的兴趣。

(3)足球技战术教学缺乏创新,没有符合新课程标准的要求。

由于足球教学内容缺乏一定的趣味性,因此就在一定程度上减弱了学生学习足球的兴趣,进而影响着足球教学质量的提高。

3. 教学内容顺序不合理

一般情况下,体育教师按照大学体育教学教材组织足球教学活动。教学内容的顺序一般为技术教学和战术教学的形式,二者之间的联系并不是很紧密,甚至大部分时候割裂开来。

遵循足球教材进行教学严格遵循了教学内容从易到难、从简单到复杂的顺序,具有一定的合理性,但这一种教学方式也存在一定的缺陷。

(1)目前来看,我国很多学校的足球技战术教学安排还很不合理,这非常不利于学生足球运动水平的提升。

(2)在缺乏系统的教学目标体系下进行教学,足球技战术教学也会缺乏系统性,这非常不利于足球教学质量的提高。久而久之,会严重打击学生学习的积极性,因此一定要引起高度重视。

4. 教学内容与教学组织不配套

足球技术是足球教学的重要内容,在实践课中,技术教学占据着绝大部分时间,由此可见其重要性。关于足球技术教学,大部分教师都非常重视,采取了各种手段与方法来组织教学活动,以提高学生的足球技术水平。

足球技战术教学非常重要,它是运动队获得比赛胜利的重要基础。足球技战术系统主要包括踢球技术、运球技术、铲球技术、头顶球技术以及个人战术、局部战术、集体战术等,在足球教学中,以上内容必不可少。

据调查发现,学校足球教学课时安排较少,往往一周只有一次教学课,而对于学校足球队而言,课时安排则较多,大学生足球运动员每天都能参加足球训练,这与普通学生的足球教学形成了鲜明的对比。

在当前的足球教学中,有很多的足球技战术都被放在足球课堂教学中去实施,但是这二者之间的教育方式并不配套。在具体的实践操作中,有很多的教师对足球技战术进行必要的再加工,这非常不利于学生的学习,影响足球教学质量的提高。

5. 教学内容与教学对象不相符

我国很多学校都建设有校园足球队,学校足球队的训练对象是高水平运动员,他们的足球运动水平一般都比较高,与普通的学生相比存在着较大的技术差距。对于另一部分学生而言,他们是非体育专业的学生。他们在身心、技战术等方面都不可能随时都做好充分的准备,如果没有对足球教学内容加以改造,学生是很难掌握的。目前这一情况比较常见,对学生足球运动水平的提高是十分不利的。

(三)足球教学方法方面

教学方法主要分为教师的"教法"和学生的"学法"两个部分,这两个部分是相互统一的,我们通常所说的教学方法,大多指的是教师的"教法"。总体而言,在当前我国学校足球教学中,教学方法还处在以下问题。

1. 教学方法较为单一

(1)处于青春期的学生,一般都比较活泼好动,有着较强的独立意识和个性,他们对于足球运动的学习有着较为明确的需求。但是,在具体的足球教学实践中,由于教师只是一味地采用灌输讲解的方式展开教学活动,教学过程显得比较枯燥和乏味,足球教学要求也不明确,严重打击了学生学习的积极性。

(2)受各种主客观因素的影响,每一名学生都是不同的,在各方面都呈现出较大的差异,因此,学生对足球教学的需求也存在一定差异。为帮助学生更好地学习与掌握足球技能,必须要选择合适的教学方法。但在实际的教学中,教学方法显得比较单一和落后,教师基本上采取的是讲解示范的教学方式,这一种教学方法比较枯燥,难以激发学生学习的积极性,因此,需要加以改进和完善,多采用一些创新的教学方法进行教学。

为解决以上问题,体育教师在选择足球教学方法时,应结合学生个体具体实际和客观教学条件进行。教学方法要有利于学生足球技战术水平的提高,能有效激发学生学习的主动性和积极性,这对于提高足球教学质量具有非常大的帮助。

教学方法对于足球教学质量的提高具有重要的意义,尤其是在现代科

第九章　现代教育理念下体育教学与训练体系优化的案例

学技术快速发展的背景下,充分利用先进的技术手段改进与创新教学手段与方法,不断激发学生学习的兴趣,提高足球教学的质量和效果。

2. 教学方法落后

目前,总体来看,我国学校体育教师的教学方法还处于比较落后的局面,基本上是沿用以往传统的教学方法,缺乏必要的创新。在这样的情况下,课堂气氛不活跃,难以有效激发学生学习的兴趣,这对于教学活动的开展是十分不利的。

我国各学校的足球教学方法相对陈旧,在一定程度上忽视了学生的主体性,这不利于学生积极性的发挥,这对于足球教学质量的提高是十分不利的。另外,目前很多学校也缺乏一个科学的教学监督与管理机制,这不仅不利于足球教学活动的顺利组织与实施,而且也不利于足球教学方法的改进与创新。在现有的教学方法下,体育教师无法有效的开展因材施教的教学,对于全体学生的共同发展是不利的。

造成当前我国学校足球教学方法现状的原因有很多,其中学校部门及领导不够重视、缺乏创新的教学理念指导等是主要的原因。除此之外,还有以下几种原因。

(1)受传统教学观念的影响以及升学就业等方面的压力,我国学校向来比较重视文化课的教育,体育课受到一定程度的冷落。对于现今一些先进的多媒体的使用,大部分学校都优先安排文化课的教学,足球课很难利用得上,只能采用传统的教学方法教学。

(2)受客观因素的影响,目前关于体育教学的软件和教学课件并不多,为保证足球教学的创新性,体育教师需要自己制作教学课件进行教学,而自制课件并不是一件容易的事情,需要教师用到一些比较专业的软件,而教师的计算机水平相对有限,并不具备一些操作技能,因此,这在一定程度上也影响了先进教学方法的引入和运用,非常不利于足球教学质量的提高。

(3)受现代教育理论推广不力的影响,绝大多数的体育教师在教学指导思想领域始终无法突破传统的束缚,整个足球教学活动都缺乏创新。

(4)很多的体育教师都普遍缺乏创新的动机,创新的思维也不够,不愿花大量精力用于足球教学方法的创新。

(5)受学校体育经费投入不足的影响,很多学校的足球教学设施存在一定的问题,如缺乏必要的硬件设施和辅助配套服务,在这样的情况下,一些先进的教学方法也无法引入与利用。

在新课程标准下,要求体育教学方法的创新与发展,创新的教学手段与方法会对足球教学有非常大的帮助,为提高足球教学质量,需要今后不断加强足球教学方法的创新。

3. 忽视育人功能

要想促使学生发自内心地热爱足球这一项运动,就需要加强足球运动的宣传与推广,让学生充分认识到足球运动的育人功能与多方面价值。

体育教学方法是与教学目标、教材内容等是紧密联系在一起的。只有如此才能更好地解决各种教学问题,在这样的教学情境下,足球教学方法才能发挥最大的功能和效用,足球教学质量才能得到提高。

4. 足球教学方法的选择与应用流于形式

在当今的足球教学中,有很多学校教学方法的选择利于形式,很多情况下都是应付学校的检查,体育教师为了完成教学目标和任务,基本上采用可量化的教学方法组织教学活动,但是实际上这些教学方法并不一定受学生欢迎,甚至一部分学生出现厌学的情绪,这对于学生足球运动水平的提高及全面发展是十分不利的。

(四)足球教学评价方面

1. 教学评价方式落后

据相关调查发现,目前我国很多学校的足球教学评价都存在着评价方式单一和落后的问题,这严重制约和影响着足球教学质量的提高。

(1)在足球教学评价方面,体育教师通常选择一两项足球技术作为考试的内容,依据学生的表现打出相应的分数。

(2)依据学生的日常出勤情况、课堂表现给出一定的印象分。

(3)将考试分数和印象分相加得出评价结果。

以上就是我国学校足球教学的评价方式,这一评价方式在各体育课中都普遍存在着。总体而言,这一教学评价方式不能很好地反映学生学习足球运动的真实情况和学习成果,难以获得真实客观的评价结果,这对于足球教学质量的提高是十分不利的。

2. 教学评价结果不公平

当前,我国学校足球教学评价结果还存在着不公平的问题,这一问题主要体现在以下几方面。

(1)师生间的不公平

在现有的足球教学评价中,考试只测试学生的学习情况,缺乏对体育教

第九章　现代教育理念下体育教学与训练体系优化的案例

师的教学考核,体育教师的教学能力无法得到有效的评估。

(2)学生间的不公平

第一,教师所选择的某项技术考核带有一定的偶然性,如有的学生在学习这项技术之前就已经具备了这样的能力,并不是教学的结果。

第二,有些学生很少参加足球教学活动,但能在教师所规定的技术考试上获得高分,不能很好地体现教学情况。

第三,有些学生的整体足球水平是非常优秀的,但不擅长教师所选定的考试内容,导致评价的片面性。

(3)教师间的不公平

分班授课是当前我国学校足球教学常采用的教学方式,在这样的形式下进行教学,不能很好地反映体育教师的教学水平。

总之,当前我国学校足球教学评价还存在不少问题,评价结果并不真实和客观,在这样的情况下,足球教学的效果和质量都会受到影响,因此,加强足球教学评价的改革是十分有必要的。

3. 教学评价无法检验育人效果

总体而言,当前我国学校足球教学评价方式较为落后,在传统的教学评价手段下,得出的评价结果不能很好地反映足球教学的效果,也无法为体育教师提供真实客观的教学依据。这对于学校足球教学的发展是十分不利的。

(1)整个足球教学评价体系忽视教学过程、忽视学生的个性和运动特长,不利于学生的全面发展。

(2)足球教学评价内容相对单一,对于学生终身体育意识的评价不够重视,没有建立和形成一个相对健全的评价机制。

一个科学合理的足球教学评价不能仅仅局限于对现象的客观描述和对事实的判断,而是要将重点放在价值判断上,要结合多种评价手段与方法建立一个科学和完善的评价指标体系,实现评价指标的多元化发展。在这样的评价体系下,才能获得理想的评价结果。

二、足球训练存在问题

(一)缺乏高水平的足球教师

一名高水平的足球教师对于足球教学质量的提升是非常重要的,因此,加强足球教师的培养和培训是十分重要的。目前来看,我国各学校的绝大部分足球教师来自体育院校,他们的足球理论知识都比较丰富,但欠缺丰富的教学经验,足球课堂的组织与管理水平还有待于进一步提高。

我国很多学校的足球教师普遍缺乏足球运动实践经验,他们对足球训练的认识也不深刻,仅仅停留于表面,很难依据学生的具体实际合理地安排运动负荷,导致足球训练的质量不是很高。因此,要将足球教师的培养和培训作为今后一项重要的工作。

(二)训练实践缺乏理论指导

理论对实践具有重要的指导作用,足球教学实践离不开必要的理论指导,关于足球训练理论方面,我国足球教师或教练员一般都比较欠缺,不能很好地利用各种训练理论指导学生进行训练,这对于学生足球训练水平的提升是非常不利的。

在我国的学校足球教学中,学生的训练大都属于自发性的,缺乏一个完善的训练体系,学生运动员在训练的过程中也缺乏必要的理论指导,这在一定程度上影响着学生足球运动水平的提高。

(三)对课余训练不够重视

在高校足球教学中,课余训练是对课堂教学的有效补充,对提高学生的技战术水平有着重要的作用。

据调查研究发现,目前,我国学校体育教育专业的学生以及其他非体育专业的学生的足球课余训练与课堂教学的关系十分松散,学生在课堂中大多时候是进行无组织、高负荷的运动,在足球训练中也存在这样一种情况。

除此之外,受升学率和就业率等各种因素的影响,我国学校体育课的课时安排相对较少,在足球课中也是如此。学生在课余时间多以自主训练为主,在这一训练方式下,学生的运动技能不易得到进一步提高,也不利于运动基础较差的学生巩固和提高自己的足球运动水平。

目前,我国各学校对学生的足球训练不够重视,这不利于学生足球运动技能的进一步提高。在课内外一体化模式不断流行的今天,足球训练也应充分利用学生的课余时间进行有针对性的训练,还要通过组织各班级运动队、足球爱好者团体等组织训练和训练比赛,充分激发学生参与训练的积极性,促进学生足球运动水平的提高。

三、足球教学与训练课的发展与优化

(一)建立完备的教练员培训体系

对于学校高水平足球队而言,一个优秀的教练员团队是非常重要的。团队成员要由经验丰富的教师组成,制定科学的训练计划并组织与实施整个训练过程。同时,对于主教练员而言,要积极研究和分析问题,做出科学合理的训练决策,不断提高学生运动员的足球训练和比赛水平。为实现这一目标,我们可以建设一个教练员三级培训网络体系。

(1)第一级由教育和体育主管部门建立教练员培训的长效机制,规定每3年举办1次高校教练员执教等级培训班。

(2)第二级由各地足协和中国足协联合举办教练员执教等级培训班,每2年举办1次。

(3)第三级由各高校体协和中国大学生体协联合举办高校教练员执教等级培训班,每1年举办1次。

足球教师的三级培训网络体系的建立,对于教练员的执教理论和训练质量的提升具有重要的意义,因此,我们在今后必须要进一步加强足球教师的培训,加强教练员的管理,不断提高他们的综合素质,从而为学生运动员的足球训练服务。

(二)建立有效的人才培养机制

为促进学校足球教学与训练质量的提升,建立一个科学有效的人才培养机制也是十分重要的。建立人才培养机制时需要做到以下两点。

第一,充分借鉴国外先进的足球经验,遵循足球训练的规律,体现各地区的特色,构建以小学为基础、中学为支柱、以大学出足球人才的培养机制。

第二,充分利用社会力量办学,选择足球普及水平高的学校作为合作单位。选拔一些优秀的具有发展潜力的学生,将其输送到相关院校进行有针对性地培训,从而保证足球人才的来源,为我国足球运动提高源源不断的输送人才。

(三)培养创新能力,提高足球训练技能

1. 加强学生独立创新能力的培养

学生创新思维能力的培养是十分重要的,关于这一方面,在当前我国足

球教学中是比较欠缺的。学生只有具备了良好的思维创新能力,才能在具体的教学实践中全面地把握足球运动技战术,及时发现错误并加以改正。另外,足球教师可以利用运动解剖学、生物力学等理论知识分析足球训练机制与原理,为学生创造一个良好的训练环境。

2. 加强学生足球意识的培养和提高

为促进学生足球运动水平的提高,学校可以组织与开展各种足球活动,让学生充分感受足球运动的魅力,在这样的情况下,学生的足球意识能得到有效的提高,从而便于在学习与训练中提高足球技巧水平和运动能力。除此之外,还要培养学生的足球战术能力,引导学生在比赛中思考各类战术的作用,只有战术能力提高了才能为技术提高打下坚实的基础。

3. 加强学生足球组合技术的训练和培养

在足球运动训练中,学生应充分发挥自己的创新能力,加强各方面的训练和应用,学习、掌握与合理利用各种技术动作,这对于学生创新能力的提升具有非常大的帮助。

(四)加大足球场地基础设施建设

足球场地、训练设备与器材等硬件设施可以说是足球教学与训练水平提高的重要物质保障。学校相关部门及领导要加强这一物质条件的建设,不断提高学校的足球基础设施水平,为学生的学习创造一个良好的物质环境。同时,还可以充分利用各种高科技手段加强足球教学内容的研究,提高足球教学课中教学内容的深度,促进学生足球运动水平的提高。

(五)制定合理的教师评定标准

教师在足球教学与训练课中扮演着十分重要的角色,加强足球教师的培养和训练是十分重要的。关于这一点,上面我们已经分析过了。而促进教师教学质量的提高还需要建设一个合理的教师评定标准。为实现这一目标,应把教师通过教学与训练所取得的成绩按照比赛等级作为评职的重要依据之一,制定一个科学合理的评定细则。这样能有效解决目前学校足球运动队训练中存在的各种问题,又能充分激发教师教学的积极性,从而以更好的精神状态投入到足球教学与训练之中。

(六)制定合理的学生联赛竞赛制度

对于学校足球运动队而言,其运动成绩在很大程度上代表着足球教学

第九章　现代教育理念下体育教学与训练体系优化的案例

与训练的质量,因此,提升比赛成绩是其一个重要的目标。为促进学校足球运动队水平的提升,还要制定一个合理的学生联赛竞赛制度。在这一制度的保障下,学校足球运动水平才能得到有效的提高。因此,建立合理的学生足球竞赛制度是今后足球运动发展的一个重要任务。

(七)构建足球网络信息平台

在当今社会,各种高科技手段已越来越广泛地运用于足球训练当中,这极大地提升了足球运动训练水平。学校足球教学与训练也应充分利用这一先进的技术手段,进一步提高学校足球运动水平。为此,学校相关部门及领导可以提供相关信息,创建一个完善的足球信息网络平台,努力实现足球训练资源共享,逐步提高足球教师的科研与训练能力,为学生学习足球运动提供良好的保障。

第二节　篮球教学与训练课的发展与优化

在学校体育教育中,篮球课是非常重要的内容,也是深受学生喜爱的一项体育课程。在目前的学校篮球课教学与训练中还存在不少问题,制约着学校篮球课程的建设与发展,因此,加强篮球课的发展与优化是十分重要的。

一、篮球教学存在问题

(一)学校领导不够重视

在新的时代背景下,我们要将"健康第一"的教育思想贯彻篮球教学课程之中,这也是学校体育教育的一个重要指导思想。随着各级学校不断深入贯彻"健康第一"与"终身体育"的指导思想,学校和社会越来越关注学生的健康问题,学校体育在学校教育体系中的地位越来越高,重要性越来越突出。

篮球是深受学生喜爱的一项体育运动,加强篮球课程的建设非常重要。据调查发现,有一些学校的领导对篮球教学活动不够重视,这在一定程度上打击了学生学习的积极性。其中有一部分教师认为,那些篮球教学活动开展较好的学校,领导都普遍重视篮球课程教学,正因如此才获得了大量的资金支持,这为篮球教学活动的开展提供了良好的保障。因此,领导对篮球教学的态度成为篮球课程进一步发展的一个重要因素。

(二)篮球场地设施较少,场馆利用率低

篮球教学活动的开展离不开必要的基础设施,如篮球场馆、各种篮球器材等,缺乏这些篮球设施设备,篮球教学活动就无法顺利开展。据相关调查研究发现,目前虽然大多数学校都有一些篮球馆,但受学生数量较多这一因素的影响,学生的篮球需求并不能得到很好的满足。除此之外,很多学校的篮球场馆并没有对外开放,也没有得到充分的利用,造成了一定程度的资源浪费。由此可见,篮球场地设施较少,篮球场馆利用率较低也是当前我国学校篮球课程建设存在的一个问题。

(三)篮球教学组织形式较为单一

受各种主客观因素的影响,每一名学生都是不同的,都存在着一定的差异,如在学习兴趣、运动需求等方面都有着一定的差异,在传统的教学组织形式下,很难满足学生的不同需求,因此,加强教学组织形式的改革十分重要。

当前,我国很多学校的篮球教学组织形式都比较单一,这在一定程度上影响着篮球教学的质量和效果。为改变这一现状,可以采用按兴趣分班的教学组织形式,这一教学组织形式受到大部分学生的欢迎和喜爱,能有效激发学生学习的积极性,这对于篮球教学质量的提高具有重要的意义。

(四)篮球教学内容欠丰富

目前来看,我国学校的篮球教学内容体系还不够完善和丰富,教学内容显得比较单一,很难激发学生学习的积极性,这对于篮球教学质量的提高是十分不利的。篮球教学内容的选择上,大部分都是篮球技术动作的教学,关于篮球理论、篮球规则与裁判法、篮球文化知识等内容相对匮乏,这对于学生综合运动素质的提升是非常不利的。

(五)篮球教师的专业素质不高

教师是篮球教学活动的重要主体,其在篮球教学活动中扮演着重要的角色,起着重要的指导作用,篮球教师的综合素质如何,将会对学生的各方面发展产生非常重要的影响。

据调查发现,我国很多学校的篮球教师大部分都是其他体育项目的教师,他们的专业素质并不是很高,这在一定程度上影响着篮球教学计划的顺利实施、教学内容的落实与教学方法有效性的发挥。除此之外,篮球教师男

第九章　现代教育理念下体育教学与训练体系优化的案例

女比例严重失衡,男教师比例大,这也是导致篮球教学活动的开展面临一些障碍,篮球教学质量受到非常严重的影响。

(六)缺乏科学的篮球教学考核机制

篮球教学质量的提高离不开一定的教学考核机制的建立,只有在科学的教学考核机制下,篮球教学活动才能顺利开展。在科学的篮球教学考核机制下,学生学习篮球的积极性能得到有效激发,从而以积极饱满的热情投入到教学活动之中。

据调查发现,目前,我国大部分学校的篮球考核标准都存在着一定的问题,如制定的篮球教学考核标准不够客观和详细,缺乏一定的现代科技含量等,这不利于篮球教学考核工作的顺利开展,导致篮球教学质量难以得到有效的提升。另外,虽有一部分学校制定了相对科学与完善的考核机制与标准,但并没有真正地贯彻与执行,因此也难以得出客观的评价结果。这一问题需要引起高度重视。

二、篮球训练存在问题

(一)学生运动员的体能训练比较缺乏

篮球属于一项高强度的身体对抗运动,没有一个良好的身体素质是不行的。两队之间的对抗,也是双方体能的一种对抗,而足够支撑篮球运动的体能是需要通过训练获得的。为此,教师在组织学校篮球训练时就应对体能训练同样给予重视。特别是对于处于中学阶段的青少年来说,已经可以给他们安排一定量的体能训练,这种训练对他们所处的身体发育阶段来说也是适合的,这会使他们的体能状况有飞速的提升。众多调查都显示,学生所掌握的篮球技战术能力水平参差不齐,总体上说水平是偏低的。这一原因的形成除了技术能力的培养方式外,还与体能训练缺乏有关。众所周知,体能是篮球运动的重要基础,当运动员体能出现问题时,其作出的技术动作的质量也会降低。因此,为了提升学生的篮球技战术能力,也可以从加强体能训练方面入手。

(二)篮球训练时间明显不足

在学校教育中,学生参加篮球训练要以不影响文化课的学习时间为前提,参加篮球训练的时间应该是在业余时间。但是,如果是按照这一原则开展训练,就会体现出篮球训练时间不足的问题。

通过调查可知,现今很多学校的篮球训练的时间仍旧是以一堂教学课的时间为标准的,即45分钟一堂课。但对于篮球运动训练来说,45分钟是远远不够的,学生的篮球技战术水平很难得到有效的提升。

(三)课余篮球训练次数不够且多变

除了篮球训练时间不足外,我国绝大多数学校每周的篮球训练次数也是不固定的。一般情况下,课余篮球训练每周平均不会超过4次,能达到4次的学校已经算是课余训练活动开展频繁的了,有很多每周训练的次数也就是2~3次。为此,如何在不占用文化课学习时间的前提下增加学生篮球训练的周次数,是一个值得思考和亟需解决的问题。

(四)没有构建一个完善的篮球训练系统

学生经过各个阶段的篮球学习,逐步形成了自身的技术特点。此时,要想使学生进一步在篮球技能上有所提升,关键就在于对其技术运用上的引导。为提升学生的篮球运动水平,还要着重培养学生的篮球战术意识和配合能力,这对于提升其实战效果大有帮助,同时也是为技能的不断进阶打下坚实的基础。然而在实际当中,很难做到系统性的篮球训练,这容易导致篮球技能的短板,不能很好地提升自己的篮球实战水平。因此,构建一个完善的篮球训练系统势在必行。

三、篮球教学与训练课的发展与优化

(一)加强篮球精品课程建设

1. 不断提高篮球科研能力

篮球科研也是篮球课程建设的一股重要力量,作为一名体育教师,也要重视自身科研能力的培养和提高。对于学生而言,也要如此。在建设篮球精品课程时,要向学生提供参与科研实践活动的机会,促使其积极主动地参与到篮球科研工作之中,不断提高自身的科研能力。

要想进一步提高篮球科研能力,可以从以下方面进行。

(1)篮球科研是一项重要的工作,学生要将其看作是一项常态工作,在这样的环境下参加科研活动能取得良好的成果。

(2)在平时的教学中,要不断提高学生的科研理论水平,注意多参加一些科研实践活动。

第九章　现代教育理念下体育教学与训练体系优化的案例

(3)学生要掌握社会调查、资料搜集、统计数据等基本的科研方法与技能,不断提高篮球科研的科学化水平。

(4)体育教学工作人员要认真履行自己的职责与义务,为学生科研水平的提高创造良好的环境。

2. 通过篮球精品课程的建设实施创新教育

(1)培养学生的创造性思维

在具体的篮球教学中,还需要采取可行性的措施与手段引导学生不断地思考,然后将自己的想法提出来,对学生想法进行评价,启发他们的逻辑思维与发散思维,不断地促进其创新能力的提升。教师在篮球精品课程教学中,也要激发学生的发散性思维,引导学生进行积极的思考,提高学生的创造能力。

(2)加强体育科技创新教育

如今,各种高科技手段在社会各个领域都得到了充分的利用,在体育教学中也是如此。在篮球精品课程教学中,也可以引进这些高科技手段。对学生进行体育知识创新教育,帮助学生掌握体育科学理论知识,用理论武装自己,为篮球实践能力的提升奠定良好的基础。

目前,我国的篮球精品课程建设还存在不少问题,主要表现为:缺乏科技篮球观念;缺乏篮球理论与实践研究体系;篮球精品课程研究相对落后;缺乏健全合理的精品课程评价机制等。这都需要引起重视,在今后的工作中加强这几方面的建设。

3. 加强篮球精品课程的政策机制建设

(1)培养篮球课程建设的观念

第一,我国高校篮球精品课程建设中,相关部门与领导关注与重视不足,对篮球教学的投入不够,这是制约篮球精品课程建设的主要因素之一。为此,相关部门与各级领导一定要将课程建设工作重视起来,在人、物、财等方面制定相应的政策来提高篮球课程建设的支持规格,为精品课程建设创造良好的环境与条件,从而激发所有人员参与篮球课程建设的积极性。

第二,加强篮球精品课程与科研及教学的共同发展,制定一个可量化的标准,及时统计篮球课程建设工作。

第三,高校要做好财力支出的规划,增加必要的投入,在财力上对精品课程建设进行充分的保障。

第四,篮球精品课程持续建设的财力供给要不断加强。

第五,制定相关的推行与奖励政策,以确保参与课程建设的人员能够得到应有的奖励,这对于篮球精品课程的顺利实施具有重要的保障作用。

(2)制定合理的用人政策

为促进篮球精品课程的建设,学校教育部门还要制定相应的政策并贯彻与实施。在贯彻与实施的过程中,要不断强化相关工作人员的服务理念,促进其在课程建设中服务质量的提高。在篮球课程建设的过程中,还要明确每个人的职责与任务,提高篮球课程建设的科学性和有效性,这样才能取得理想的效果。

(二)构建篮球创新教学体系

1. 树立以学生为核心的全新教学理念

发展到现在,各种教学理念涌现出来并获得不错的发展,树立以学生为核心的全新教学理念是学校篮球教学创新体系构建的基础。现代篮球教学推崇"以人为本"的科学教学思想,学生在篮球教学活动中处于主体地位。因此,树立以学生为核心的教学理念是十分重要的。

在学校篮球教学中,以学生为核心的全新教学理念要求篮球教师在教学中应充分做好以下几方面的工作。

(1)篮球教师在教学过程中应避免单调、刻板的教学。

(2)篮球教师要切忌灌输式、填鸭式的教学,要采用多种多样的教学手段与方法,以激发学生学习的积极性。

(3)篮球教师应充分了解学生的篮球学习需求,明确学生希望从篮球教学活动中学到什么,要以学生的需求为中心开展篮球教学活动。

(4)篮球教师应重视与学生之间的积极互动,展开积极的交流与沟通,从而促进篮球教学质量的提高。

2. 拓宽教学思维,丰富篮球教学

要想提高篮球教学质量,必须要拓宽教学思维,不断丰富篮球教学手段和方法,这是构建篮球创新教学体系的基本要求。

第一,教师要采取各种手段与措施激发学生学习的积极性,以积极饱满的精神状态投入到篮球教学之中。在教师的指导下,学生可以自由组合成学习小组或篮球队,提高自己独立解决问题的能力。在篮球教学活动结束后,教师可以组织学生展开热烈的讨论,以激发学生学习的主观能动性。

第二,在具体的篮球教学活动中,教师可以鼓励学生自学篮球知识和技能,培养其自学能力。另外,教师还可以根据自己对学生的了解情况,发现教学中的不足,从而及时调整篮球教学方案,促进篮球教学质量的提高。

第九章　现代教育理念下体育教学与训练体系优化的案例

第三,在具体的篮球教学中,加强感知、思维和练习三个环节的结合,促使篮球教学活动的立体化。

(三)建立健全篮球教学训练管理制度

为促进学校篮球课程的建设与发展,还需要革新管理理念,构建一个健全的篮球教学与训练管理体系。我们可以学习和利用国外的先进管理经验,推动我国学校篮球课程建设。例如,美国大学生体育联合会有着完善的组织机构和科学的管理理念,这种先进的管理理念对我国篮球课程建设及篮球运动的发展都具有重要的意义。

(1)在今后的篮球教学中,要不断提升篮球教学与训练管理的理念,改变传统的完全依赖学校的管理模式,让师生成为教学与训练管理的主体,充分发挥他们的积极性,提高篮球课程建设的效率和质量。

(2)完善大学生篮球协会的组织机构和职能,重视对学生篮球课外活动和比赛的管理,这非常符合学训一体化模式的要求。

(3)妥善处理篮球训练管理和篮球教学管理之间的矛盾,通过加强学生与篮球运动员之间的交流和合作,促进二者的共同发展。

(4)篮球教学管理部门要加强与其他学校部门的配合,构建一个操作性较强的调控机制,这对于篮球课程的建设与优化也具有非常重要的作用。

第三节　排球教学与训练课的发展与优化

排球也是我国学校体育教育的一门重要课程,加强排球课程的建设也是十分重要的。目前,我国的排球教学还存在不少问题,这需要今后不断加强排球课的优化与发展,推动排球运动在学校中的发展。

一、排球教学存在问题

(一)教学观念比较落后

目前,我国大部分学校的排球运动教学观念较为落后,没有将"终身体育""健康第一"等意识落到实处。具体表现在以教师为中心的教学模式仍在排球运动教学中存在,导致学生一直处于被动的学习状态之中,这对于学生排球运动水平的提高以及全面素质的发展都是不利的。

(二)教学目标不够准确

目前,我国学校排球教学的观念还比较落后,这直接导致了排球教学目标定位不准确。具体来说,排球教学往往过于重视竞技体育项目,导致课程设置不符合促进学生终身体育观念的形成及全面推行学校学分制的要求。

在具体的排球教学实践中,体育教师往往以掌握某项运动技术为目标,大大降低了教学的要求和标准,这对于排球教学质量的提高是十分不利的。

当前,我国学校排球教学普遍存在教学目标过高的问题,另外还过于侧重技术的提高,不注重学生全面素质的发展。由于过度追求技术的精确,忽视学生的身体素质和心理特征,许多难度技术令学生可望而不可即,在排球教学中,学生很难体会到排球运动带来的快乐感和成就感,极大地影响学校排球运动的发展。①

(三)课程设置有所欠缺

排球教学课程的设置有一定的讲究,如果设置不合理,就会严重影响排球教学的质量和效果。在当前的排球教学中,排球实践课的比重最大,其中大多是排球技术动作的教学,缺乏排球理论课的教学。在这样的情况下,排球教学的质量就难以得到保障。

在我国学校体育教育中,大部分学校的排球任课教师对课余训练指导的重要性认识不够,排球教学还仅限于课堂传授,课余排球训练是比较缺乏的。对于一些学生在课外排球活动的开展,此类活动得不到有效的指导,影响着学生排球运动水平的提高。

(四)学生参与程度不高

受多种因素影响,学生参与排球运动的程度不高,其原因主要表现在以下几方面。

(1)受各种因素的影响,学生接触排球运动的时间一般都比较晚、参与时间也较短、参与频率不固定,这直接影响排球课程的建设与发展。

(2)总体来看,大部分学生的排球基础水平普遍较低,而掌握排球技术需要一个系统的过程,因此,学生的积极性不高。

(3)排球教学方法缺乏创新,课堂气氛不活跃,学生学习排球运动的兴趣不够高。

(4)学校领导对排球运动教学不够重视,对排球教学的投入力度不够。

---

① 刘素伟. 普通高校排球教学的现状及改革对策[J]. 学校体育学,2013(3):33.

二、排球训练存在问题

要想促进排球教学与训练质量的提高,加强课余训练是非常重要的。在我国各级各类学校中,大部分学校的排球任课教师对课余训练指导的重要性认识不够,学校排球教学还仅限于课堂传授,缺乏必要的排球课余训练。

通过对我国学校排球运动的调查发现,我国排球课余训练与课堂教学的关系十分松散,学生的排球课余训练往往是无组织、无目的的长时间、高负荷的运动,课余训练缺乏教师的理论指导,排球训练的质量难以得到有效的保障。

近些年来,受轮滑、瑜伽等课程的冲击和影响,我国学校排球运动的课时数不断减少,在这样的情况下,排球课余训练就显得更加重要了。但当前的教学实际情况是教师对学生进行排球理论知识教授是学校排球教学的唯一手段。学生课余时间多以自主训练为主,这就使得一些自身素质和知识掌握较好的学生的排球运动水平的进一步提高,而对于那些在课堂上技能知识掌握较差、希望通过训练巩固和提高自身运动水平的学生受到了很大的限制。

整体来看,我国学校领导和体育教师对学生排球的课余训练不够重视,不能将学生课余时间有效利用起来。学校里各班级运动队、排球爱好者团体等训练形式较少,学生的课外排球活动缺乏必要的科学指导。

三、排球教学与训练课的发展与优化

(一)树立新型体育教学与训练观念

1. 树立为培养优质人才服务的观念

学生在教学过程中要接受正确体育观念的教育,使学生得到身体能力的培养,使他们深刻认识到体育运动对人体有益影响,同时,使其认识到事业的成功离不开一个健康的身体,从而在观念上使学生把参与体育锻炼作为一种自觉的行为。

2. 树立终身体育教育的观念

通过学校排球教学使学生学会根据自己的年龄、身心特点、健康状况、生活水平、学习环境等各方面来对于体育锻炼的内容、基本方法等选择相适应的规划,从而为终身体育奠定良好的基础。

(二)建立综合性的教学与训练体系

学生是排球教学与训练的重要主体,因此,排球运动教学要围绕促进学生的全面发展建立起综合性的排球教学与训练体系。

学校排球教学与训练能有效培养学生的社会意识,这是体育课教学的一个重要价值。因此,学校排球教学应注重加强对学生社会能力的培养,注重提高学生社会适应能力。学生从入学开始直至大学毕业,其接受的教育都是为进入社会做充分的准备,因此,学校教育具有较强的社会意义。学校体育作为学校教育的重要组成部分,也承担着对学生进行社会教育的责任。

排球教学与训练体系的建设必须要以满足学生个体发展的需要和社会需要为前提。实际上学生的个体需要和社会需要是辩证统一的。社会需要从某种意义上来说就是所有个体发展的需要。而从体育的角度来说,应通过排球教学与训练促进学生个体身体素质的全面发展,培养学生成为全面发展的人才。

总之,在具体的排球教学中,要不断强化学生对素质教育的理解,自觉摒弃"成绩至上"的狭隘意识,使学生真正认识到学习排球的重要作用,能够使学生学习排球的兴趣得到有效激发,促进学生的全面发展。

(三)提高教师的排球专业水平

高水平的排球教师必须具备丰富的排球训练理论知识、较高的排球教学与训练能力、能够感性而深刻地认识排球运动实践。在提高体育教师的专业水准方面,最应该做的是引进高学历教师和排球运动教学带头人,以弥补高校体育教师数量缺乏、学历较低的现状。

加强排球教师综合素质的培养和提高,应重点从以下几方面进行。

(1)采取各种手段与措施培养体育教师的业务素质,对教师的教学水平进行定期考核,不断提高体育教师教学水平。

(2)为体育教师提供脱产进修、在岗培训等机会,提升教师的学历和教学水平,促进教师综合素质的发展和提高。

(3)学校体育部门要重视排球教学与训练。可将一些优秀体育教师的知识、技术水平和思维引进到排球教学课堂上来,促进排球教学与训练质量的提升。

第九章　现代教育理念下体育教学与训练体系优化的案例

第四节　其他体育课程的发展与优化

一、乒乓球课程的发展与优化

(一)乒乓球课程建设现状

1. 乒乓球课程目标建设现状

在高校乒乓球课程建设中,关于课程目标的建设,主要存在目标不太明确的问题,具体表现如下。

第一,乒乓球教师与学生在健康目标的认识上并未达成统一,一些学生认为自己通过上乒乓球课锻炼了身体,体质得到了改善,但部分教师认为当前的乒乓球课程安排不足以促进学生全面健康。

第二,在乒乓球课程目标体系中,运动参与目标占重要地位,但目前关于这个教学目标的定位并不合理,主要是满足学生兴趣,定位层次显得不高,没有充分体现出乒乓球技能的特征与价值。

第三,学生对乒乓球课程的内在认知以及其参与课程的积极性直接影响乒乓球课程参与目标的达成度。乒乓球教师在关于参与目标的传达上也没有十分明确,导致学生认识不清晰,对乒乓球运动参与度低,而且参与水平参差不齐。教师对教学目标的模糊传达是教师教学态度不端正的表现,这也是影响学生学习的一个重要因素。

第四,社会交往是学生参与乒乓球运动的一个重要动机,希望通过上这门课程提高他们的社交能力,但社会适应目标并未受到教师的重视。

2. 乒乓球课程内容体系建设现状

总体来说,我国高校乒乓球课程建设中选择的教学内容比较片面、单一和保守,过度关注乒乓球运动技能的教学内容,甚至围绕这个核心来选择相关教学内容,没有考虑学生的认知水平,没有考虑健康目标。

下面从理论与实践两方面来探讨课程内容的问题。

(1)理论方面的问题

乒乓球课程理论内容方面的问题如下。

第一,理论课程安排与上级部门的相关规定不符,未达到上级要求。

第二,缺乏健身性与文化性相结合的理论内容,过分关注围绕乒乓球技能来传授理论知识。

第三,在理论内容的实施中采用的教学方法老套重复,导致理论课程实施效果不理想。

第四,理论课内容节点不符合学生的认知节点,二者之间缺少必要的联系与共性。

第五,学生对课程内容的学习缺乏正确认知,倾向于学习技巧类和竞技类的知识,而忽视了教育性、社会性的内容。

(2)实践方面的问题

在乒乓球课程实践内容的安排上,因为学生对乒乓球运动的认知水平较低,运动能力也有明显差异,所以很多高校将乒乓球基础技战术作为主要实践内容来重复讲解、示范,引导学生重复练习,缺乏层次性和丰富多元性,导致一些基础好的学生不满足实践课安排,基础差的学生在经过一段时间的练习后,有了基本功后也渐渐厌倦了这种重复的教学。

3. 乒乓球课程实施现状

乒乓球课程实施方面主要存在的问题是实施体系结构不符合学生认知水平,二者之间缺乏在节点上的对应关系。下面具体从教学方法、教学组织和教学控制三方面的实施情况来分析。

(1)教学方法实施

乒乓球课程实施中主要采用讲解法、示范法、练习法等传统教学方法,这些方法重复使用,没有融入新鲜的、能吸引学生注意力的科技元素,导致学生学习兴趣不高,学习进度缓慢。

(2)教学组织实施

面向全体学生集中讲解、对学生进行分组练习是高校乒乓球课程的两种常见形式,总体而言形式单一,拘泥于常规,刻板老套,缺乏创新,也导致师生之间缺乏互动。

(3)教学过程控制

关于乒乓球课程教学过程控制的问题,教师与学生有不同的理解,教师严格控制,安排好每个环节,希望学生按部就班跟着节奏走,整个过程中缺少了兴趣与互动,氛围压抑,而学生希望教师给他们留下自由学练、发挥与自由讨论的时间与空间,希望教师尊重学生的个性化发展。

4. 乒乓球课程评价现状

高校乒乓球课程评价体系不够完善,具体问题表现如下。

第九章　现代教育理念下体育教学与训练体系优化的案例

第一,在对学生的评价中,课程评价规定、期末考核方法及评分机制设置得不够完善。

第二,教师在课上、课间对学生进行评价,但无法顾及每个学生。

第三,以教师评价为主,自评、互评等手段运用不多。

第四,对教师的评价不受重视,只能从学生的考核结果中侧面反映教师的教学情况。

(二)乒乓球课程发展与优化的对策

1. 加强乒乓球课程的物质环境建设

(1)乒乓球作为我国的"国球",在任何社会层面都有着较大的影响力,在学校体育教育中也是如此。国家和地方政府以及学校部门要给予乒乓球课程教学高度的重视,努力打造一个优越的物质环境。

(2)各学校要根据实际情况投入一定的乒乓球教学经费,修建专业场地,购置专门器材,加强硬件设施的维修与管理,进一步满足学生学习乒乓球的需求。除此之外,除了向上级部门争取经费外,学校还可以利用自身资源优势解决乒乓球教育经费问题,还可以吸引社会力量对其进行。

(3)作为乒乓球运动场地与器材的使用主体,乒乓球教师与学生要自觉维护场地器材,科学使用,不得破坏与浪费。教师尽可能从现有乒乓球硬件条件入手安排教学,发挥现有硬件条件的作用,避免造成资源浪费。

2. 加强乒乓球课程心理环境的建设

加强乒乓球课程心理环境的建设也是十分重要的,应从以下方面着手。

(1)加强教学制度的建设,为创造一个和谐的人际关系奠定良好的基础,在这样的环境下能形成一个良好的师生关系。和谐的师生关系,能有效激发学生学习的兴趣与积极性,从而促进教学质量的提高。

(2)学校还要高度重视内部环境的建设,促进内部环境建设与外部环境建设的相互补充、相辅相成,利用外部优势环境资源加强精神文明建设,为乒乓球课程教学创造良好的心理环境。

(3)学校作为一个教育单位,也容易受到社会风气的一些影响,因此,利用良好的社会风气也能有效推动乒乓球内部环境建设。另外,我们也要自觉抵制不良社会风气的侵蚀,防止乒乓球教学心理环境受到不良因素的干扰,如此才能促进乒乓球课程的建设。

3. 加强乒乓球课程文化建设

在乒乓球教学环境的建设中,还要重视对乒乓球文化的建设,这一点也是非常重要的。将校园乒乓球文化与乒乓球教学活动结合起来,将文化要素融入教学中,从而提高学生的乒乓球文化素养,使其充分认识到乒乓球运动的文化内涵与魅力。加强乒乓球课程的文化建设,应做好以下两方面的工作。

一方面,开展丰富多彩的校园乒乓球活动,鼓励学生积极参与,建立和形成良好的乒乓球运动文化氛围。

另一方面,成立各种形式的校园乒乓球俱乐部或社团,传播乒乓球文化,让学生充分感受到乒乓球文化的魅力。

二、健美操课程的发展与优化

(一)健美操课程建设现状

与国外学校健美操课程相比,我国各学校的健美操课程建设还相对落后,在各方面都存在不少的问题。我国绝大多数学校的健美操课程都属于大众化的健美操,基本上是以实践教学为主,缺乏必要的理论教学。在这样的情况下,导致健美操教学实践中存在各种问题。[①] 健美操与球类运动、田径运动等项目不同,健美操还属于一种复合型的艺术表现方式,要求学生必须要掌握技术动作的基本韵律,所做的各项动作要有美感,开展健美操课程的教学要求的硬件和软件设施规格都比较高。但在设施配置方面,我国学校健美操课程建设都比较落后。除此之外,我国学校健美操师资力量也存在不足,缺乏高素质的健美操教师,有很多教师的专业知识和技能掌握不足,影响健美操教学质量的提高。

总体而言,我国学校的健美操课程建设还存在不少问题,突出体现在教学内容死板、理论知识教授不到位、课程教材缺乏等方面。这些问题需要今后进一步改善。

[①] 王雅丽.高校健美操课程开设现状及问题解析[J].文体用品与科技,2019(10):104-105.

第九章 现代教育理念下体育教学与训练体系优化的案例

(二)健美操课程优化的对策

1. 健美操教学优化对策

(1)更新教学理念

教学理念为教学活动提供方向引导和思想基础,先进的教学理念能够使教学活动在正确的方向与轨道上获得持久的发展。因此,在高校健美操教学中必须更新教学理念,树立先进的教学理念,促进健美操教学的可持续发展。

在高校健美操教学发展与创新中,教学理念的创新是首要的,对传统教学理念的改革与更新能够为教学活动的开展与创新提供科学引导。除了要改革新教学理念外,还要转化大众尤其是教育工作者的思想观念,从而为高校健美操教学发展提供良好的观念支持。高校健美操教学应确立健康第一、以学生为本的教学理念,确立终身体育的教育思想,教师在新理念与新思想下重视学生的主体性,关注学生的体质健康,注重对学生终身体育意识的培养,通过健美操教学将学生培养成为全面发展的新型人才,为国家培养全能人才,以适应素质教育和社会发展的需求。

(2)优化教学内容

健美操是高校普遍开设的体育课程,因此,要按照《体育课程指导纲要》的相关要求来确定健美操课程教学内容,在教学内容的编排与设置中充分体现健康第一、以人为本、终身体育、素质教育等教学理念。同时,教学内容要能将健美操运动的艺术性、娱乐性、时代性彰显出来,进一步丰富健美操教学内容,充实与完善健美操教学内容体系,优化健美操教学内容结构,同时要密切联系学生实际生活来开发健美操教学内容资源,以吸引学生的兴趣,使学生迅速接受健美操教学内容。在优化创新健美操教学内容的同时还要强调内容的实用性,要对增强学生体质、培养学生的审美素养及艺术表现力有重要意义。

(3)完善教学评价

检验健美操课程教学成果的主要方式就是进行教学评价。教学评价是健美操课程发展的重要方向,能否科学合理地进行教学评价,直接影响健美操教学的未来发展。在健美操教学评价中,学生的身体素质、健美操技术、合作能力、情感态度等都是主要评价内容,评价方式上包括自我评价、互相评价和他人评价。健美操教学评价中,关于评价的选拔与甄别功能不作特殊强调,而对评价的激励功能要重点突出,评价中关注学生的日常表现与进步。健美操教学评价体系的构建与完善应能有利于培养与提升学生的综合素质，这是素质教育的要求。

２．健美操训练优化对策

（１）加强宣传，解决经费问题

现代社会中信息传播速度之快超乎想象，人们获取信息的渠道越来越多，获取信息越来越便捷、迅速。这都得益于现代科技尤其是电子技术和网络技术的发展。为了提高健美操运动队在高校的影响力，将健美操运动打造为高校大众化运动项目，提高学生的参与积极性与参与度，运动队可以将丰富的现代媒体资源和信息平台充分利用起来加大对健美操的宣传力度。例如，健美操运动队可以建立微信公众号，定期发表以宣传与普及为主的推文，文章应有趣、新颖，能吸引学生关注与阅读，这样能够提高健美操队在高校的知名度与影响力。运动队还可以将学校传播媒介充分利用起来，以宣传运动队在重要比赛中取得的好成绩，这些媒介主要包括学校微信平台、校园微博、校园网、校园报刊、校园广播等。通过多种形式的积极宣传必然能够让更多的学生、教育工作者以及学校领导对健美操运动及运动队有一定的认识与了解，同时，也有机会得到更多人的支持，吸引更多学生参与这项运动。

通过宣传健美操运动及运动队的成绩，也有助于促进经费来源渠道的拓展，使训练经费短缺的问题得到有效解决。目前，学校体育活动经费与专项运动经费是高校健美操运动训练的主要经费来源，单一的经费来源使得健美操运动队在训练中的很多需求得不到满足。对此，要广泛开辟新的经费来源渠道。健美操运动的艺术价值很高，它本身具有市场化发展的潜力与优势，因此，可以推动高校健美操的市场化发展，吸引社会关注，从社会上寻找经费来源，增加经费来源渠道，如寻求企业赞助、获得社会体育组织的经费支持、参加商业比赛获取奖金，等等。只有保证经费足够，才能解决运动队训练中的重要问题，才能有更好的条件去备赛和参赛，使运动队的成长与发展空间得到提升。充足的经费也能使教练员的薪资待遇水平得到提升，从而提高教练员的工作积极性。

（２）拓宽选拔途径，完善招生制度

高校健美操运动队中的运动员大多是来自体育院校的学生。运动队是由教练员在体育院系中选拔运动员组建而成的，有的运动员是主动报名加入运动队，也有些运动员是其他院校的体育教师推荐的。要在大学四年时间内将高校健美操运动队打造为高水平队伍，使其在地方、国家乃至世界重大健美操比赛中取得优异成绩是有一定难度的。但是这是高校健美操运动队的一个重要发展目标，可以朝这个目标不断努力。而努力的方法首先就

第九章　现代教育理念下体育教学与训练体系优化的案例

是对有健美操运动天赋、健美操基础良好及经验丰富、基础与专项体能素质良好的学生运动员进行选拔,这就需要做好招生工作。

一般来说,体操、艺术体操专业的学生都有成为健美操运动员的潜质,这些学生在体能和艺术表现力上占优势,学习与掌握健美操技术相对容易一些,因此,可以将这些学生纳入招生范围。高校成立健美操运动队,在招生方面要给予政策扶持与适当的优待,这也是对运动员退役后的一份保障。在招生中,高校尤其是体育院校设置的特招名额可适当增加,专项项目上可以有一定的倾斜性,从形体类运动专业中招生。

另外,要在高校培养优秀的健美操运动员,还需要在中小学建立健美操运动训练基地,培养优秀后备人才,将各级教育阶段的健美操运动训练衔接起来建立一条龙训练体制,为高校组建优秀健美操运动队打好基础,为国家输送优秀健美操后备人才。在中小学阶段培养健美操后备人才还有助于面向青少年学生普及健美操运动,使高校健美操运动员生源短缺的问题得到有效解决,长期的系统化训练能够有效提高健美操后备人才的专业能力,使之在高校健美操运动队中充分展现自己的力量、技术能力和艺术表现力,在健美操比赛中取得优异的成绩。

(3)制定与完善激励政策

高校健美操运动训练的发展与教练员息息相关,为提高训练水平,要对教练员的地位给予重视,对其重要性有正确的认识,对教练员给予信任,对其积极的工作意识、主动培养人才的意识予以激发,使教练员感受到自己是被认可的,自己是有价值的,自己是被需要的。学校要制定激励政策来鼓励健美操教练员,将各项激励政策与制度有效落实好,将教练员的执训积极性充分调动起来。各高校的激励制度与运动队管理制度可根据学校现实情况来制定,制度应科学有效,应能体现出持续的激励性,为健美操训练的发展提供制度保障。

对高校健美操教练员与运动员的激励措施如下。

1. 对教练员的激励

(1)将物质激励与精神激励同步重视起来。
(2)教练员通过考核才能担任教练工作。
(3)将训练成绩作为教练员职称和薪资待遇调整的一个依据。

2. 运动员方面

(1)采取物质奖励和精神激励措施。
(2)奖励在健美操训练与比赛中表现突出的运动员,这方面的奖励应体现出层次性，成绩越好，奖励越多，这样有助于对运动员训练积极性的激发。

（3）对取得优异比赛成绩的运动队要颁发荣誉证书，对优秀运动员可在入党、保送研究生方面有政策倾斜。

（4）对不遵守集体纪律或训练不积极的运动员给予惩罚，以适度的奖惩方式对运动员的行为进行激励或约束。

（5）解决学生运动员的学训矛盾

高校健美操队的学生既要上文化课，完成专业课作业，又要利用课余时间来训练，双重身份增加了学生运动员的负担，有些运动员无法两头兼顾，所以要么耽误了学习，专业课成绩不理想，要么顾不上训练，运动技能水平提不上去，有的运动员为了修满学分，甚至放弃喜欢的健美操运动，离开学校健美操队。要解决这一问题，必须将学习与训练的关系处理妥善，既不耽误学生学习专业课程，又使学生有时间参加健美操训练。

解决高校健美操运动员的学训矛盾，恰当处理学训关系，需要从以下两方面着手。

第一，完善对学生的激励政策，培养学生的自主学习能力和时间管理能力。同时要考查学生文化课的出勤情况，将此纳入最终考核系统中，使学生尽可能按规定时间学习文化课程。对代表校队参加健美操比赛而取得优秀成绩的学生，适当给予学分奖励。

第二，高校有关部门及时沟通与交流，辅导员、教练员及运动员之间也要做好沟通，如果运动队要参加重要的健美操比赛，需要教练员与辅导员协商时间，使学生有时间训练和为比赛做准备，比赛结束后安排补课。对于因训练而耽误了文化课的学生，文化课教师给予体谅，并对其提供单独的辅导，使学生弥补落下的课程。

参考文献

[1]孙静.高校体育教学与训练研究[M].北京:现代出版社,2020.

[2]王培辉.体育运动项目技能教学与训练研究[M].哈尔滨:哈尔滨出版社,2020.

[3]郭磊.体育教育的新视野[M].长春:吉林大学出版社,2015.

[4]李启迪,邵德伟.体育教学基本理论研究[M].北京:北京师范大学出版社,2014.

[5]张瑞林.学校体育管理学[M].北京:高等教育出版社,2014.

[6]黄丽秋.终身体育思想的形成及教学引领研究[D].长沙:湖南师范大学,2014.

[7]马炳霖.我国普通高中个性化教育研究[D].沈阳:沈阳师范大学,2015.

[8]赵靖.马克思人的全面发展理论和大学生全面发展教育研究[D].太原:山西师范大学,2013.

[9]杨寅平.现代大学理念构建[M].北京:中央编译出版社,2005.

[10]武海燕,代虹.中小学现代教育理念[M].哈尔滨:黑龙江人民出版社,2006.

[11]朱兴中.新课标下对湖南省普通高级中学如何贯彻"健康第一"指导思想的研究[D].长沙:湖南师范大学,2008.

[12]吴旭光.体育·健康促进·安全[M].北京:地震出版社,2007.

[13]张铭潭.基于终身体育视角的西安地区高校公共体育课程教学研究[D].延安:延安大学,2020.

[14]刘红旗.论人的全面发展的教育观[J].青海师专学报教育科学,2004(06):215-216.

[15]李斌.对素质教育内涵的新思考[J].泰安教育学院学报岱宗学刊,2012,16(01):88-89.

[16]左涛.科学发展观视阈下普通高中素质教育研究[D].成都:西南大学,2010.

[17]李向峰.体育教学手段分类与应用的重新认识[J].运动,2011(07):108-109.

[18]江珊.不同的体育教学方法在技能形成阶段的选择及运用[J].体育世界(学术版),2017(09):139-140.

[19]蒋新国,李竹青.论我国体育课程与教学目标的理论与实践应用研究[J].惠州学院学报,2014,34(06):86-95.

[20]王成军,杨凤喜.我国大中小学体育教学目标整体设计的研究[J].体育科技,2018,39(01):156-157.

[21]王沂,李尚滨.略论体育教学模式设计的依据[J].教学与管理,2007(06):135-136.

[22]蒲艳,余静.对体育教学模式概念及其设计依据的探讨[J].当代体育科技,2014,4(35):81-82.

[23]张强,蒋宁,陈诗强.浅析自主—合作体育俱乐部教学模式的教学设计[J].玉林师范学院学报,2015,36(05):75-79+84.

[24]苏家福,周红萍,程云.大学体育"知学练馈"四位一体教学模式设计[J].湖北文理学院学报,2016,37(05):75-77+88.

[25]邢欣,王彤."混合式教学"模式下的体育课程设计与实践[J].辽宁体育科技,2020,42(02):120-125.

[26]沈钧毅,黄文灿.体育教师教学评价新方法——价值增长评价[J].山西师大体育学院学报,2004(01):45-46.

[27]王文文.体育教学个性化评价方法[J].科教导刊(下旬),2015(04):36-37.

[28]毛振明.体育教学论(第2版)[M].北京:高等教育出版社,2011.

[29]李启迪,周妍.体育教学方法与手段甄异[J].体育与科学,2012,33(06):113-117.

[30]张振华.体育教学理论与方法[M].北京:北京师范大学出版社,2016.

[31]邵伟德.体育教学模式论[M].北京:北京体育大学出版社,2005.

[32]王亚茹.学校体育运动会竞赛管理系统的实现[D].郑州:郑州大学,2018.

[33]王春梅.浅议学校业余体育训练的管理[A].甘肃《体育科研》编辑部.《体育科研》2008年第1期(总第109期)[C].:甘肃省体育科学学会,2008:2.

[34]马定国.高校公共体育管理[M].北京:北京体育大学出版社,2006.

[35]司苗杰.智慧校园背景下高校学生体质健康管理研究[D].吉首:吉

首大学,2016.

[36]杨桦,李宗浩,池建.运动训练学导论[M].北京:北京体育大学出版社,2007.

[37]孙登科.运动训练学[M].北京:北京体育大学出版社,2006.

[38]马冬梅.运动训练学基础[M].北京:北京体育大学出版社,2005.

[39]张翠苹,徐华,张宏伟.运动员智慧生成要素与培养研究[J].山东体育学院学报,2008(01):30-32+39.

[40]高野.普通高校运动员心理训练和调控研究[J].当代体育科技,2019,9(02):39-41.

[41]冯永福.羽毛球运动员竞技能力因子分析与系统训练研究[M].北京:中国原子能出版社,2018.

[42]胡亦海.竞技运动训练理论与方法[M].北京:人民体育出版社,2014.

[43]肖涛,孔祥宁,王晨宇.运动训练学[M].重庆:重庆大学出版社,2016.

[44]曹青军.运动训练理论与实践[M].北京:北京理工大学出版社,2010.

[45]许文鑫.中学体育课堂有效互动的理论与实证研究[M].北京:科学出版社,2015.

[46]王淑英.学校体育课程体系研究[D].石家庄:河北师范大学,2012.

[47]刘素伟.普通高校排球教学的现状及改革对策[J].学校体育学,2013,33(3):89+91.

[48]魏从礼,王晓华.大学篮球创新教学体系的构建[J].学校体育学,2013,35(3):103+105.

[49]李雯,左丹.普通高校排球教学的现状及改革对策[J].运动,2016(13):80-81.

[50]王雅丽.高校健美操课程开设现状及问题解析[J].文体用品与科技,2019(10):104-105.

[51]龚坚,张新.体育教育学[M].重庆:西南大学出版社,2009.

[52]何淑艳.我国学前体育教育现状及对策[J].知识文库,2019(19):95.

[53]李杰.珲春市Y高中体育教育现状及管理对策研究[D].延吉:延边大学,2018.

[54]黄晓华.我国高校体育教育发展问题及未来发展结构对策分析[J].教育理论与实践,2020,40(36):62-64.

[55]张勇平.论体育教育理念的转变与更新[J].湖北师范学院学报(自然科学版),2016,36(04):28-29.

[56]徐成波.新时期高校体育教育理念的更新与重构[J].文体用品与科技,2015(20):121+123.

[57]温公达.中国近现代体育教育思想演进的研究[D].大连:辽宁师范大学,2006.

[58]刘青.运动训练管理教程[M].北京:人民体育出版社,2007.

[59]田麦久.运动训练学[M].北京:人民体育出版社.2000.

[60]廖彦罡.高校运动训练理论与管理研究[M].北京:中国书籍出版社,2014.